"十二五"国家重点图书出版规划项目
当代财经管理名著译库
2012年度国家出版基金资助项目

孙佳 闫晗 宋瑜 译

次贷国家

美国实力、全球资本和房产泡沫

SUBPRIME NATION

American Power, Global Capital and the Housing Bubble

Herman M.Schwartz

〔美〕赫尔曼·M.施瓦茨 著

东北财经大学出版社
Dongbei University of Finance & Economics Press

大连

ⓒ 东北财经大学出版社 2012

图书在版编目（CIP）数据

次贷国家：美国实力、全球资本和房产泡沫／（美）施瓦茨（Schwartz, H. M.）著；孙佳，闫晗，宋瑜译. —大连：东北财经大学出版社，2012.12
（金融瞭望译丛）
书名原文：Subprime Nation：American Power, Global Capital, and the Housing Bubble
ISBN 978-7-5654-1017-8

Ⅰ. 次… Ⅱ. ①施… ②孙… ③闫… ④宋… Ⅲ. 房地产-抵押放款-信用危机-研究-美国 Ⅳ. F837. 124

中国版本图书馆 CIP 数据核字（2012）第 250223 号

辽宁省版权局著作权合同登记号：图字 06-2010-469

Subprime Nation：American Power, Global Capital, and the Housing Bubble, by Herman M. Schwartz，originally published by Cornell University Press.
Copyright ⓒ 2009 by Cornell University.
This edition is a translation authorized by the original publisher, via Big Apple Agency Inc.

东北财经大学出版社出版
（大连市黑石礁尖山街 217 号 邮政编码 116025）
教学支持：（0411）84710309
营 销 部：（0411）84710711
总 编 室：（0411）84710523
网 址：http：// www.dufep.cn
读者信箱：dufep @ dufe.edu.cn
大连北方博信印刷包装有限公司印刷 东北财经大学出版社发行

幅面尺寸：170mm×240mm 字数：222 千字 印张：16 插页：1
2012 年 12 月第 1 版 2012 年 12 月第 1 次印刷

责任编辑：李 季 况淑芬 刘 佳 责任校对：贺 鑫
封面设计：冀贵收 版式设计：钟福建

ISBN 978-7-5654-1017-8
定价：36. 00 元

译者序

作为译者，对于 Herman M. Schwartz，我们陌生又熟悉。陌生是因为没有真正面对面地见过；熟悉是因为自己的专业关系，对这位作者的思想和观点甚是了解。当着手翻译本书时，我们不由得回想起开始接触次贷危机的那段日子。

几年前，我们刚开始研究由美国次贷危机引发的全球金融危机时，可以说是茫然无措。其规模之大，叫"覆压三百余里，隔离天日"似乎不为过；其关系错综复杂，叫"廊腰缦回，檐牙高啄，各抱地势，钩心斗角"也不言过其实；阿房宫在规模和结构上给人的震撼，可能与本次金融危机中的房地产泡沫有着异曲同工之妙。"楚人一炬，可怜焦土"，可能正是因为它的结构和规模，阿房宫在中国两千多年盛极的封建历史中终究没有再现，只能叫后人扼腕叹息。而此次波及全球范围的次贷危机，其爆发前后的房产泡沫迷雾却实实在在地笼罩着我们，当我们止步惆怅于这迷雾之外时，或许，我们也需要火炬——不是用来毁灭，而是为了照亮勇者脚下的征途。

Herman M. Schwartz 在我们面前展现的关于次贷国家的魔法卷轴，让我们的视野进入了一个自由而开放的新世界。自由意味着信贷现金流自由流通的实现，开放代表着全球经济一体化的理想，这对于金融信贷市场相对落后的中国来说，无疑点燃了心中的梦想。于是，许多人毫不犹豫地走进来了，希望深入到那散发自由光彩、举世人之力建造起的殿堂。但是很快，不少人退缩了。面对这样一片汪洋大海，有的人迷惑了，出海的航道在哪里？有的人倒下了，漫漫征途何时是尽头？我们常常想，如果那时他们手中就有这本书的话……

Herman M. Schwartz 携手美国弗吉尼亚大学著作团队，为我们打造了这本通俗易懂、条理明晰的专业读物，自此我们有了火把、有了航海图，于是我们就有了彼岸、有了航道，也有了补给码头。不是吗？次贷危机爆发原因虽繁，但第1、2章切中肯綮地剖析，肯定能让你神清气爽；金融套利机理虽难，但多达3章细致入微地说理，一定会让你茅塞顿开；全球环境复杂，政治诱因难以剥离，后3章试图全面涵盖相关焦点并提出展望，从而为你创造无限的思维空间。而内容的组织更是别具匠心，每章开始部分的一般性描述打破知识的局限，将每个部分的全景展现在你面前。而针对每个知识点，落到实处的独到分析，结合实例的精彩引证，又会使你沉迷于知识的融会贯通之中。总之，你面对的不再是枯燥的专业知识，而是真正能雅俗共赏的艺术。而这本书的目的无疑与此吻合。按照本书指明的道路，我们可以躲过暗礁，绕过险滩，穿过逆流，勇往直前。

阅读本书，需要一份耐心，更需要一份兴趣。当你顺着作者的思路，抽丝剥茧，阅读到本书的最后一章时，会有"蓦然回首，那人却在灯火阑珊处"的感觉！

关于译笔好坏的一点声明：原书不是纯粹的文艺作品，而是偏向金融领域的书籍，所以在翻译时，不强从直译，而唯尽力保持原文浓厚的前瞻性、专业性。

本书翻译成稿分工如下：前4章由孙佳翻译，宋瑜负责5、6章，最后两章由闫晗完成。译者们精诚合作，倾注心血，力图给读者们奉献一本通识性高、可读性强，具有一定理论深度的金融领域的专业读物。

前　言

一位有名望的银行家并不能预见并且规避危险，而是像平常人一样可能会破产，所以没有人能够真正去指责他。

——John Maynard Keynes，《货币价值瓦解对银行的影响》，1931 年

由于对利率上升有很高的预期，所以难免会认为可调利率抵押贷款是不良资产。对于抵押贷款经纪人和贷款人来说，批准那些在利率上升时不能偿还贷款的借款人的做法是草率的，而令我惊讶的是，成熟的资本市场投资者很乐意购买那些不良资产的抵押贷款支持证券。

——William Poole，圣路易斯联邦储备银行，2007 年 7 月

如山的抵押债务

2007 年 7 月，一家相对稳定的德国银行 IKB 突然发现自己已经陷入困境。IKB 是一家典型的专门从事中小型工业企业借贷的德国银行。IKB 在境外投资了 175 亿欧元购买美国次级抵押贷款证券的衍生产品，造成 7 亿欧元的损失。由于恐慌，德国国家开发银行 KFW 提供了 35 亿欧元用于紧急贷款，以及 80 亿欧元为 IKB 作担保，然而完全无效。之后，IKB 拖欠 70 亿美元的债务，最终被廉价卖给了一家美国私人股份公司。

15 个月后，这场小危机演变成前所未有的国家层面的全球金融危机。截至 2008 年 9 月，美国金融公司 1.3 万亿美元的股票已经蒸发，全世界的银行已产生了 0.5 万亿美元的次贷损失，并且一些传奇的、资金充裕的华尔街公司，如雷曼兄弟、贝尔斯登、美林证券等独立实体已经破产倒闭，全球股票市场急剧下滑。在所谓的新自由主义和自由市场的庇护下，美国纳税人突然发现他们自己可以重新国有化住房融资巨头房利美和房地美，并且可以

拥有美国最大的商业银行，也是仅存的独立投资银行——AIG保险公司的大量股份。同时，美联储也为金融公司提供流动资产以抵制各种形式的抵押品，这明显背离了限制贷款给储蓄机构以及抵制美国国债和机构债券的正常做法。截至2008年10月，美联储和美国国债承诺提供超过2.25万亿美元的紧急救助和流动资产，这超出当时美国GDP的16%。欧洲中央银行效仿此做法，为陷入困境的银行注入资金以保障储户的资金，并承诺提供达1.3万亿美元的援助。然而，对比先前用于全球金融危机的总额来看，这只是杯水车薪。

住房是金融体系中最令人厌烦的一部分，被学者长期忽视，而全球金融危机是如何出现于住房信贷中的呢？在过去20年的增长周期中，国际资金流动和住房融资已经紧密联系在一起。住房和抵押贷款使得全球经济增长突然停滞于当前的周期中，因为住房和抵押贷款，特别是美国的住房和抵押贷款，是20世纪90年代长期（1991—2005年）美国经济增长的主要动力之一，并由此推动了世界经济增长。

先前的银行倒闭和全球金融危机都非常明显地与商品和货币的国际流通联系在一起。20世纪70年代，当布雷顿森林协议第一次被提出时，一系列银行倒闭暂停了国际支付体系。富兰克林国家银行、瑞士联盟银行和西德银行的困境以及联邦德国赫斯塔特银行的标志性瓦解完全源于失败的外汇投机。同样，1984年伊利诺斯州的瓦解归根结底也是由1982年拉丁美洲的债务危机造成的。1997—1998年亚洲金融危机的国际渊源和长期信贷管理体系瓦解之间的联系是显而易见的。

20世纪90年代长期，美国利用海外借款使经济强劲增长，无节制地消耗了大量进口产品。同时，亚洲发展中国家借贷给美国，经济也强劲增长，并且生产出数量惊人的出口商品。因为美国的活期存款账目赤字以及净负债增长，越来越多的不为人所信的预言者开始预测美国经济的空洞化。截至2007年年底，美国净外债相当于美国GDP的25%，1欧元兑换1.47美元，与1999年发行欧元时的近乎平价形成对比。

我不是对美国经济盲目乐观，但是对美国全球经济实力以及美元储备货币地位不保的预测都依赖于对 20 世纪 90 年代长期动态演化的 3 个误解。第一个误解是在评估美国资产负债表时对总额和净负债的误解。分析美国资产负债表会发现尽管有巨大净负债，但是美国依然可以赚钱，而且说明了其原因。第二个误解是住房的作用，更精确地讲是住房金融体系过去 15 年来对美国经济增长起到了一定作用。住房体系差异创造了美国以及类似经济体的高于平均水平的就业和 GDP 增长，这也巩固了美国的经济核心地位和全球经济实力，加强了美元的经济吸引力。第三个误解是习惯于依据"国家利益"或者"公共物品"来思考这些问题，而不是依据私人、公司以及政党的特殊利益来控制全球资本的分配。通过排查公共物品和私人物品，我们可以更好地分析债权人愿意借钱给美国的动机，从而支持美元作为国际储备货币的地位。

本书解释了 1995—2005 年间美国住房金融体系带来高于平均水平的就业以及 GDP 增长的原因、国际资金流动与住房体系的联系，以及对过去和未来美国全球经济实力和经济增长的意义。此外，读者必须逐章去分析两种不同形式的欧洲经济援助使得欧元不太可能成为替代储备货币，同时也阻碍部分欧洲经济增长差异显著的原因。这些因素支持了美国经济在全球市场的核心地位。毫无疑问，本书内容简单易懂，但这并不意味着全部观点都正确。不过要提醒读者，首先，这是一位外表健康的病人 20 年的病史，而不仅仅是对 2008 年金融危机的全面体检；其次，实力是差别积累，而不是绝对收益。

我自己的净债务

与美国一样，我个人付出了巨大的脑力和体力来尝试分析差别积累这一问题。从 2007 年夏天到 2008 年夏天，Eve Schwartz 在家忍受了高强度的干扰。本项目应该感谢 3 个人：Uwe Becker，在就业奇迹项目中第一个让我想到住房与本国政治经济关联的人；Shelley Hurt，美国政治科学协会（APSA）的组织者，他督促我写出了第一篇关于这个主题的论文；Leonard Seabrooke，帮助我将一些类似的项目，如欧洲和澳洲的新住房政策放在一起。R. H. Mazal 帮助我进行早期的写作。美国弗吉尼亚大学著作团队——Gerard

Alexander、John Echeverri-Gent、Jeffrey Legro、John Owen、James Savage、Len Schoppa 以及 Mark Blyth、Randall Germain 和 Hubert Zimmermann 润色了全部原稿，使内容更加精炼。Anne-Marie Durocher 耐心画出图表，并阅读过手稿的重要部分。Eric Helleiner 和 Jonathan Kirshner 提供的众多有用意见已纳入本书第 4、7 章中，其他会议参与者也是一样。

　　最后，Benjamin Cohen、Peter Hall、Erik Hoffman、Aida Hozic、Sjur Kasa、Mark Kesselman、Carol Mershon、Lars Mjøset、Jens Mortensen、Stephen Nelson、Jonathan Nitzan、Greg Nowell、Ronen Palan（对"离岸"部分帮助很大）、Neil Richardson、Bent Sofus Tranøy、Gunnar Trumbull 以及 Jane Zavisca 都对原稿各章提出了修改意见。欧洲按揭基金会和 Value New Zealand 的全体员工尽全力帮助，提供了房价等方面的私人数据。Len Kenworthy 和我的同事 Brantly Womack 分别提供了公司层面和中国的数据。Roger Haydon 和康奈尔大学出版社的工作人员编辑校对了本书（英文版）。

　　美国弗吉尼亚大学的 Bankard 基金和 Sesquicentennial 奖学金为本书提供资助。本项目材料来源：APSA 2004 年和 2008 年的年度会议，2006 年 Rethinking Marxism 会议，ISA 2007 年和 2008 年的年度会议，加州圣克鲁斯大学、佛罗里达大学、奥斯陆大学、奥尔巴尼纽约州立大学、锡拉丘兹大学、坦普尔大学以及挪威 Res Publica 资助的在 Sørmarka 召开的研讨会。我感谢每位参与其中却未署名的人。第 4、7 章的部分内容经许可刊登于《房地产泡沫的政治影响》（《欧洲政策比较特刊》(6)，No.3，2008.9）。版权所有，侵权必究。

目　　录

1

我们的借贷，你们的问题

我要向那些对我们的经济感到悲观的批评家们说："不要做经济上的娘娘腔。美国经济令全世界嫉妒。"

——Arnold Schwarzenegger，2004 年 9 月

国际金融资本流动与投机买卖呈现出不可逆转的普遍性、抽象性和非地域性。相比之下，房地产行业似乎是不可逆转的本土化、紧缩化和微利化。然而两者不可避免地紧密结合在一起，并在 20 世纪 90 年代长期（1991—2005 年）形成了美国全球经济实力复苏的基础。因为房贷抵押，尤其是美国房贷抵押是影响美国乃至世界经济增长的最主要一环，所以毫无疑问，房价下跌和抵押贷款违约导致了当前全球经济增长周期的停滞。考虑通货紧缩

的政策环境和美国全球金融套利手段，美国住房金融体系仍使得美国的经济增长速度相对快于大多数发达国家，即便是根据更快的人口增长进行调整。差别增长，而不仅仅是绝对增长，才是经济实力的基础。

从 1991—2005 年，美国是怎样成为全球经济大国的呢？为什么房地产和抵押贷款是 2006 年后经济低迷和金融危机的主要原因呢？通常被视为经济衰退信号的不断增长的美国外债是怎样成为全球增长引擎的一种关键燃料的呢？在当前全球经济周期中，通货紧缩后随之而来的抵制通货膨胀又会发生什么呢？回答了这些问题就可以弄明白美国经济实力的运行状况和持久性，以及全球经济稳定性和不稳定性的根源。然而，大多数关于美国经济实力的研究都不适合回答这些问题，因为它们只看到了事情的表面，认为美国政策有意限制其他国家的行为，或是迫使它们制定政策，否则只能接受。相比之下，本书通过对实力的结构性理解，认为参与者的刻意选择并没有处于制度大环境中产生的整体行为的互动作用重要。在 20 世纪 90 年代长期，作为经济合作和发展组织（OECD）的一员，美国的全球经济实力更多地体现在住房金融体系中全球资本流动的非预期性和差别性作用，而较少体现在具体的、有针对性的政策制定上。

简言之，本书就是对本段内容的进一步展开，通过全球通货紧缩和美国在全球金融市场的套利相结合来实现凯恩斯主义的需求拉动这一正常过程。理论上，美国的套利活动包括从外国以低利率短期借款，并且以更高的收益率给它们提供长期贷款。具体地说，美国通过住房金融体系来实现套利，美国出售给外国人的抵押贷款支持证券（MBS）既激励了美国经济，又无意中抵消了美国在国外工厂和公司上的投资。海外收购美国的 MBS 压低了美国的利率，使购房者更便宜地兑现他们增长的房屋净值，从而刺激了美国的经济增长。美国的离岸投资导致了廉价进口，这产生了通货紧缩的效果，也压低了利率。美国住房金融体系中的通货紧缩和套利产生了强大的凯恩斯主义需求拉动，反过来又造成了与富国之间增长率上的相对差异。在 20 世纪 90 年代长期，具有类似于美国这样住房金融市场的国家也经历了这种凯恩斯主义的激励，使它们产生了高于 OECD 平均水平的增长。反过来，高于

OECD 平均水平的美国经济增长顺理成章地吸引了更多的外国资本流入美国，从而加大了差距。相对收益高于平均水平的增长潜在地增强了美国在国际上的经济实力。

亲爱的读者，我知道这个论点是复杂的。论证过程有 4 个鲜明的步骤和 2 个循环结构，并给予了参与者某些特权。这 4 个步骤中的每一个都展示了关于该步骤相关信息的新颖解释，读者可以从下面的章节中看到我处理每个问题的技术路线图。为了有助于理解，图 1.1 展示了本书的论述框架，后面每一章都会重复介绍这张图以突出这一章的问题所在及分析方法。在第 6 至 8 章，图 1.1 的重复出现将会反过来解释差别增长是如何动态变化的。在经典的循环模型中，右边的结果重申了左边的过程。如果读者想寻找对 20 世纪 90 年代长期的发展进行线性的、单一因果关系解释的书，那么请另作选择。

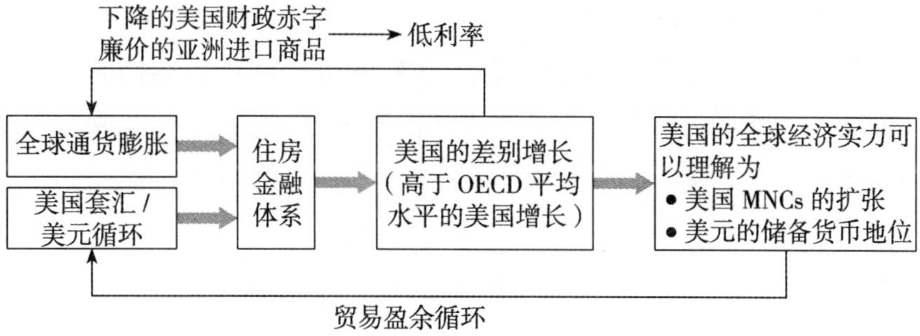

图 1.1　本书的论述框架

1.1　讨论及研究结果

本书是关于政治的，虽然政治基础最终决定了经济实力，但是实力是看不见且难以衡量的。理论上，在阐述写作本书的目的之前应该讨论一下我是怎样看待实力的，但是通过本书来阐述实力会比较枯燥，抽象地讨论实力本身更生动、形象。如图 1.1 所示，在 20 世纪 90 年代长期，美国经济实力表现在三个不同方面：缺乏约束、差别增长以及对全球生产控制的加强。我以这种顺序介绍它们是为了便于阐述，其中差别增长是最直接的原因，其次是对全球生产控制的加强，然后才是缺乏约束。差别增长可以通过控制产业链上的关键节点以及验证和鼓励投资在与关键节点相关的新生产过程而产生大量利润，这种控制确保了持续不断的获利。差别增长吸引外资，并使美国经济消除约束。然而这些过程并不是完全独立的，因为资本流入有助于增加美国的差别增长。

因此，为了便于阐述，我认为首先应该注意到，在20世纪90年代长期，美国经济就像20世纪60年代法国总统Charles de Gaulle所说的"超高特权"，而美国经济学家Benjamin Cohen则认为其本质是财政实力：它能不受约束地对其日益增长的经常账户赤字做任何调整。如图1.1，其左侧部分介绍了缺乏约束就像美国（金融）套利一样，引起了前所未有的资本流入。在20世纪90年代长期，美国经济避免了国内消费、国内投资和海外投资之间的正常循环。大量的外国借贷缓解了正常的约束限制。1994年以后，美国经济每年为美国信贷市场提供其贷款总额的10%~20%，到2005年占到了25%。自以为聪明的外国人为了这些抵押品借贷而购买了大量的MBS。1991—2006年，名义上美国房屋市场价值增加了近14万亿美元，抵押贷款债务上升了近7万亿美元，因此仍然有足够的抵押品。

其次，外资使得美国享有国内差别增长。美国比其他富国的增长速度快得多，即相对于其他发达国家，美国在全球经济中的市场份额不断增长。1991—2005年，美国GDP在富有的OECD国家中占据的份额上升了惊人的4.2个百分点，达到42.7%。撇开夸大美国消费的谬论，GDP衡量的是不含进口的产出。20世纪90年代长期，美国的差别增长扭转了20世纪80年代的趋势，当时德国，特别是日本的增长要快于美国。然而对于美国来说，1990年和1992年之后这两个国家在总量和人均上相继失去了有利地位。

美国人均GDP的实际增长速度比欧元区经济体快了60%，这使得个人消费的增长速度加快了64%。美国私人非住宅的固定成本形成以3倍于萎靡不振的欧元区经济的速度和超过10倍于境况不佳的日本的速度在增加，令人惊讶的是，这超过了美国消费增长速度的2倍。具有讽刺意味的是，与美国不同，在一些欧元经济区，虽然住房占了平均差别增长率的部分比例，但是私人住房固定成本形成实际上超过了非住宅的固定投资。这说明整体投资绩效比任何当地住房投资都表现得更为不佳。与 Verdoorn 定律一致，其支持总量的快速增长促进了生产率的迅速增长，1991—2005 年，与欧洲大陆和日本相比，美国制造业的生产率和增加值以大约两倍的速度在增长，表明美国的扩张既有深度又有广度。最后，在 OECD 国家中，美国也产生了将近一半的新的净就业机会。

再次，由美国资助的国外贷款和差别增长基金被主动或被动地进行海外收购，扩大了美国在全球产量中相对于其他发达国家所控制的份额。1994—2006 年，美国在摩根士丹利资本国际公司（MSCI）的控股份额超过世界所有国家，其市场指数占总市值的比例从 10% 上升到 24%。相比之下，外国持有的美国股票上升较慢，市值从 5.1% 升至 9.7%。1995—2004 年，美国在海外的公司也比外国在美国的公司增长得快。尽管美元汇率上涨了 10%（海外活动未计入），但是其海外营业额增加值增长了 40%，几乎是全球总值 7.8% 的两倍。此外，1995—2004 年，尽管其他发达国家经济增长放缓，但通过外商在美直接投资，美国跨国公司海外销售和本土销售的比率从 1.3 上升到 1.5。

如图 1.1 的右侧所示，伴随着美元重新成为国际储备货币而出现了缺乏约束。这一复苏加强和促进了外国人再利用他们的贸易盈余来回购 MBS 的意愿（图中箭头回指左侧）。本书中的国际储备货币是指外国政府和私人都可以使用以美元计价的债券作为出口盈余的主要价值储存手段。大量研究将美元作为一种计价单位、发票货币或参考货币，但是对于规避约束来说这都是次要的，因为这些研究不能表明政府或者私人在规避正常交易时愿意提供所需要金融支持的规模。这并不是要否认在独特的、深层的、流动的、复杂的美国金融市场上，美元一直备受关注，而是表明在那些市场上仍然有 1/3 的债务证券是 MBS。从历史上看，美元作为储备货币的角色就像美国相对竞争对手实现较快或较慢增长一样有兴衰成败。

差别增长和对全球生产控制的加强反映在美国以外国家弱点的互补上。

美国不是唯一受益于差别增长的国家，我称这一组也享受到了差别增长的国家为"美国化富国"。它们将其在富国 GDP 中占据的份额增加了 1.2%，明显高于 1991 年的 16.6%；它们的就业数据也同样让人印象深刻。美国和"美国化富国"的获益以牺牲另一组被抑制的富国为代价，致使其增长毫无疑问地低于 OECD 的平均水平。本章的后半部分定义了非美国化富国的差异性。目前重要的是，20 世纪 90 年代长期的动态增长分化了潜在的富国联盟，它们可能会对美国实行限制，尤其是通过推举欧元作为一种替代的储备货币。

"美国化富国"积极推动美国成为世界主宰并从中获益。但被抑制的富国以及一些快速增长的亚洲发展中国家，也从美国的经济增长中获益。所有这些国家的上层人士都会从压低当地消费的政策中获益，结果使这些国家的经济增长更依赖于外部需求的拉动。狭义上，这些国家内部化了美国的利益。这种内部化确保了美元作为全球储备货币的地位，从而也确保了资本的流入，进而产生的美国金融套利也推动了其差别增长。外国人选择再利用自己与美国的贸易顺差来采购各种美国债务证券，而不是扩大内需，或者到被抑制的富国去投资。通过加强美元的汇率，这些采购也能降低美国的进口成本，加强通货紧缩，再一次推动美国的差别增长。

站在 2008 年之后的角度来看，很容易忽视在 20 世纪 90 年代长期，美国经济实力是靠大肆吹捧美国制造业而产生的海市蜃楼来体现的。另外，2002 年 2 月至 2004 年 1 月，按贸易加权价格调整后的美元汇率下跌了13%，随后是从 2005 年 11 月至 2008 年 7 月下跌了 14%，这些被视为经济中心美国化的证据。同样地，庞大的、不断增长的美国外债，巨额的经常账户赤字等事实都被拿来作为经济脆弱的证明。但是这些观点曲解了美国外债的相关数据，把那些至多只能算是替代指标的却被夸大成了原因，并且错误地划分了时期。

在 20 世纪 90 年代长期，尽管有高于 OECD 平均水平的经济增长，但美国不可否认地仍然是个主要的净国际债务国。截止到 2007 年，美国的净国际债务为 2.5 万亿美元，近似于拉丁美洲和非洲的 GDP 之和。传统的经济理论预测资本从富国流入穷国，事实却相反，这笔债务中超过一半是由发展中国家承担的。从广义上讲，自2006年起，日本持有1/4的美国对外债务；石油输出国占了接下来的1/4；欧洲持有1/4；最后的1/4由亚洲其他国家承担，主要是由中国来承担。有更多不精确的数据表明，从2008年开始，欧洲的份额有所减少，均转移给了中国和石油输出国。

这种贫富连接并非偶然，因为在过去的20年里全球经济增长的驱动力之一就是美国和东亚，特别是和中国有着共生关系。中国的能源密集型增长也带动了石油输出国的增长。亚洲国家使其货币盯住美元，然后再利用它们的贸易顺差来采购美国债券。诚然，这个循环最终对说明美国住房增长引起美国净外债的机理和构成起到了至关重要的作用。然而，并不是所有的债务都是平等的。外债的结构、币种以及离散效果都影响着债务人和债权人的获益程度。绝大多数美国的对外债务都被动地接受以美元计价，国债和准公共债务屈服于较低利率，这是美国金融套利的基础。亚洲国家均尽可能多地持有美国债权人的抵押品，因为它们害怕持有过多债权以至于美国不予以清偿。如果外国人兑现被动购买的美国债券，将需要购买更多的美国出口产品，这又使美国经济再度增长。若外国人不兑现持有的股份，那么美国将继续享受一定程度的缺乏约束和金融套利。

2002年以后，一些悲观主义者对不断下跌的美元对欧元汇率也同样不确定，虽然2004年爆发了反对使用欧元的运动，也仅仅使美元恢复到其在1998年12月的初始水平。将注意力集中在美元汇率上的趋势是显而易见的。任何对美国实力的争论都必须面对一个核心问题，那就是实力是无形的，且本质上是不可能直接测得的。汇率是一个易于观察的、但可能让人误解的、关于实力的替代指标，它不能直接告诉我们控制力或增长情况。毫无疑问，汇率上升有利于控制购买力，但是就像在日本发现的一样，汇率上升也容易阻止经济增长。真正的问题是美元是否能保持它的中心角色，或者仍然是国际储备货币。

如果实力天生是看不见和不可测的，那么我们应如何评估它呢？我们通过住房金融体系来关注全球和国内的资本流动，将这些流动与差别增长以及外国持有美国资产的分配联系起来，就能找到一个或许并不理想但能较好地解释美国实力的方法。这些融资为我们提供的"云室"显示了美国作为全球经济强国的轮廓。与实力一样，亚原子微粒也不能直接被看见。物理学家利用"云室"揭示了这些在其他地方无法察觉的粒子的运动，因此发现了关于其组成的推理。美国经济部门的这种具体的资本流动结构类似地揭示了在别处不可见的美国实力的结构轮廓。

实际上，持有以美元计价的资产给了我们一个从定量和定性两方面来衡量美国实力的有效方法。我同意 Susan Strange 探讨货币的观点，这一观点是对美元作为储备货币角色的更细致的理解。但是在这之后，现在关于这两者的区别更多的是一种货币或是以这种货币计价的资产是否会由于经济原因而被广泛和私下地持有，或由于政治原因而被少数政府当局持有。美元的地位最终反映了美国真正的经济增长速度是高于还是低于 OECD 的平均水平，因此，美元的地位所代表的真正问题是相对的增长，即差别增长，而不是绝对的增长。在这方面，我的分析相对于 Benjamin Cohen 的"实力延迟"理论做了调整，他聚焦于纯粹的金融层面上。

我们的"云室"也揭示了美国对外债务的积极方面（不管这看起来多么违背直觉）。分解、分析内在和外在债权的实际结构揭示了参与者发挥作用时控制类型存在的巨大差异。外国对于美国的债权在很大程度上是被动的，且集中于美国的财政债券和 MBS。相比之下，美国对于外国的大部分债权都是股票以及美国跨国公司的海外资产的所有权。这个大型的可控网络资源提供了第二个衡量美国实力的替代指标。

最后，我们的"云室"显示了在 GDP 和就业增长方面，通过住房金融体系，外国资本流动在创造美国和其他发达国家之间的差距上起到的关键作用。它也表明美国住房金融增长机制既不具有永久性，也不是不受时间限制的高于平均水平经济增长的引擎，这让我们能够正确划分 20 世纪 90 年代。在 20 世纪 90 年代初期，廉价的原材料推动了住房机制。到 2005 年为止，通货紧缩、低利率以及在购房梯队底部的新购房者都消失了，导致住房增长机制运转失灵。事实上，伴随着通货膨胀和利率上升，住房机制反过来起作用，推动了建立在 MBS 和债务抵押证券之上的住房金融的发展，但是这与是否有新机制的出现无关。正如 20 世纪 80 年代的各种金融危机为 20 世纪 90 年代的增长奠定了基础，从次贷危机的废墟中掀起了又一轮的高于平均水平的经济增长。此外，虽然在 2007—2008 年的危机中美国增长率下降，但被抑制的富国下降得更多，从而维持了美国在 20 世纪 90 年代长期差别增长的模式。

为什么要强调差别增长和控制力呢？因为政治权力最终取决于经济实力，经济过程的分析要求我们要注意增长的不同比率，而不仅仅是绝对增长。在政治经济学中，不同的积累最终产生实力，也就是高于平均增长速度的产出、收益率和资本总额。在所有其他条件相同的情况下，相对更快的增长使一个经济体或公司从市场经济中掌握更多种类的资源。我们必须注意加以控制，特别是对产业链的控制，这样做将影响利润和价值在参与者之间的分配，并巩固或扩大其控制的能力。因此，学术界的读者会立刻明白本书融合了现实主义者的通常看法和马克思主义者的观点，我希望能权衡两者。通过图 1.1 表示了充分理清因果关系优先顺序的不可能性，这一定位也表明了 3 个替代指标相对的等级结构，优先权从差别增长到控制力再到缺乏约束，即使暂时的资本流入也有必要优先于差别增长。

市场是实力体系，因为财产权的章程和规则决定了企业的盈利能力。反过来，区别不同程度的盈利能力意味着企业将有不同的能力来购买其他公司，并且控制产业链。当今大部分产品是中间产品的复杂捆绑。在设计、生产、运输和销售过程中的每一步，公司都面临着自制或是购买的决定。因此，每一个步骤都代表了潜在的矛盾，公司需要努力以确保最合理的价格。近一个世纪前，Max Weber 指出："价格体系是人与人（或是公司与公司）之间竞争的表现形式。"而不只是供给和需求客观力量的中立结果。在这场竞争中，

资本家的利益使他们有兴趣在自由市场上不断延伸，直到他们中的一部分获得成功，要么通过从政府当局获取采购特权（政治暴力），要么通过外露的资本实力来进行排外（凭借其资本力量），以获得产品销售和生产的垄

断地位或收购手段，以这种方式来关闭市场，最终只留下他们自己。

在价格竞争中，有能力控制市场上生产的公司（如 Oliver Williamson 的"套牢"权力或者 Thorstein Veblen 的"限制力"）能够推动价格上涨，在交易链条上榨取更多利润。控制商品或价值链的架构可以显示出其在该链条上决定利润分配的能力。Weber 提出的凭借其资本力量的观点包含了上市公司通过全面收购来获得更大资本总额的弱点。就像 Jonathan Nitzan 所证明的那样，全面收购的弱点解释了公司总是设法在经济上获取比平均利润增长率更好的利润，而不是简单地追求获利的原因。自身获利并不能保证持续的控制力，当然，控制力能保证高于平均水平的利润，进而产生持续的控制力。Nitzan 认为：

资本的价值代表分配的要求。这种要求部分通过所有权，但是更广泛的是通过整个社会范围的力量来表现。此外，实力不仅是积累的手段，也是其最根本的目标。对于无机能资本家来说，其目的不是为了最大化利润，而是超过平均。企业的最终目标不是享受乐趣，而是差别增长，因为资本家追求更高的利润，不是为了买更多的商品和服务，而是为了维护他或她在市场上的差别实力。

因此，市场作为实力运行系统，靠的是经济的差别增长速度，而不是绝对增长速度。现在应该清楚为什么本书将差别增长和控制力优先考虑，而不是金融套利和美元作为储备货币的地位。在美国，高于平均水平的国内增长给了许多美国公司超过其海外竞争对手的利润，因为限制了美国公司在国内市场的投资，才使得美国公司的海外扩张方式成为能够获得并控制其海外商品链的关键节点。与此同时，更高利润和更快增长刺激了美国的住房市场，创造了一个自我强化的过程，使美国比多数富国增长得更快。差别增长稳固了美元作为首要货币的地位。在 20 世纪 70 年代和 80 年代，相比其他多数富国，美国拥有更加深入和流动的资本市场。然而，与德国马克和日元相比，美元作为储备货币的地位相对减弱，因为在 20 世纪 70 年代和 80 年代，美国经济的实际增长落后于德国，尤其落后于日本。

上述分析有助于解释美国的净外债。债务和生产本身不能说明市场实力。这种认识很重要，因为它直接违背了那些争论的中心问题，认为东亚生产的崛起是美国霸主地位下降的信号。这种分析常见于制造业，但就像 Nitzan 对 Veblen 进行修正得到的那样，市场是控制力而不是生产力，是商业而不是工业。也许，中国公司是获利的，但美国公司控制了国内和国外的商品链，这获利更多，并能够在股票市场中配置更大的价值以获得绝对的控制力。同时，就像在积累公司的控制股份一样，亚洲国家和石油输出国如果通过主权财富基金（SWF）将美国国债转换成股票，则对美国就构成直接威胁。

把实力定义为缺乏约束、差别增长和控制力会造成歧义，在这个分析中哪些才是相关的参与者呢？这种歧义的产生是因为在 20 世纪 90 年代长期发生的许多事情不是起源于参与者自觉或蓄意的政策选择。没有人预计到由住房市场推动所产生的美国差别增长。这里的分析与 Benjamin Cohen 相一致。虽然我最终认为住房增长机制实际上是几乎没有人去操作的，但是参与者在战略上有所选择和行动仍然是值得争论的。

当然，我们可以把参与者深思熟虑的选择归咎于对通货紧缩的冲动，如图 1.1 左上部的方框。这种通货紧缩创造了环境，使美国的单个债务人可能为其抵押贷款寻求再融资，从而释放了数十亿美元的购买力。反通货膨胀有 3 个强大引擎。首先，在 1979 年中央银行推出圣战来抵制通货膨胀，初步建立较高的实际利率，但最终到 20 世纪 90 年代引起通货膨胀，从而使名义利率下降。其次，美国以及其他国家的跨国公司和零售企业移向亚洲包括中国，开创了大量即使以名义价值计算也很廉价的商品的涌进。最后，George Bush（1988—1992 年）的行政机构慎重地寻求财务平衡，通过在资本市场增加公共部门的需求来降低利息率，而 Bill Clinton（1992—2000 年）政府也是如此。

然而，在这里机构的作用很容易被夸大，不只是因为参与者不能预见其行为的后果。央行代表着受通货膨胀危害的债权人的利益。中央银行反通货膨胀的目标需要对经济进行冷处理，而不是吹热。在 20 世纪 60 年代，劳动密集型产品的生产已经开始转移到亚洲，而一旦沃尔玛登陆中国，其他所有厂家都必须跟进以保持竞争力。至于克林顿政府的一个重要政策就是要平衡联邦预算,克林顿的著名政治顾问 James Carville 指出,他希望债券市场重现,因为它"可能威胁任何人"。同样,在金融危机前夕,花旗集团董事长兼首席执行官 Charles Prince 指出,他无法抗拒市场,"只要(流动资产)音乐响起,你就必须站起来跳舞。当音乐停止时,关于流动性的事情会很复杂。"

授予这些参与者全程代理意味着他们有大量机会可以准确评估后果和采取行动。尽管如此,来自于体制结构的差别增长的核心推动力起初是从大萧条中培养起来的,到 20 世纪 60 年代和 70 年代才成熟起来,即住房市场金融机构。参与者(和学者)在很大程度上忽略了这些。在解释原因之前,我必须纠正一个潜在的混乱:在富裕国家,基于住房的增长不占 GDP 和就业的增长。相反,美国、美国化富国和被抑制的富国在住房金融体系上的差异说明了增长率的差异(按人口增长调整后的)。在 20 世纪 90 年代,这些共享的大致类似的增长推动了移动电信革命、互联网的繁荣、供应链革命、亚洲廉价制造商以及股市繁荣,它们都经历了大致相同的实际利率(以及如果我们采取了世界标准非住房观点的、与商业投资有关的实际利率)。因此,可以说这几组经济体都应该有大致相同的成长率。然而,事实并非如此。本书专门将住房金融体系作为衡量富裕,而不是增长绝对水平的差异来源(见第 4 章)。

住房的重要性在于它显示了参与者的行动结果,这就是为什么本书淡化了代理人及其有意控制的其他参与者。这显然有点偏离 Max Weber 的经典定义——"力量是指社会关系中的参与者,尽管有抵抗,但不管基于何种概率,都实行其意愿的可能性"。用这个定义来分析往往把重点放在参与者处于危机时的蓄意选择及其与结果产生的冲突。相反,我强调 Weber "精选"(即选择参与者的背后行动)的概念,而不是参与者的蓄意选择。体制结构行为和许多零散参与者不协调的行为构成了美国差别增长的大部分力量,但其中很少为此有意识地激活住房市场。事实上,George W. Bush 政府(2000—2008 年)出于经济和政治目的,试图通过放松管制和提高住房拥有率来有意识地治理住房市场，却导致了相当有害的后果。

同样，这并不意味着美国的政策是完全不相干的，而美国纯粹是好运气的受益者。相反，它表明，在市场和其他竞争性领域中的参与者往往高估了蓄意战略行动在产出好坏上的影响。当参与者刻意追求创造和实施新的大规模经济行为时，他们面临严重的信息问题。正如 Friedrich Hayek 指出，参与者不可能得到采取行动所需的足以改变环境的信息，从而使他们避免意想不到的后果。即使当参与者不那么强大，而只能顺应强者的主动权，他们也经常会以意想不到的方式这样做，因而使大规模行动不可避免地产生意外。虽然参与者基于他们对目前环境的评估和对其他行为者的合理反应来制定行动，但他们不可能完全有预见性地塑造新的环境。因为参与者误判形势或是部分判断了他们行为相关的后果，或是因为他们对稀缺资源的竞争，他们将创造并面对崭新的、意外的环境局面。

Max Weber 强调了这一点，他指出，当参与者处于经济、社会或政治市场中，个人和较大的社会单位之间的竞争会产生一种选择（精选）的具体形式。"其中，社会行动的形式之一是通过集体反映有关人士的利益来改善环境条件，从而做出更好的适应性（同化）选择（再次精选）。"对于Weber 来说，选择是一个集合，是一个过程体系，而不是单一过程，在这个意义上，正如在竞争的市场上任何一个生产者都不能控制价格，在社会和政治竞争上任何一个参与者都不一定能影响结果。尽管 Weber 并没有打算在一个规范性的达尔文社会主义意识上进行选择，但是他很清楚，通过努力追求控制别人来实现选择，把意志强加于别人，因为这是竞争的本质。因此，选择不是解析表面的良性过程，而是实际的制度同构，尽管关于（新）机构和行为的选择，Weber 强调观念因素而不是物质的作用。鉴于此，虽然选择就像经济学原理一样，但是它不仅是经济学原理，即使是对经济学的斗争，也不总是使用边际原则。

关于精选的一个主要的概念特征是在参与者没有识别决定该竞争结果的现实因素时进行选择。选择滞后于参与者。选择（精选）的过程建议我们，不应该相信参与者在考虑一个成功的结果时所采取的蓄意行动。正如 Weber

警告，当这（精选过程的说明）完成后，总有在实证研究中引入不严厉的价值判断的风险。还有个案被首先关心是否成功的风险，由于个别案件往往高度依赖特殊情况，所以它们可能会有一定程度的"偶然"。

这里的分析可以纠正关于行为享有特权的解释。分析明确指出取得成功的两个额外途径。首先，成功可能增加好运气。外部环境可能改变方式使以前不正常的体制结构突然间起作用。其次，当参与者选择政策时成功率可能增加，基本上是现有体制的具体结构和程序的内生性结果，而不是真正应对不断变化的环境条件的战略。虽然参与者可能会考虑在政策问题上他们的行动所产生的反应，但是政策选择的制度约束就是这样，没有其他可能的选择。在这种情况下，参与者的政策并不代表方向上的重大变化，他们应该因为成功而受到好评吗？

因此，任何事件的分析都必须考虑可能性，参与者不想要实际结果的做法是幸运的而不是聪明的。在20世纪90年代长期，美国基于住房的差别增长出现了不可预料的方式，期间美国的政策选择是在追求一般形式的成长，即与发达国家的住房市场金融结构和发展中国家的发展目标相互作用。同样，在20世纪70年代和80年代初（以及2005年以后）的通货膨胀环境中，不正常的住房金融机构起了作用，或至少有利于增长。在20世纪90年代长期的通货紧缩环境中，美国经济增长对于美国和美国化的富国有实质性的积极影响，其中包括美元恢复了货币的统帅地位。反过来也是正确的，该机制产生了高于平均水平的美国经济增长，但也导致了当前的金融危机。

1.2 本书的机制和计划

现在，我们可以转向20世纪90年代长期的实际动态运行上，美国在经历了20世纪70年代和80年代的衰退之后恢复了经济实力。由于本书的章节按照图1.1中的方框和流程来系统阐述，因此，本部分还提供了一点比较详细的章节指南。回想一下本书的核心论点是：在20世纪90年代长期，美国将全球金融套利和全球通货膨胀结合以增强实力，从而获得高于平均水平的经济增长，这一增长溢价来自于住房金融体系将通货紧缩和外国资本转化为总需求的增加以及经济增长上所表现的差别能力，高于平均水平的美国经济增长和差别积累是美国经济实力的主要基础，这种实力也间接和明显地证明了美元作为储备货币的地位和美国海外跨国公司高于平均水平的扩张。

在这个过程中有两个反馈环路。首先，高于平均水平的美国经济增长有其自我维持的一面，这是通过确认中国或是其他地区通货紧缩的投资和平衡联邦预算来实现的。1995 年之后，快速增长导致了较高的税收收入，而且赤字的缩小使美联储的利率轻微下跌。与此同时，由于通货紧缩，在 1991 年到 2005 年间，来自低工资的中国内地和中国香港的进口占美国进口总量的百分比从 5.7% 上升到 15%。相比之下，来自高工资的日本的进口市场份额萎缩了近 10 个百分点。大部分欧洲经济体也如此。中国的成功生产也吸引了更多的投资，以及更多的廉价进口商品，从而导致通货紧缩。然而最终，中国经济增长导致了对全球原材料的需求越来越大，从而产生了通货膨胀而不是通货紧缩的压力，这消除了美国经济增长的其中一个来源。与此同时，美国在伊拉克的鲁莽减税使得联邦预算再次出现赤字。本来对增长有积极作用最终转为消极。

高于平均水平的增长也使得外国人重新利用贸易盈余来追加购买以美元计价的证券。这一循环是美国增长机制的第二个主要燃料，允许美国经济不受正常束缚地运作。循环巩固了美元的地位，鼓励更多的外商积累以美元计价的证券。最终，这一资产积累确保了美国经济增长，外国资本流入美国的住房金融体系也带来了增长。但是，美国持续的增长产生了如此大的贸易赤字，使得只有发达国家才可以承受美国债务的不断积累。因为这些国家转去建立 SWF 以抵制低收益的债券，这就减少了美国金融套利机会。对增长的积极作用再一次变成消极的。2008 年金融危机之前发生的所有这一切打乱了全球金融体系。

通货紧缩和美元循环利用使美国的全球经济实力在 20 世纪 90 年代长期呈现出巨大的抛物线形式，产生了 20 世纪 70 年代和 80 年代的艰难，以及 21 世纪第一个 10 年艰难结束后的复苏。因此，第 2 章和第 3 章限制了进口，以便从账目上真正对应这些资本流动。简单地说，注意到关于工资和价格下降的双重压力就足够了。此外，第 2 章和第 3 章说明了全球资本流入和流出美国造成了美国金融套利、缺乏约束和住房增长机制中输入的通货紧缩。

第 2 章（图 1.1 左边）一开始就针对美国金融套利进行阐述。关键点是：不是所有的债务都是平等的。外商在美投资是被动、低收益的，而美国的海外投资是活跃、具有支配权和高收益的。因此，历史上美国的海外投资比外商在美投资产生了更多的收入。虽然理性的个人投资者也许能借到钱，投资一部分，并得到积极的净回报，但通常令人难以置信的是，自从 20 世纪 80 年代中后期美国成为净债务国后，每个美国投资者都比外国投资者变得更聪明。

另外，美国从与其他国家低利率借款、高利率贷款从而进行金融套利的全球体系中获益，这使美国投资者赚取净的正收益。大量的美国海外投资为外国直接投资和股票等高收益投资。外国在美投资的大部分是被动持有低收益的债券，这些债券大部分是美国政府债券和机构（即按揭）债券。外国资金的涌入对美国国债和机构是至关重要的，因为正如第 4 章所阐述的，这些流动产生了额外的基于住房的美国经济总需求，从而有了美国的差别增长。第 2 章也认为资本进入美国的替代解释，特别是 Michael Dooley、David Folkerts Landau 和 Peter Garber 在"布雷顿森林体系 II"中认为应该把中国出口和美国借款联系起来的观点，符合 William Cline、Ricardo Hausmann 和 Federico Sturzenegger 的会计准则。最后，所有这些解释都忽视了与资本流动不匹配的政治和经济意义。政治上，这些流动的差异分化了任何潜在的反对美国的政策；经济上，这些流动为美国和其他一些国家的差别增长提供了实力。

第 3 章继续追随资金的流向，用分类数据来阐明这些不匹配的资本流动的政治含义；第 4 章则是对经济的影响。第 3 章说明不同外国资本流入美国的政治意义，是为了提升欧元作为替代储备货币的地位。基于明显不同的投资组合将进入美国的投资者分成 4 组，即我所谓的壳体公司、美国化富国、被抑制的富国和封闭经济体。第一组壳体公司包括大量持有公司债券、仅作为工具的离岸银行中心。

第二组是美国化富国，由英国、荷兰、斯堪的纳维亚、澳大利亚和加拿大组成，它们从三个方面体现美国化。首先，它们像美国这样在全球投资，主要集中在外国直接投资和股票这些长期活跃的资产，以及较少一部分公司债券。其次，它们在美国的投资和美国对于它们的投资水平都与全球 GDP 的份额或 FDI 能力是不相称的。最后，它们也往往拥有住房金融体系，进而像美国一样带动增长率。

第三组是被抑制的富国，由日本、德国、意大利、奥地利、比利时、葡萄牙和西班牙组成。这些国家大多数拥有住房金融体系，通过要求高额的首期付款和提供短期到期贷款从而抑制了需求。它们在美国的投资处于被动的位置，也就是说，企业债券较多，而股票较少。按照它们的 GDP 水平和 FDI 能力来看，这一组在美国投资不足，获得美国各类投资也较少。

第四组是封闭经济体，包括亚洲发展中国家和石油出口国，它们拥有几乎完全被动的资产，如国债和较少的企业债券和股票。因为这些经济体很贫穷，我们可以预计其 FDI 能力很低，事实上，很少能到美国进行 FDI。撇开壳体公司，美国海外投资反映在其余 3 组国家类别上；不仅美国投资与美国化富国不成比例，而且正如我们将会看到的，美国投资的最高收益率也来自美国化富国。

因此，在某种程度上，第 3 章表明美国的全球经济实力体现在具体资产的投资本身及其持久战略上。这些双向的投资流以截然不同的方式保留了经济精英的共同财富。投资模式给精英们创建了不同的激励方式，锁定了精英们不同的政治倾向和经济活动的长期模式。

那么全球资本流动会产生怎样的经济后果呢？通货紧缩和套利与美国经济增长是如何相关的呢？第 4 章说明了住房金融体系是如何将通货紧缩和美元的重复利用转化为经济增长的。第 3 章通过有利于美国的差别积累，将房地产市场作为经济实力的来源之一进行考察，解释了就业率和美国 GDP 增长的不同，以及两组富国的身份差异。20 世纪 90 年代大多数关于增长的分析都聚焦于实际利率或中介的作用，特别是那些激进的分析。实际利率在

20世纪90年代很高，可以说对富裕的OECD国家的经济增长构成了障碍。但是，这些分析忽略了名义利率下降的不同影响。考虑到2000年外国持有的约为2 500亿美元（债务总额的10%）以及2008年约1.5万亿美元（23%）的机构MBS（即那些由联邦政府抵押贷款机构和联邦住房贷款按揭证券公司发行的房利美证券），外国资本流入助长了名义利率的下降，对住房价格起决定性作用。

此外，第4章阐明在20世纪90年代，不同的住房市场配置制度可以将全球性通货紧缩转化为不同程度的总需求增加。从20世纪90年代初开始，像美国这样的国家，相对于其GDP而言，拥有高住房拥有率和高水平抵押贷款债务，比其他经济体更容易抵押贷款再融资。由于名义利率下降，这些体系允许抵押人整合贷款，减少高价旧债以支持低价新债，因而释放了购买力。较低的利率也导致越来越多的人进入住房市场，推动价格上涨。这两种现象造成了正常的凯恩斯主义刺激和乘数效应。美国在1990—2000年建成了1 770万套住房，还有到2006年中期的额外1 000万套住房，这都帮助美国在1991—2005年创造出OECD国家新增工作机会的一半。

相比之下，被抑制的富国中两个最大的发达经济体日本和德国，实际上走入了美国以前的循环。高昂的抵押贷款再融资的交易成本，相对低水平的抵押贷款债务，房屋净值不兑现，住房抵押贷款几乎没有证券化，这就是这些国家住房金融市场的特征。因此，20世纪90年代长期全球性通货紧缩对本国市场的影响较弱。房价下跌，就业市场疲弱，实物投资市场摇摇欲坠。增长乏力使德国和日本银行的国内收益较低，家庭质疑就业安全以及国家补偿其养老金和医疗保险的能力。两者都以增加储蓄和将储蓄投资到国外从而寻找更好收益的方式来应对这种状况，这种做法在减缓了它们经济发展的同时进一步促进了美国经济的增长。因此，到2005年德国和日本就业人口的数量（注意是数量而不是百分比）与1991年几乎相同，而日本2005年固定资本形成总量的水平绝对低于1991年，德国勉强持平。美国式富国（类似美国）是国内增长和在美投资方面的双冠王。事实上，在20世纪90年代长期，英国像美国一样，维持正的国际投资收益。

国际投资状况、国内金融结构和经济产物之间的紧密联系表明，我们进行美国化富国和被抑制的富国的划分并不是随意的。因此，第 4 章驳回了关于欧洲就业现状的思考，认为社会契约对就业增长起重要决定作用的传统观点是不对的。美国化富国的快速增长跨越了市场经济的鸿沟，这表明社会本身不能解释差别增长。相反，这一分析却表明了参与者的私下行为。因此，住房金融体系是解释富国增长率之间差异的关键变量，即使不是绝对水平。

第 5 章转而考虑国内差别积累在全球范围内对差别增长和控制力的影响，如图 1.1 最右边的方框所示。第 2 章和第 3 章的大部分篇幅都在关注美国债务，而第 5 章着眼于美国国际收支平衡表的资产方以及美元的国际地位。关键的一点是，在缺乏约束，即资本流入的情况下，促进资本外流来产生利润从而控制全球商品链。对于马克思主义者 Giovanni Arrighi 来说，不断上升的外债，即累积多年的贸易赤字，不过是美国制造业竞争力下滑或是美国霸权削弱的一种替代表现。现实主义者 Robert Gilpin 同样认为，美国跨国公司向海外大规模转移生产削弱了美国的实力。第 5 章驳斥了这些错误的类比，如 19 世纪的英国霸权衰落以及美国的经济实力建立的说法。19 世纪英国的贸易赤字体现了工业持续衰退，导致无法产生新的主导产业所需要的投资和组织结构。美国目前拥有的贸易赤字远超过 19 世纪英国的赤字数额。然而，这一赤字并不反映美国在制造业缺乏竞争力，而是大规模低技术离岸生产转移到亚洲，美国投资并控制广大发达经济体的高科技生产。美国公司用离岸生产取代出口，同时升级生产流程。

盈利的分类数据非但不支持 Arrighi 和 Gilpin 关于美国金融化的分析，甚至显示美国海外公司不仅资产报酬率表现不佳，而且制造业表现也较差。事实上，美国海外制造业增值相对于外国在美生产是增加的。尽管如此，表现最好的美国公司是那些美国服务业放松管制的部门，20 世纪 70 年代到 80 年代的技术创新使美国服务业公司领先于国内外。特别是批发和零售贸易等服务业增长最快，服务业增加值占美国公司海外增值的比例从 25% 提高到 40%。美国国内经济的差别增长，其中美国跨国公司仍占绝大部分业务，尽管减缓了外国的整体增长，却帮助了那些同样的跨国公司经历了海外差别增长。

并且差别增长通过减少风险使新部门出现，包括开设新企业或新的生产线。

那么，美元作为国际储备货币的地位会怎样呢？保持低利率对于重新利用美元是至关重要的吗？正如已经指出的那样，仅仅是汇率变动不足以解析，而"市场占有率"的简单测量也有些生硬。此外，第 5 章是建立在 Susan Strange 对于货币分类的基础之上。对于 Strange 来说，首席货币就其自身的经济价值是有吸引力的，就像 20 世纪 90 年代的美元；协商货币是那些参与国家之间隐式或显式的政治交易的国际货币；支配货币是强制实施的。

根据 Strange 的观点，在竞争市场、寡头市场和垄断市场，利用赫芬达尔—赫希曼指数来衡量寡头垄断的程度。支配货币，就像垄断市场一样，拒绝消费者选择。首席货币，就像竞争性市场一样，没有消费者有能力来影响该种货币的产出（流通中的货币量）或价格（汇率）。在政治上，这意味着这些资产的持有人对协商货币发行者的作用较小。协商货币是指那些被某些消费者（大多是政治人物）集中控股，足以影响国际储备货币的价格和生产的货币。因此，该货币的发行价格和数量必须考虑到这些消费者的偏好。但是，第 5 章注意到在 20 世纪 90 年代长期，美元从协商货币转为首席货币再回到协商货币。这种讨论有助于理解第 6 章中讨论的问题，探究持有以美元计价的证券的政治动机。

第 6 章闭合了循环，回到美国金融套利，了解资助美国的这些国家的国内动机。如果美国套利和持有美元对美国和其他一些国家的宏观经济运行有利，且对美国跨国公司的微观运行也有利，那么为什么其他国家和参与者会容忍这样的结果呢？简单地说，几乎所有影响美元核心地位的潜在对手都从事它们自己内部的套利。从出口带动增长转移到国内增长将涉及经济上和政治上痛苦的选择。如果被抑制的富国减少其对美国市场的增长依赖，它们将会创造强大的个人养老金市场，这在政治上是不能被接受的，并迫使公司依靠股票而不是贷款来融资，最近的研究显示，这对于那些公司的经济是有害的。

亚洲发展中国家有其不同的国内政治。可以肯定的是，Dooley、Folkerts Landau 和 Garber 认为，亚洲央行持有美元是为了支持出口，产生就业机会，从而达到政治稳定的效果。但是，正如美国在全球范围的经济套利，这些国家在本地套利，本质上就是以零实际利率借款投资于美国，并产生了正的实际收益的手段。而在中国，经济精英主要包括党员亲属，通过曝光中国国有资本中以美元计价证券的损失来社会化布雷顿森林体系Ⅱ的风险，与此同时私有化贸易。虽然第6章建议应该加大力度再利用美元，但是内容基本与前文一样。当前的危机无疑将打破现有的许多政治和经济关系。因此，第6章闭合了20世纪90年代长期有特色的循环过程描述，使我们能够向前推进，并考虑在什么地方出错了。

第7章从一开始就讨论了在第4章中识别的住房机制是如何耗尽了原材料以至于陷于停顿的。2007—2008年间的财政危机是住房机制运作的内生性原因。美国的繁荣需要有持续不断地处于住房机制底层的新进入者。但是，通货紧缩的根本源头，即亚洲进口数量的增加，通过压低工资并抬高中国对石油和其他原材料的需求，从而削弱了美国收入金字塔的底部收益。与此同时，外国资本流入带来的低利率造成房价上涨。引发当前金融危机的可疑次级抵押贷款弥补了新进入者收入低和房价上涨的差距。本章阐述了将次级抵押贷款的借款人之间相对较小的违约转化为自我维持和扩大的金融危机的具体机制。因此，第7章论述了前文的住房机制：将通货膨胀和利率上升引入美国住房机制，并产生像20世纪70年代和80年代初那样急剧逆转的增长。

第7章还认为，目前的冲突在政治上超过了通货膨胀和税收可接受的水平。许多有抵押贷款的美国家庭面临结构性问题，使这些家庭倾向于降低税收和通货膨胀。虽然这些家庭不占所有家庭的大多数，但是选举往往赢在差额上。相比之下，金融业需要注入大量的流动资金以确保其远离自己造成的把次级抵押贷款捆绑成债务抵押债券的烂摊子。正如被抑制的富国，努力稳定住房市场将需要大量痛苦的改变。在多数金融部门重新国有化和去杠杆化的过程中，也可以看出这些变化。然而，真正的复苏需要结束美国公司一直在运作的内部套利体系。毕竟，美国外债大部分是公共债务，即国债或MBS，也就是人们住房抵押贷款的总量，两者都通过税收和利息对个人收入索赔。但是美国的海外投资主要是由公司完成的，因此，美国对外国人声称利益主要归于这些公司，而这些公司股票的65%是由按收入排名前5%的人持有的。这就是为什么在美国5%的人拥有25%的可支配收入。因而，美国公司可以把美国全球套利的风险社会化而使套利的获益私有化。但是，房价和MBS的持续回升需要底层收入的增加足以支付得起住房的当前价格。最后，本章讨论了2007—2008年金融危机的政治反应。

第8章从全球范围考虑第二次逆转和美国金融套利的意义及其全球实力。美国外交经济政策致力于美国对外开放金融市场，从而使金融企业可以控制国外的商品链。但是，2004年以后住房周期的延长和由此产生的金融危机提供了外国中央银行建立SWF的资金。美国主要的券商和投资银行转向SWF来进行资本重组。这扭转了美国的政策，美国也再一次重建全球金融体系的核心地位。现在这些国家拥有大量现金，2007年约2.5万亿美元，到2015年估计为12万亿美元，这些资金将在全球股票和证券市场进行配置。这些在美国最大的私人资本运营公司和投资银行SWF的融合能更好地说明Weber所谓的"政治资本主义"。（如果有人认为这些资金仅仅以国家公民利益为基础交给信托人管理，不考虑精英利益和国家安全，那么我愿意把我手头的一些MBS卖给你。）同时，SWF代表持续的金融抑制，这将保证美国在世界上的金融套利市场和差别增长。此外，大多数SWF把大众的当前收入转化成当前消费，这有利于政治精英控制这些SWF。

第8章的第2部分认为美国的经济实力预期会超越当前的危机，这表明差别增长和美元的支配地位很可能会持续一段时间。2007—2008年经济脱钩的情况下，仍然延续了很长时期的以美国为中心的全球经济扩张模式。因为相对的经济表现起作用，美国的富国竞争对手不得不想办法更快的拉动内需增长。无论是套利的现有模式还是美国的中心地位都比原始数据所显示的时间持续更久。简言之，政治强大的海外参与者除了考虑美元价值之外还有更多的风险，对于他们来说有相当多的鼓励措施既要继续持有这些以美元计价的证券，又要控制可能会破坏美元地位的市场参与者。虽然政治上的支持意味着该套利目前的模式涉及较广，但是本书在结尾处表示一系列政策规定有助于缓解当前的极端不平衡。随着 SWF 国家持有越来越多的美国海外债务，这些国家获取更高收益的期望将强制结束在第 2 章所提到的套利模式中，并迫使美国寻求其他的增长来源，其中的来源之一应该是扩大出口。

因此，本书有 4 个创新点，第一，它侧重于差别增长而不是绝对增长。第二，不同于绝大部分全球金融方面的书籍，它分类分析了资金流动，从而追溯这些资金的实际经济影响。第三，它认为发展不会以线性方式继续下去，相反，在 20 世纪 90 年代长期是个循环模式。第四，它认为自由和调控市场经济之间通常的分类和分析都侧重于通过工资调控来影响增长（这只针对学者），这是应该重新考虑的。

这也提出了一个方法论的问题。我不敢声称自己提出了国际政治经济学的近似法律性的科学方法。在一定意义上说，本书不太像近期的如贸易政治或银行监管等狭义国际政治经济学。

有规律性地制定类似法律的报表可以抵制有意识的转化，作为本书分析核心的宏观经济大规模失衡并不具有这种规律性。事实上，2007—2008 年的金融危机可以基于有规律的高性能财务模型来直接重现，那段时间参与者突然偏离了过去的规律。这里所分析的事件构成一个奇点，即历史上一个特定的、并最终消逝的实力结构，其中相对较少的参与者伪造了偶然的前提条件、工具和机会，但也反映了在住房选择方面，富有的 OECD 国家的人口选择面临着结构性制约因素。就像 Barry Eichengreen 在这一领域的一系列精辟讲座中提到的："从某种意义上讲，我们确实只有一个（实力相当的）数据点，从英镑到美元的过渡，明确得出了推论。"这种情况使得系统地进行计量分析变得不可能。因此，本文不能给出正规行为模型，也不能从统计上检验所有的观点。但这并不意味着模型和统计检验是无用的，事实上我用了一些简单的统计检验来证实本书中阐明的不是偶然关系。

不过，恰当、有效的规律分析方法对于分析偶然现象，尤其是经济转折点是不适用的。否则，更多的对冲基金和投资银行会预测到 2007 年中期次贷市场的崩溃，从而避免 2008 年的金融灾难。此外，本书阐明了过去 20 年来最重要的全球性金融动态，即这些与当地住房金融体系一致的全球流动方式，以及在缺乏约束、差别增长和增加对全球生产控制的情况下如何反映和支持美国的全球经济实力。下面让我们按照资金流向来了解缺乏约束的情况。

2

全球资本流动和缺乏约束

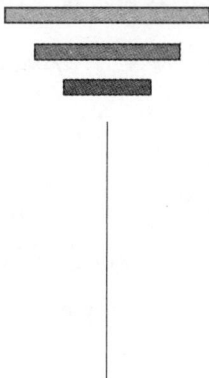

现在来探讨核心问题，我国消费和投资的总费用比总产出高大约6%。这种情况是如何造成的呢？高消费通过高杠杆作用产生政府赤字，出现这种情况的原因在于国外不断增长的非常庞大的资本流动。如今，每天有超过20亿美元的资本在流动。

——Paul Volcker，斯坦福大学，2005 年 2 月 11 日

2.1 美国的资产负债表不平衡吗？

一个超级大国如何能一直拥有不断增加的净外债呢？为什么这些债务并没有成为经济增长的约束呢？读者可以从本章中了解到，美国从巨大的金融

套利系统中受益，使短期、低收益的外商投资转化为长期、高收益的海外投资，从而产生高于 OECD 平均水平的美国国内经济增长。美国的经济实力不能简单地用短期借款转化成长期投资的理论来解释。但是，对于被抑制的富国，即一群以金融抑制和工资约束为特点、增长缓慢的发达国家而言，外债是使美国产生差别增长的两个关键因素之一。美国的外债也为美国公司的海外扩张速度快于其他国家的竞争对手提供了保障。截至目前，美国的差别增长和长期投资确保了美元作为储备金的地位，反之亦然。虽然美元在国际交流和储备中的中心地位对于美国获得全球金融套利以及实现高于平均水平的经济增长的影响较小，但是金融套利使美国不受与国内消费和国内外投资相关联的正常约束的控制。因此，本章将阐述这种缺乏约束是如何促成美国差别增长的。

理论上，通过资产负债表研究法，美国外债的问题看似很容易理解。诚然，把美国当做统一实体是多数基于新古典主义的常规分析来探讨的，分类账的左边是资产，右边是负债，这提供了关于净负债的直观印象。净负债及其相应的利息支付流可以与美国 GDP（收入流）作比较，从而评估这种债务的长期潜力和可购性，就像银行可能会比较个人目前的债务和收入，再决定是否扩展新的贷方。在美国这个案例中，收入问题更复杂。因为潜在的外汇收入（即出口或是可交易的产品）是最重要的现金流，而不是从无法远销海外的商品和服务中获得的收入，但其本质是一样的。如果美国的消费持续超出生产，它将不得不借款来弥补差额。如果这些借款的名义利率超过名义收入，尤其是可交易产品的增长速度过快，那么债务占 GDP 的比例将会不断上升。从某种意义上说，当债务无法偿还时，明智的银行就会停止贷款。然而，这种情况并未发生，主要是因为在 20 世纪 90 年代长期，美国经济增长速度比大多数与之竞争的富国要快。

这个看似简单的集合方法掩盖了 20 世纪 90 年代长期的重要方面。首先，它无法告诉我们分类账两边债务资本具体组成的资金流。弄清楚这些资金流有助于解释我们在资产负债表中看到的资产和负债是如此模式的原因，以及美国全球金融套利的来源（见图 2.1）。其次，由于资产负债表研究法的会计特性，它无法告诉我们美国经济增长的源泉（见第 4 章）和生产力的演变（见第 5 章）。本章将国际投资分成流入美国和流出美国两种，用以显示美国对外负债和资产的结构是美国在 20 世纪 90 年代长期经济增长的力量之源。分类债务数据将全球资金的大规模流动与越来越多的住宅金融中介联系在一起，从而促成了美国的差别增长。从政策上看，阐明其他国家对美国全球套利的默许以及在合作中取消美元壁垒的原因，也有助于我们理解以此为基础形成的美元成为储备货币及其持久性。此外，此分析揭示了美国高于平均水平的就业和 GDP 增长的局限。两者都阐明了美国全球经济实力的长期可持续性（见第 6 章至第 8 章）。因此，本章我们将考察 20 世纪 90 年代长期以来，伴随着套利美国差别增长的来源。

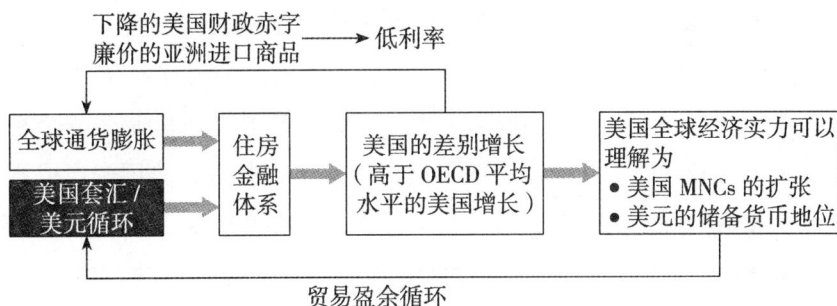

图 2.1　分析重点

为什么要分开来分析呢？2007 年年底，美国的净外债约为 2.5 万亿美元，略低于美国 GDP 的 1/5，大致相当于 1982 年墨西哥和巴西危机时的债务，且等于 2006 年中国以市场价格计算的 GDP。在过去的 25 年中，尤其是在 2004—2007 年间，美国几乎逐年消费超过生产，因而累积下了这笔债务。与此同时，世界上其他国家每年均是生产超过消费，并且声称愿意用美国未来的生产（即债务）来交换。2008 年的资金流动缓和了这种不平衡，美国出口适度增长且非石油进口大幅下跌。大多数分析家，无论是乐观还是悲观的预测，无论是基于马克思主义还是新古典主义的分析框架，无论是以庆祝的还是处罚的语气，都使用贸易、投资、债务结构的总体数据及其可能后果来评估全球宏观经济的不平衡。

但是这些总体数据不能起到很好的揭示作用。例如，总体数据提出了一个对本章分析极为重要的悖论：即使美国相对于世界其他国家有相当大的净负债，其他国家债权人仍然愿意继续借钱给美国，即使这些钱超过了美国作为债务人所能够支付给这些全球债权人的钱。美国海外投资一直比外国在美国的投资能产生更多的收入。2007年，如果我们移动6个0，这相当于1个亏欠20 082美元的私人投资者，其拥有的投资价值只有17 640美元，还设法从自己的投资中赚取818美元，而只用726美元来偿还其债务，从而得到净收入92美元。根据Pierre-Olivier Gourinchas和Hélène Rey的数据显示，一个聪明的个人投资者会去借钱，而只将其中一部分钱用于投资，仍然净赚正的收益，这貌似是完全可能的。但是每个美国投资者都比其他外国投资者聪明，这是不可思议的。在美国成为明显的净债务国之后，每个美国投资者甚至要变得更聪明，这显然也不太可信。Gourinchas和Rey计算得出，从1960—2001年美国海外资产获得的年收益率比美国对外负债高两个百分点——5.6%对3.6%。此外，1973年以后差距继续扩大，美国资产成本为6.8%而负债成本只有3.5%。这也是为什么尽管有5年多的累计贸易赤字，美国2007年的净外债与2002年仍然是一样的，仍然占GDP的20%。

用分类投资数据来解释这一悖论，借以显示世界不是仅由持有普通资产的普通投资者组成的，并不是所有债务都是平等的。有些形式的债务要比其他债务能产生更大的回报，不同形式的债务对长期经济增长产生不同的影响，并且不同的制度结构给经济增长传送动力的程度也不同。分类数据让我们了解美国金融套利作为实力体系，而不是狭义的经济流动是如何运行的。因此，使用分类数据分析从根本上解释了全球宏观经济不平衡的政治基础，从而更好地解决了"这种情况会持续多久"这个问题。对政治基础的理解让我们明白，美国实力既不是线性的也不是像其他地区那样重叠的。相反，美国实力就像一个环状的壁垒，每环由不同耦合度的石头组成。那些石头是双边投资，而贸易流动连接着美国和不同地区。美国的债权人可以分成4组。表2.1列示了一个按国别和持有者类型分类的投资组合证券的主要外国持有者状况。首先，我们必须弄清楚关于美国净外债的传统分析。

表 2.1 美国投资组合证券的主要外国持有者（按国别和
持有者类型分类，2007 年 6 月）

	总数	证券	LT 国债	LT 机构债券		LT 公司债券		ST 债券
				ABS	其他	ABS	其他	
日本	1 197	220	553	103	126	30	89	76
中国[a]	922	29	467	206	170	11	17	23
英国	921	421	43	18	10	142	263	24
开曼群岛	740	279	23	46	6	190	157	38
卢森堡	703	235	45	23	16	81	259	44
加拿大	475	347	18	1	3	22	62	22
比利时	396	25	14	2	31	54	267	3
爱尔兰	342	81	14	20	6	56	80	85
瑞士	329	174	34	6	10	34	55	15
荷兰	321	185	16	20	3	44	40	13
中东石油输出国[b]	308	139	79	12	18	7	10	44
其余国家	2 904	995	659	113	336	230	325	246
总数	9 772	3 130	1 965	570	735	902	1 835	635
官方持有总数	2 823	266	1 452	570	735	44	55	256

注：ABS 是指资产担保证券，LT 表示长期，ST 表示短期。

[a] 不包括中国香港。

[b] 巴林岛、伊朗、伊拉克、科威特、阿曼、卡塔尔、沙特阿拉伯、阿联酋。

资料来源　美国财政部：《外国持有的美国有价证券》，华盛顿，美国财政部，2007
–06（10）。

2.2　关于美国国债的争论和尝试性的回答

那些乐观者和悲观者给出了关于美国外债上升意义的 5 种解释和细化，
每种解释都包含着有价值的信息，没有一种是完全错误的，本书后面的章节
会就此进行阐述。但所有这些观点都有两种常见的缺陷。第一，他们支持的

中心主张要么是使用国际金融流动和股票的总体数据，要么只在一个层面分析数据。这使得他们所有的方法在次级抵押贷款的金融危机中几乎都失效。乐观的分析师预期没有危机，而悲观的分析师预期会有货币危机。

第二，这些争论也充分展示了具体的盲区，特别是其方法论的偏差。新古典主义经济学家，如 Ben Bernanke，认为市场是个人选择的集合体。他们的论点倾向于假定个人在没有实质性状态方向时决定储蓄和投资，而市场是用来分配这些存款的。这些观点不能解释为何全球资金流动是由更深层的实力关系所形成的。对于马克思主义政治经济学家来说，实力是值得关心的问题。但是劳动价值论使他们过度痴迷于制造业，这使他们从根本上对于使美国繁荣的凯恩斯需求拉动过程产生误解。最后，Dooley、Folkerts Landau 和 Garber 受益于他们与国际货币基金组织（IMF）和一家投资银行的结合，使得他们将这个行为解释定位于政治而不是经济交流。因为这个原因，我称其为"现实主义者"，他们对中美两国关系的分析确实是相当精确的。然而，就方法论而言，他们仍然是新古典主义经济学家，这就必然使其分析结果过于乐观。

这些偏差使得每一种争论对于美国在 20 世纪 90 年代长期的动态差别积累有着不同的解释。数据分析使我们能够了解国内住房金融系统中不同的资本流动转化为增长的情况，从而得出更准确的关于进口的评估，以及关系到美国实力的全球宏观经济不平衡的可持续性。

2.3 乐观的新古典经济学家 Ben Bernanke 和全球储蓄过剩

Ben Bernanke 为美国国债的增加提供了一个简单而乐观的解释，作为美国联邦储备银行公开市场业务委员会的主席，他的观点很重要。他认为，不断增加的美国净外债只是美国消费者应对全球储蓄在较低的利率水平下供过于求的个人理性选择。这个观点把当前宏观经济不平衡的因果责任放在了存钱太多的亚洲储蓄者的肩膀上，而不是储蓄太少的美国消费者身上。虽然按照会计定义美国经常账户赤字反映了美国储蓄不足（或者过度消费），但是只有 Bernanke 恰当地指出了这些不足或过度产生的真正原因。

Bernanke 认为有 4 种可能的导致不平衡的原因，但是最终只留下亚洲储蓄水平而排除了其他影响因素。一方面，Bernanke 否认了美国财政赤字和经常账户赤字之间有任何关系；另一方面，就像澳大利亚在过去 10 年的大部分时间那样，美国在 20 世纪 90 年代晚期将财政盈余和经常账户赤字联合起来。相比之下，德国和日本在相同的 10 年时间里既有财政赤字又有经常账户顺差。即使财政和贸易赤字要联合，那肯定也不能直接联合。

储蓄的不同类型是按怎样的年龄分布的呢？欧洲和日本的人口快速老龄化使得他们必须面对养老金系统所导致的高水平公共债务。公共不足的前景很有可能激励他们现在预先去储蓄更多以应对退休后的生活，这将使经常账户产生盈余。但在这种令人不安的事实上也存在争论。虽然日本绝对是最大的经常账户盈余国家之一，但是就占 GDP 的比例而言，日本在过去的十年中其收入中用来储蓄的部分越来越少，即使是养老保险制度也在财政上稳健减少。在欧洲，人口增长与老化和国民储蓄总额的相关性是不明显的，尽管有像德国那样贸易顺差明显的奇怪的例子，但作为一个集合，欧洲并没有巨大的经常账户盈余。而 EU-27、EU-25 和 EU-13 每个都有轻微的赤字。因此，虽然欧洲内部资本流动起作用，但是其对于全球储蓄的净贡献在 2000 年后就成为最小的了，且无法独自负担美国的借款或贸易赤字。早在 20 世纪 90 年代中期，即使在意大利和比利时，欧洲的公共债务水平和赤字都得到了改善。Bernanke 认为，这使得亚洲成为全球储蓄的关键驱动力量。他指出亚洲过量储蓄有两种主要动力，在某种意义上都来源于 1997—1998 年的亚洲金融危机。最明显的是，遭遇金融危机的亚洲发展中国家在盯住货币的过程中很快就耗尽了其中央银行的外汇储备。因此，Bernanke 解释说，这些国家建立更高层次的储备完全是合情合理的。以美元计价特别是以美国公共债务证券的形式极易清算。这些储备能够防范 1997 年危机的再度上演。

Bernanke 认为 1997 年金融危机以及随后互联网繁荣期的瓦解，不但没有减少当地储蓄期望水平，反而减少了亚洲本土的投资机会。亚洲现有的工业生产能力显然能够满足美国和中国的服务需求（当然，马克思主义者认为这是一个问题或是产量过剩的危机）。这两个过程导致亚洲过量储蓄的产生，并发现了美国借款与之对应。亚洲过高的储蓄造成了全球的低利率，而美国的消费者以这种廉价借钱的方式来合理回应。尽管 Bernanke 并不认为这种情况能持续下去，但他仍然对决策者的能力持乐观的态度，通过放松亚洲金融监管，使它对投资更具吸引力，而增多的美国财政限制将会减缓消费的增长。

对于 Bernanke 而言，每个人都是理性人，并且任何不平衡都是短期的。但是 Bernanke 的分析会误解历史。在过去几年中，日本、中国和石油出口国很大程度上对美国赤字负有责任，进而对对外融资的赤字也负有责任。石油出口国貌似缺乏国内投资机会，虽然迪拜有投资房地产的方法，但是在沙漠中很难发展制造业。日本也貌似缺乏本土投资机会，使其在主要出口行业上持续的产能过剩。而中国则不同，它遭受了相对于其收入水平来说巨大的基础设施赤字，更不用说相对于发达国家水平的赤字了。与此同时，继亚洲金融危机以后，东盟国家经济遭受重创而缩水，因此只承担一小部分美国赤字。这表明 Bernanke 关于因果关系的论点并不完全正确，因为中国不受投资水平的影响，轻松地度过了亚洲金融危机。最后，是否可以说在信息技术上奋起直追的西欧就真的没有投资机会了呢？

Bernanke 也不能解释为什么亚洲对美国巨大的贸易盈余不能转化为其增长的国内需求，从而在总 GDP 中给予出口相对重要的地位。毕竟，目前中国的投资占其 GDP 的 40% ~ 50%，体现不出投资的不足。即使是在与中国竞争最终市场的马来西亚，也有多于美国的、占 GDP 大约 25% 的投资。与此同时，在 2005 年马来西亚对美国的出口占马来西亚 GDP 的 27%，这表明出口对经济有较强的乘数效应，从而会出现更多的国内投资或者消费。但这似乎并没有产生通常的投资乘数效应。（下一章的图 3.2 展现了几个国家外汇储备的相对增长）

此外，东亚的快速增长意味着其生产率的增长速度快于美国。为什么本地投资者不想在吸收储蓄时通过抬高当地价格来获得这些收益呢？此外，考虑到较低的生活水平以及他们有能力比较自身情况与发达国家的差距，他们为什么储蓄这么多呢？考虑到历史上的高增长率和更高未来收入的预期，亚洲个人为什么不更多地消费他们的现有收入呢？毕竟，正是这种"生命周期"理论被用来解释为什么美国人今天的借款消费更多而不是为了未来而储蓄更多。

关于实力这一问题，新古典经济学的盲目性掩盖了亚洲国家树立在个人消费前面的障碍。这些障碍分布的范围从强制储蓄（新加坡政府公积金占工资收入的大约 30%）到国家监督生产资料的购买（购买每架进口民用飞机必须经过中国政府批准）。正如 Dooley、Folkerts Landau 和 Garber 所说，亚洲国家操纵一个关键的价格，即汇率，以保持出口的份额。最后，Bernanke 既不能解释外商在美国投资的形式，也不能解释为什么是在房地产市场而不是别的市场爆发危机的原因。因此，虽然他能坚定地指出在 2000年之后，亚洲在美国消费融资中扮演的关键角色，但 Bernanke 纯粹的经济观点仍是不令人满意的。那悲观分析师的解释又如何呢？

2.4 悲观的新古典经济学家 Cline、Hausmann 和 Sturzenegger

由 William Cline、Ricardo Hausmann 和 Federico Sturzenegger 给出的其他两个新古典经济学分析提供了不乐观的解释。每一个环节都将有关美国净国际收入悖论的解释与有关美国外债持续稳定的预言联系在一起。在评估长期稳定方面，两者的波动都有点超出整体数据。两者都任意创造资产以平衡账户，使美国再次成为净债权人。但两者都提到这一会计准则在很多年后会使美国真的成为净债务国。因此，他们都认为早行动比晚行动好，然而，与Bernanke 一样，他们都没看到楼市危机的起源。

Cline 的研究从悖论开始到正的美国净国际投资收入都同样是疑难的益智游戏，尽管从 2001 年到 2005 年，美国累积了 2.55 万亿美元的经常账户赤字，但是其净外债只增长了 2 070 亿美元。为什么会这样呢？Cline 认为短期原因可能是美国压低海外资产价值的同时，提高了国外持股的美国负债价值，但他发现这些暂时现象——资产价值差异的解释度很有限。

相反，Cline 对稳定的大量余额的解释是，按照会计逻辑，国际投资收入的积极流动意味着一组平行的资产，因为从理论上讲任何可预见的收入流动都可以资本化。额外的净国际收入在逻辑上意味着过剩的国际资产没有被计入官方的统计数据。为了确定这些额外净资产的数量，Cline 简单计算了净收入，意味着有多少额外资金流向美国，然后在这些资产上标注"净资本收入的资产化"。就是这样！创造了平衡输入美国 GDP 的大约 7%，使美国从净国际债务人变成净债权人了。然而，Cline 注意到银行储蓄正以每年4%~5%的速度被侵蚀，并造成经常账户赤字，因此他呼吁平衡预算，进一步削弱美元汇率，刺激国外需求。

Hausmann 和 Sturzenegger 同样是从整体数据来看，但是有点超出简单的会计。像 Cline 一样，他们认为根据官方统计，尤其是那些关于 FDI 的，很可能"非常错误地计量了净外债的真正演化"，因为净收入的存在表明肯定有一些无法计量的资产。像 Cline 一样，他们估计有大约 3 万亿美元的美国资产没有被纳入官方统计数据，可以通过资本化这笔钱来消除美国的净债务。首先，他们创造性地定义这些概念资产为"暗物质"，而不是毫无创意地"资本化净收入"。其次，他们没有局限于简单记账，而是进一步研究"暗物质"产生的过程。

Hausmann 和 Sturzenegger 声称"暗物质"在平衡美国账目时可以分为两个主要部分。他们将一部分"暗物质"归咎于在充分衡量服务贸易和保险时官方贸易统计的失败，这夸大了美国的贸易赤字，从而导致了明显的借贷。实际上，他们认为作为一个值得信赖的金融中介，美国向世界其他国家和地区出售金融服务和保险。就像银行出售流动资产（储蓄账户存款）给客户一样，美国出售流动资产（国债或者同类物）给世界其他国家和地区。然后美国再像银行那样借给其他顾客长期贷款，通过其在流动负债和（相对）非流动性资产之间的流转来获利。这样的交易以保险和证券形式存在，因为很少有国家会拖欠对美国银行或美国政府的债务，然而许多国家在拖欠巴拉圭银行债务时很少会犹豫。同样地，外国存款人相信美国银行（和政府证券）多于信任他们自己国家的银行和政府。因此，他们为了保险起见将自己的资产存在美国以抵制通货膨胀和征收。

Hausmann 和 Sturzenegger 的观点再现了 1966 年 Emile Despres、Charles Kindleberger 和 Walter Salant 的观点，美国如同一家巨大的银行。外国对美国投资与美国对外投资之间收益率的差距反映了中介服务市场的正常运作——没有任何单位或者国家不像中介那样以盈利为目的。毫无疑问这个论点是有道理的，但仍有两个主要问题。首先，其他预期稳定的发达国家约占美国外债的 50%。Barry Eichengreen 指出，德国和日本不需要中介服务，因为它们的市场并不像美国那样复杂或流动，而欧洲的总体趋势复杂性和深度已经日益增加。然而这个积极的转变与流入美国资本的增加和更多以美元计价的储备是一一对应的，并没有像预期那样减少。其次，银行隐瞒的与它揭示的一样多。银行在存款和贷款的转换上赚钱的能力，很大程度上依赖于短期存款和长期投资不相匹配的行政管理。没有中央银行的行政组织和存款保险，中介组织通常会导致银行破产。而且正如我们所知，银行通常定量信用，并按照与市场无关的标准来分配信用。

Hausmann 和 Sturzenegger 认为，"暗物质"的第二个主要来源是美国公司优秀的管理创造的无可估量的市场价值。这种无形的技术知识和技能对于市场来说是很难评估的，即使它能产生超额收益，就像迪斯尼和可口可乐那样的公司的声誉和品牌。因此，市场系统地低估了美国公司的价值。较低的股票市值为美国创造了更多的净外债。基于股票和资金流，将这些名义金额加回去以平衡美国与世界上其他国家的账目。这个论点有一些道理（见第 5 章），但很难解释平衡账目的名义资产。

Cline、Hausmann 和 Sturzenegger 的主张在逻辑上是正确的，但是会计准则使我们不能完全理解政治或经济的动态情况。Hausmann 和 Sturzenegger 都通过探究如果在市场没有资本化时美国公司是否有竞争优势来为我们指明正确方向。但是就像 Eichengreen 指出的那样，经常账户和债务股票的官方数据是建立在错误假设的基础上，官方数据对净国际投资收入略有手动调整。较低水平分析的数据更有效地支持了他们的论点，而不需要虚构资产。但是首先，我们必须了解关于此事马克思主义政治经济学家是怎样认为的。

2.5　悲观的马克思主义者

那剩下的怎样呢？令人相当惊讶的是，尽管他们偏爱宣扬危机，但是并非剩下的所有经济学家都是悲观的。事实上，乐观的马克思主义者的观点会被悲观的马克思主义者同化，一般来说，大多数马克思主义者会感到焦虑，从这种意义上说，将预测美元价值会有灾难性的下降，美国实力也会相应下降。就像新古典经济学家那样，马克思主义者也有盲区。劳动价值论使他们太过注重制造业及其地理位置，而在经济上对利润流的控制有所不足。此外，悲观的马克思主义或者激进的分析家，如 Giovanni Arrighi 和 Peter Gowan，比乐观的新古典经济学家更少注意总体数据背后的细节，如净收入流动的悖论。悲观的马克思主义者关注贸易赤字和相关的外债积累。对他们来说，贸易赤字和外债仅仅是一种"美国制造业在世界经济中的竞争力大大降低"的代理指标，从而削弱了美国霸权，据此他们认为这几乎直接导致了制造至上的物质基础。Arrighi 介绍了焦虑的马克思主义者分析的最清晰版本，这便成了 Ben Bernanke 乐观的新古典分析的镜像。而 Ben Bernanke 的分析基于亚洲的超额储蓄，Arrighi 的分析基于美国制造业投资的不足。

Arrighi 的分析建立在怀疑英国和美国的衰退相似之处的基础之上，但同时指出了一个非常重要的问题。Arrighi 认为在 19 世纪时英国霸权瓦解了，并且英国不再是有竞争力的制造者，错失了新技术的良机（20 世纪），而是转向非生产性的金融活动，进而在国内制造业生产中找不到出路的资本溢出到国际市场。Arrighi 断言：

与英国处于相对衰落阶段的状况相比，美国经常账户赤字的逐步上升反映了美国企业在国内外市场的竞争地位不断退化。对英国人来说，尽管不成功，美国资本通过从事全球金融中介已经部分地阻止了这一退化。不像英国，美国没有殖民地可以从中得到所需资源来保持其在竞争日益激烈的世界中的军事优势。

因此，Arrighi 预测美国霸权的崩溃会更快，因为美国经济的金融化没有任何明显的领土缓冲，现在君权并不仅是被削弱，而是从根本上减少收益。事实上，Arrighi 认为美国想要通过在伊拉克的努力来寻求领土缓冲，实际上提高了财政赤字，从而加速毁坏了美国的金融地位，增加了对海外债权人的利息支付。不像英国那样将财政赤字转嫁到印度殖民地的纳税人身上，Arrighi 认为美国必须赢得国际资本市场的资金。因此，庞大的美国国债不可避免地引起金融危机或美元危机。Arrighi 和 Beverly Silver 描绘了金融化导致的可怕局面：

最后二十年左右（1979—1999 年）的全球经济扩张既不是世界资本主义的一个新发展阶段，也不是"即将到来的全球市场霸权的预兆"。相反，它是最清楚表明我们正处于霸权危机中的迹象。同样，扩张仍将是个暂时现象，迟早会结束，这取决于衰落的霸权主义如何操纵这场危机。

但这种类比及其结论是正确的吗？Arrighi 对制造业的关注是很重要的。美国最终确实需要某种方法来证实美国净外债至少部分代表其债权，但是 Arrighi 夸大了美国的衰落（见第 5 章）。Arrighi 的论点依赖于经验主义的三个观点：美国经济是资本短缺的；美国公司是没有竞争力的；与 Veblen 和 Nitzan 相反，认为工业胜过商业。每个观点都是悬而未决的（见第 5 章）。在 20 世纪 90 年代长期美国投资一直上升。美国公司保持自己的竞争力，并扩大了其对于全世界产量的控制力。在工业和商业二元性的维布伦学说中，Arrighi 关于工业重要得多的假设与事实相反。但是如 Veblen 和 Nitzan 的商业更重要的假设，那么新维布伦学说将如何断言呢？这将会对前半段的分析打上问号。如果英国制造商能将他们现有的现金流转换成 FDI 或是股票来控制工业初期的美国和德国，或许英国衰落的历史将会被改写。

现在，让我来指出英国衰落这个故事中具体的分歧。不仅固定资本形成趋势上升，而且总投资水平隐藏于耐用消费品制造的投资增加里（见第 4

章）。与此同时，美国公司已经扩大了其对海外生产的控制，以及创造新的海外产能。庞大的美国对外债务靠国内外投资来融资。

因为后面的章节将逐个详细阐述，所以在这里，我只简要解释金融化的问题，因为它与下一节"乐观的马克思主义者"的分析直接相关。Arrighi 的分析就其处理金融化的方式而言，表面上似乎有点矛盾。英国选择金融化是因为它资本丰富且资金没有其他的国内出路；美国选择金融化是因为它资本短缺需要海外融资。最后，Arrighi 的分析源于经典马克思主义对于金融的解释，即制造业"真实"世界的偶发现象。但是如果相反，金融化是美国国家实力和霸权主义的衡量指标呢？这是对宏观经济不平衡的最终观点的进一步延伸。

2.6　乐观的马克思主义者

虽然他们缺乏详细的分析并且对于乐观和焦虑持同等态度，Leo Panitch 和 Sam Gindin 仍然清晰地指出金融化是美国国家实力和霸权主义的一个指标。Panitch 和 Gindin 都表示忧心忡忡，因为他们觉得美国霸权的政治基础是脆弱的。像 Bernanke 一样，他们认为美国能吸引全球储蓄以弥补赤字。与 Arrighi 不同，他们认为金融化不是一个偶发现象。

此外，Panitch 和 Gindin 认为在过去的半个世纪，美国霸权已经扎根于对金融业而非制造业的控制。两处断言可以精确地概括他们的论点。首先，他们说："在美国实力的重生和普及上，金融全球化包括金融美国化，以及金融市场的深化和延伸变得比以往任何时候都更起基础性作用。与美国君权一起，靠我们需要竞争的金融化来进行实质性加强而不是削弱。"其次，他们直接否定 Arrighi 的观点，声称"像 Arrighi 那样建议是因为现在主要由亚洲持有美国国库券，因此，我们看到了实力区域平衡的改变混淆了资产按照实力分配的情况"。大体上，我同意这两点（然而，如我在第 5 章中阐述的，在制造业上美国有持久的实力）。

因此，Panitch 和 Gindin 将金融化和美国实力而非美国衰落联系起来。

他们描述美国霸权有 4 个特征：第一，统一的全球金融业务允许价值规律在全球自由运行；第二，美国政府行为针对的不只是美国资本而是全球资本，监督全球积累；第三，根据美国利益来调整其他国家利益，美国政府的活动重建了各国的结构；第四，凯恩斯主义和新自由主义对于国家福利都是一样的。

Panitch 和 Gindin 的观点是正确的，金融化的确增强了美国霸权，他们正确地将霸权或利益分配而不是实力的抽象形式或者制造业产出的某种份额联系起来。但他们的观点有两个缺点，首先太笼统，而问题往往藏在细节里。虽然很容易认为美国给其他国家带来的利益使这些国家与美国利益结盟，但是政治上和分析上重要的是那些利益是如何结盟的。因为美国和全球经济之间的具体联系在过去五十年已经改变了，Panitch 和 Gindin 断言布雷顿森林体系和本期之间的连续性充其量只是表面的。尽管两者都处于世界经济的资本主义时期，每个阶段都有自己积累的不同的特定逻辑。在第一次布雷顿森林会议时期，生产率和工资之间的联系形成了新的总需求和总收益增长；在 20 世纪 90 年代长期，工资约束和工会解体相结合开辟了资产增值抵押贷款的新时代，产生了新的总需求。尽管财政和金融化都起作用，但是它们如何起作用才是重要的。在第一阶段，美国是个净资本输出国；在第二个阶段，美国则是一个净资本进口国。全球价值规律的运作就没什么新奇的了。

其次，就像其他纽约大学风格的分析，全球资产阶级团结在美国身后的原因还是不清楚的。Karl Kautsky 似的极端帝国主义者认为这需要证明而不是妄断。全球资本主义精英持有的一些利益，与美国利益有时冲突、有时互补。是什么能让至少某些经济和政治精英为以美国为核心的全球积累服务呢？

我分析了部分分类的外商投资流动得出，美国的全球金融套利在起作用并且更准确地指出 Panitch 和 Gindin 的正确和错误之处。稍后，在第 3 章我详细分析了与美国经济联系的不同形式，根据联系程度将发达国家分成了两组。在第 4 章里，我分析了金融化的真实经济效益。

2.7 更多的政治争论：Dooley、Folkerts-Landau 和 Garber 以及布雷顿森林体系 Ⅱ

更明确的政治观点会如何认为呢？发展中国家又会如何呢？Dooley、Folkerts-Landau 和 Garber（DFG）在一系列论文中明确表达了"亚洲负责"的政治论点。他们认为，当前的不平衡反映了类似于 1944—1971 年间第一次布雷顿森林体系安排的新政治交易。并且他们认为，当前的布雷顿森林体系很大程度上连接着美国和亚洲发展中国家，而不是美国和欧洲的发达国家。但政治交流的基本结构还和原来的一样。一方面一些发展中国家心甘情愿地低估其货币并与美元捆绑，享受外贸盈余，提供经常账户盈余以支持其汇率与美元挂钩。另一方面，美国享受着美元被高估和额外的消耗，这些以牺牲制造业的利益为代价，致使美国经常账户赤字累积成外债。

亚洲的债权积累对于美国是危险的。如果亚洲货币对美元汇率升值，其持有的美国资产会遭受资本损失。中国现在拥有大约 1.7 万亿美元的资产，那么这些损失是不可忽略的。DFG 认为亚洲进入美国市场造成美元贬值的长期风险是值得的，因为这是可以使亚洲工业能吸收差不多 10 亿离开农业的劳动者的唯一办法，这也是建造与新增制造业人口一致的厂房的唯一方法。因此，DFG 对布雷顿森林体系 Ⅱ 持乐观态度。中国是世界最大的出口国，也是持有美国国债最多的亚洲发展中国家，并且大部分贫穷的亚洲农业人口都生活在中国。DFG 预测，中国积累美元资产就像中国吸收农村剩余劳动力一样可以持续 10 年。此外，他们认为中国为了防止美国市场封闭已经买了政治保险，即持有美国政府债券及其 FDI 的相对开放，实际上，这样可以使美国公司与未来中国的增长相关联。

DFG 的论点有 3 个问题：第一，尽管是政治性的，却有典型经济学家的论调。Barry Eichengreen、Nouriel Roubini 和 Brad Setser 分别注意到，原来的布雷顿森林协议和后来的政治谈判都支持那个涉及美国和欧洲的明确政治交易协议（即 1961 年的黄金联营和 1967 年的双层市场）。美国和中国之间关于外汇市场准入、美元稳定性和 FDI 尚无明确的交易。Roubini 和 Setser 也认为，布雷顿森林体系 Ⅱ 只在 2000—2007 年的国际经济中真正有意义，而其耐久性很有限。第二，DFG 的观点必须考虑到持有 75% 美国外债的初级和中级参与者的动机，但是 DFG 并没有提供这方面的分析。例如，日本没有农村剩余劳动力需要被吸收，而主要的石油输出国缺乏劳动力。第三，DFG 的终极观点目前尚不清楚。中国持有的大量美国证券是有未来价值的，中国和东亚用它来进口以美元计价的商品，这不可避免地意味着更多美国商品的进口。但是这些进口，除了文化用品之外，很可能是有利于中国和一些东亚国家增长的高价值、高科技行业，从而有可能在国际竞争中保护自己。美国最重要的出口产品之一就是民用飞机。中国在欧洲和美国两地的平均贸易逆差约 400 亿美元，在未来 15 年估计需要 1 500 ~ 1 800 架新飞机。但是中国政府决心发展自己的民用飞机制造能力，例如，在天津建立组装 A320s 空中客车的工厂。

因此，从新古典经济学的政治立场出发，DFG 的模型隐蕴太多。并不能假设个人行为可以说明一切，DFG 将市场参与者放在一边有利于单一陈述。尽管美国和中央银行在全球资本市场行使相当大的权力，但是精英的行为能强烈影响国家的实力。这表明我们应该看看美国外债的具体形式以及是谁拥有其中哪些。

首先，扼要重述一下到目前为止我们所学的所有观点以便能更好地理解下文。Bernanke 的分析指出了储蓄从过度节俭的亚洲自然转移到美国。但这既不能解释亚洲人消费如此少的原因，也不能解释美国的增长足以吸收那些出口的原因。DFG 提出引人注目的政治观点，认为亚洲故意重新利用贸易顺差到美国来购买国债和其他形式的债务，但同样没有解释美国的经济增长。维布伦（美国经济学家和社会学家）学说的信奉者 Arrighi 表明，不论美国公司是否确实提高了生产力和产出，都需要真正追踪这些企业正在做什么。Panitch 和 Gindin 建议我们审视投资流、美国结盟和非美国利益、政治上支持和反对美国霸权之间的联系。尽管它们都有缺陷，但是每个观点都有助于我们理解接下来第 3 章发现的数据。

2.8　美国的全球金融套利——第一次降息

还记得我们一开始提过与 Cline、Hausmann 和 Sturzenegger 相同的悖论：美国尽管是一个净国际债务人，却正在享受国际投资收入的持续的、正的净流量。理解其原因能弥补 Bernanke 分析中的空白和 DFG 分析中未加以解释的假设。投资工具选择的巨大差异解释了收入持续流入美国的原因。简言之，分类分析总投资得出，美国投资者的行为好比他们是火星人一样，漫不经心地选择高风险、高收益的长期投资工具；与此同时，外国投资者表现得好像他们是来自金星一样，选择低风险、低收益的短期投资工具。这是在全球市场上美国金融套利的实质。

美国大众和其他国家大众之间自然的心理差异不会造成这种行为差异，但金融市场的政治构建使漫不经心成为可能。美国套利是产生差别增长的机制，而不仅是铸币税的复杂形式。铸币税仅仅利用了美元在全球交易中的普及性以及人们愿意持有美国货币的特点，尽管其缺乏收益。美国金融套利是核心，它能持续调整美国和外国精英的利益，以及美国精英和大众之间的利益。如同 Panitch 和 Gindin 断言，美国套利的细节显示出美国实力分布不均匀。

本章的余下部分分类分析了国际投资的数据，确立了国际金融市场的美国套利。这一分析是局部的，因为我把世界其余地区作为统一体。第 3 章分类分析世界其余地区，得出有 4 组不同国家在美国经济以及美国套利体系中控股 4 种不同的风险。局部分析表明，美的的投资一般都是长期、高收益的。即使在特定类型的投资地点，美国投资往往是长期和高收益的。总体来说，美国所持股票与 FDI 投资不成比例，而外国控股与债券等被动工具也不成比例。这创造了美国国际投资出众的总收益，尽管美国有庞大的净国际债务。外国控股集中于被动投资组合中，尤其是美国国库券和机构债券，这有助于美国国内的差别增长和美国跨国公司的海外扩张。

2.9　美国人是火星人，外国人是金星人

　　表 2.2 将外商投资流入和流出美国分成 4 大类：FDI、股票投资组合、债券（债务组合）和贷款。我不考虑衍生品，因为它们太不透明，基本上都是净输出，而且没有收益率信息。读者试着回忆一下，FDI 包括母公司建立海外子公司并控制其运营。运营控制意味着母公司不但控制利润，而且能够通过改变生产实践和市场来影响获利水平。持有上市公司股票或股权的投资组合不能传递控制力，其中的控制力被任意定义为 10% 或 20% 的临界值，这里我采用美国商业部使用的 10% 的临界值。股票投资组合回报给股东红利和资本收益。这些股份通常但并非总是由个人持有单位信托基金或是共同基金。债券是不涉及银行贷款的最佳选择，股东贷款给公司或政府以获取利息并在债券到期时收回现金。尽管债券通常订有契约以约束借款人未来的行为，但是债券没有控制力。最后，银行贷款以换取利息并最终返回本金。除非在贷款文件中规定，否则贷款也没有控制力。从前一章来看，强调运营或主动控制的理由应该是很明显的。

表 2.2　　　　　**国际持有 FDI、股票投资组合、债券和贷款的**

相对份额（截至 2007 年年末）

	FDI[a]	股票投资组合	债券[b]	贷款	总数
A. 10 亿美元					
美国	5 148	5 171	1 478	5 002	18 615
其余国家	3 524	2 833	6 965	5 387	19 810
央行			2 931	406	3 307
B. 百分比（%）					
美国	27.7	27.8	7.9	26.9	100.0
其余国家	17.8	14.3	35.2	27.2	100.0
央行			88.6	12.3	16.7

注：FDI 表示外国直接投资。

[a] 市值评估。

[b] 忽略小额美国持有货币以及外国持有美国货币，总额为 2 790 亿美元。

资料来源　经济部分析局国际投资部，http：//www.bea.gov/intemational/index.htm#hp。

除去美国明显的净债务人身份，从这第一次降息显露出来的积极，区别于前文所述的消极。考虑到股票通常比债券更有风险，美国人的海外投资比外国人在美国的投资更有风险。大约 3/5 的美国海外资产是 FDI 和股票的形式。如果公司管理得好，这些所持股份有资本增值和获利的潜力。相比之下，超过 3/5 的外国在美国资产的投资形式是持有被动的债券和贷款。既没有潜力以利润增加的形式来获取增长带来的好处，也不能资本化增长以赚取高额利润。但是这显著的总量隐藏了每一种工具的每一个层级风险偏好和报酬的相似差异。

为什么美国和外国投资者持有完全不同的被动投资组合？也许这些不同的、尤其是被动的投资模式可以反映投资者寻求海外资产多元化。也许外国投资者大量投资债券，特别是政府债券，是因为这些债券都在美国证券市场上出售。也许美国投资者侧重于股票的投资组合反映了海外浅显的债券市场和深厚的股票市场。事实上，反过来才是正确的。方程两边的投资者当他们进入外国市场时均购买海外稀缺资产。表 2.3 比较了外国在美投资的分布和美国市场的一揽子投资，表 2.4 使用 2004 和 2006 年的数据（2007 年缺乏可比数据）比较了美国的海外投资和全球有价证券市场。表 2.3 显示相对于美国市场这一揽子投资，外国投资者过度投资美国债券。外国投资者持有市值 16.6% 的美国证券，但他们持有市面上超过一半（52%）的美国国债，超过外国投资者拥有美国债券的 3 倍多。相比之下，他们只持有 10.2% 的美国股票，这低于他们持有的美国债券的 1/3。这些不平衡现象说明了为什么海外投资并不是纯粹的自然现象或是简单的中介市场。

表 2.4 展示了 2004 和 2006 年海外市场的类似情况，但缺少细节；2004年是美国持有海外公债和私债分开统计的最后一年。表 2.4 显示美国投资者在国外的行为就像在国内一样。美国投资者持有的外国股票与他们的海外投资份额不成比例，正如外国投资者持有大量的美国公共债券。美国的海外投资者以持有股票形式投资于世界其他地区的比例为 13.8%，近两倍于采取其他投资方式所占的 8.2% 的份额。因此，与美国海外股票资产相比，美国投资者在现实生产活动中的投资不成比例。与此同时，相对而言，至少到

表2.3 美国对外开放市场：美国证券市场资产构成（2006 年）

	市场总额	股票	流通国债	机构债券[a]	公司债券
2006 年 6 月市值（10 亿美元）	43 074	23 760	3 321	5 709	10 284
中立份额（%）	(100)	55.2	7.7	13.3	23.9
外国份额（%）	(100)	33.9	24.1	13.7	28.2
备注1：优秀美国证券的外国持有份额（10%）	16.6	10.2	52.0	17.2	19.7
备注2：外国官方（央行）持有份额（%）	27.9	8.8	70.2	48.1	4.8
备注3：外国官方持有优秀美国证券的份额（%）（备注1×备注2）	4.3	1.1	19.5	2.3	0.4

注：不包括商业银行资产。

[a] 房利美和房地美发行了抵押贷款支持证券。

资料来源 美国财政部：《外国持有美国证券的报告》，华盛顿，美国财政部，2007（6）。

2004 年，美国投资者比外国在美投资者更愿意持有高风险的私人债券而不是公共债券。事实上，美国投资者讨厌公共债券似乎反映了外国人对美国股票的厌恶。

所以，美国和外国对于海外投资风险的不同偏好并不反映市场出售的不同。事实上正好相反。尽管美国和外国的投资者在海外投资上都追求地域多样化，但是他们并不追求投资工具的多样化。美国投资者来自于股票丰富的市场，但是他们在国外购买更多股票；外国投资者来自于债务丰富的环境，但是他们去美国购买更多的债券。总体来说，外国投资者购买美国债券相当于资助了美国购买外国股票，使美国获得了交易资本收益和企业可控收入。这同样适用于美国 FDI 的情况。让我们逐个检查每种投资以寻找原因。

表2.4　　　　　　美国开放市场：世界证券市场的资产构成，

美国债券净额（2004 年和 2006 年）

	市场总额	股票	公共债券	私人债券
2004 年市值（10 亿美元）	56 267	20 845	17 536	17 886
中立份额（%）	（100）	37.0	31.2	31.8
外国份额（%）	（100）	67.6	9.6	22.8
备注：优秀外国证券的美国持有份额（%）	6.7	12.3	2.1	4.8

	市场总额	股票	所有债券，公共和私人	
2006 年市值（10 亿美元）	73 256	31 258	41 998	
中立份额（%）	（100）	42.7	57.3	
美国投资者份额（%）	（100）	72.3	27.7	
备注：优秀外国证券的美国持有份额（%）	8.2	13.8	4.0	

注：不包括商业银行的所有美国证券和资产。

资料来源　国际货币基金组织（IMF）：《全球金融稳定性报告》，华盛顿，IMF，2005（9），117 页；IMF：《全球金融稳定性报告》，华盛顿，IMF，2007（9），138 页；美国财政部：《美国持有外国证券的报告》，华盛顿，美国财政部，2007（3），13 页。

2.10　股票和债券投资组合

我们重新检查4 种主要投资工具时会发现，外国投资者收益较低，而美国投资者收益较高。表2.5 中显示了2006 年美国和外国消极投资组合的不同类型。如上所述，美国海外被动投资者把超过3/4 的钱用在股票上，以获取股息和实现资本增值。外国投资者把将近3/4 的钱消极投资于美国债券上，以获取较低的固定利率的收益。因此，外国对美国的大量被动投资与较少的美国海外被动投资并不会同比例地创造大量收入。美国有价证券组合在2005 年创造了2 350 亿美元的收入，由于利率上升，到2007 年达到4 440 亿美元。相比之下，外国有价证券组合在2005 年创造了3 320 亿美元的收入，到 2007 年达到 5 915 亿美元。因此，美国对外国控股的比例大约为 0.683，而美国收入与外国收入的比例为 0.741，这表明美国在海外的被动投资胜过外国在美投资。这些比率低估了外国投资控股绩效不佳的情况，因为美国股票组合不仅从这些比率中获取股利收益，而且从长期来看能获取比债券更大的资本收益，这些好处在上述数据中无法体现。投资组合结构的不对称（股票 vs. 债券）只能部分解释收益差异。美国在海外持有的长期债券的份额往往略高于外国持有的美国债券的份额。

表 2.5　　　**持有证券和债券的相对份额（2006 年 12 月）**

	股票（%）	债券[a]（%）	价值（10 亿美元）	美国对外国的持有比率
美国流向其余国家	78.3	21.7	5 432	
其余国家流进美国	31.9	68.1	7 946	0.683
美国政府债务			2 699	
美国有价证券收入	n/a	n/a	351.3	
区域国家收入	n/a	n/a	474.1	0.741
来自美国政府债务			135	

注：n/a 指不开放。

[a] 包括公司和政府债券，没有贷款。

资料来源　经济部分析局，http://www.bea.gov。

最后，债券这一投资工具的使用不对称也减少了外国投资者的收益。截至 2005 年 12 月，外国投资美国债券中的 60% 是购买美国政府和由政府资助的机构债券（如房利美和房地美债券）。因为理论上政府债券是违约风险最小的投资形式，而投资者相信机构债务也是如此，当然这些投资的利率也最低。与此相反，到 2004 年 12 月，只有 30% 的美国投资者持有外国的公共债券。此外，美国投资者主要持有高风险、高收益的外国公司债券。

尽管如此，由于庞大的控股净利差异，美国最终控股组合是净负流出的。实际上，收入流的净利差异几乎完全是由美国国债和机构债券的利息引起的。这些债券主要集中在外国中央银行手中。这就是为什么我们可以更尖锐地指出，就像 DFG 的观点一样，这不仅是购买美国债券的外国投资者资助了美国购买外国股票，使其获取了交易资本收益和企业可控收入，而且外国政府也这样做。什么可以抵消这种流出呢？美国的国际投资净收入几乎完全来自于 FDI 规模收益的巨大差异。

2.11　直接投资

外国投资者使用组合投资工具获得低固定利率收益，相对于美国的海外投资来说，收益减少。但是如果外国公司在美直接投资，并且自己经营会是怎样的呢？为了清晰明了，本书按照美国政府规定，称美国对外直接投资为 USDIA，而外商直接投资美国为 FDIUS。USDIA 绝对大于进入美国的 FDI，所以美国从 USDIA 中比外国从 FDIUS 中赚得更多并不会让人感到吃惊。然而事实上，USDIA 的收入并没有按比例超过 FDIUS 的收入。2005 年，USDIA 创造了 1 510 亿美元的净收入。尽管税收抵免制度的逐步淘汰鼓励了收益汇出，但是 2007 年 USDIA 创造的收入仍然上升到 2 340 亿美元。尽管美国税收政策不具有可比性，但是在过去 4 年里，美国仍支付给外国投资者大约 40% 的收入，而现有 FDIUS 所占比例按照现有 USDIA 成本计价为 75%，按市值计价则为 70%。

这种收益率差异是净收入悖论形成的核心。尽管美国被动投资比外国被动投资更有利可图，但是消极的国外投资在绝对量上的巨大差异压倒了美国投资回报的优越性。美国 2005 年和 2007 年的消极投资收益分别为 1 010 亿美元和 1 650 亿美元，因为存在 2.5 万亿美元的净债务，所以美国仍然有赤字。不过，如上所述，这并不适用于 FDI。USDIA 收入远远抵消了消极赤字。美国经济分析局（BEA）用 20 世纪 90 年代长期的数据分析表明，美国公司国外业务的资产利润率（ROA）为 11%，比进入美国的外国 FDI 的 ROA 平均利率高 6 个百分点。除了 20 世纪 80 年代拉丁美洲债务危机造成的大幅下降，这个比例从 1960 年至今一直维持不变。此外，正如 Gerard Dumenil 和 Dominique Levy 所指出的，美国公司的优越海外绩效是美国国际收支平衡和企业利润的关键。美国公司的海外利润占美国非财务公司总利润的大约 25%。

与此形成鲜明对比的是，外国公司通过 FDIUS（而不是简单地出口到美国市场）在 1988—1997 年间赚取的平均 ROA 为 5.1%，这比同期美国公司相应的平均 ROA 低 2 个百分点，而到 1997 年这个差距缩小到 1%。外国 ROA 较弱并不是由几个行业的疲软表现所引起的统计缺陷，如运输设备（主要是汽车）等行业表现较差，而是因为外国公司投资美国的几乎所有行业，其中 2/3 都获取低于平均水平的 ROA。究竟是什么导致了这种惊人的差距呢？

Daniel Gros 举例反驳了 Hausmann 和 Sturzenegger 以及 Cline 的观点，他仅凭主观臆断而不考虑美国负债远小于 2.7 万亿美元，即美国净外债占 GDP 的 35% 这一统计数据。1999—2005 年外国的 FDI 投资收益率大约为 2.5%，而在美国的投资组合每年可能带来 5%~5.15% 的收益率，Gros 认为这是不可思议的，然而这就是 FDIUS 显示的利润数据。Gros 认为，外国跨国公司通过转让定价来规避税收从而获利的努力并不会造成这种异常现象。BEA 认为，这符合美国政府官员的推断，外国 ROA 较低显然不是要通过转让定价来使利润转移出美国的。

另外，Gros 认为，因为美国的公司税均高于欧洲，所以在美国的外国公司由于税收原因有意低估了其再投资收益。相反，美国政府对美国公司在海外的利润不征税，除非它们遣返那些利润（甚至有时那些也无需纳税），这使美国公司低估了其海外再投资收益。因为 BEA 根据美国公司行为计算再投资收益，所以产生的偏差有利于美国公司。因为再投资收益较低，且包括用于再投资收益的美国经常账户比它实际上低了大约 1 000 亿美元（相当于 GDP 的 1%），所以低估外国公司造成低估美国负债。Gros 认为外国持有的房地产股份也没有计入美国官方数据，因为大部分报告都不包括这些股票。类似的，美国债券的国外持有者更倾向于使用非美国的保管机构，以避免美国代扣所得税。实际上，Gros 指的不仅是美国，世界其他地区也有暗箱操作，甚至比美国的统计数据更差劲。

同样不可思议的是，海外的美国公司比在美国的外国公司收益要低。因为美国公司的平均 ROA 包括美国本土公司的 ROA 和那些 USDIA，从数学角度来讲，减少 USDIA 意味着增加美国本土公司的 ROA。这仍使 FDIUS 处于不利境地，致使美国公司在美国市场上表现不佳。甚至连 Gros 都承认海外的美国公司比 FDIUS 有更高的收益率。与 FDIUS 相比，为何海外的 USDIA 会产生不成比例的高收益呢？

从市场占有率不同的公司的绩效可以发现 ROA 差异的来源。由于大部分 ROA 表现欠佳，大多数外国公司在各自行业控制了不到 20% 的美国市场。相比之下，只有为数不多的占市场份额 30% 以上的外国公司的 ROA 可以与美国非财务公司相匹敌。简单地说，只有当外国公司有足够的竞争优势占据美国市场上的寡头垄断地位时，在美国的外国公司才能够获取合理的收益，那些投资工业的外国公司验证了这个结论的正确性。到 1997 年，投资汽车和设备行业的外国公司，包括丰田和本田那样的主要的、一流的生产制造商，其 ROA 都高于美国的竞争对手。但是外国公司在其他行业特别是服务业的 ROA 比平均水平低 4%。

标准经济理论认为，只有拥有足以克服距离和国外环境所产生的额外成本的某些生产或技术优势时，公司才会建立外国子公司而不是简单地从本国出口。外国公司低于平均水平的 ROA 表明这些公司通常不具有任何压倒性竞争优势。另外，标准经济理论指出了在美国投资的 4 种可能动机。

（1）外国公司可以接受低于平均收益率水平的 FDI，因为它们觉得进驻占全球 GDP1/4 的美国市场，可以使其在 20 世纪 90 年代长期全球经济增长占有更大份额，从而成为具有全球竞争力的公司。放弃美国市场意味着把一个拥有多层次消费者的巨大市场让给竞争对手和其他愿意接受低于 ROA 平均水平的非美国公司。

（2）公司可以在美国投资以规避汇率波动所造成的出口不赚钱的风险，尽管尚不清楚为什么用金融工具而不是直接投资来套期保值。考虑到外汇期货市场的流动性，虽然两者都有成本，但是建立完整的生产子公司的成本要超过套期保值的成本。

（3）外国公司可以通过在美国本土化生产来避免贸易保护主义。

（4）外国公司可能会发现它们在美国的低 ROA 仍然高于本国市场的 ROA。

缺乏大量可比性 ROA 数据使我们很难评估第三个动机的重要性，尽管许多评论员宣称欧洲资本收益率比美国低。但是前两个动机暗示外国公司愿意纳"税"以进入美国市场，与美国公司相比，"税收"是较低的 ROA。

同样地，FDI 的收入差异表明在国外市场的美国公司不成比例地赚钱，因为它们的 ROA 比在美国市场上的美国公司高 6%。这是怎么回事呢？这可能是因为美国公司开拓了新的缺乏竞争的经济领域或是它们控制了新的专有技术（专利/版权/管理）或信息，这有点类似于 Hausmann 和 Sturzenegger 的观点，但是通过数学计算会发现并非如此，USDIA 更高的盈利依赖于使用非常廉价的劳动力（例如中国），因为大部分 USDIA 转入高工资的国家。虽然中国的 USDIA 收益几乎两倍于全球范围内美元的单位投资收益（2001—2005 年为 18% vs. 9%），但是中国的 USDIA 还不到 2005 年 USDIA 的 1%。

尽管美国公司占中国出口的很大份额，但是其中很少是 FDI，恰恰相反，其中大多数都是外包给中国，例如沃尔玛。虽然外国公司生产大约占中国出口的 2/3，但这些公司并非是美国的，它们大多数是中国台湾、中国香港或其他海外公司（事实上，很多是为了躲避税收的中国企业）。占所有中国出口到美国近 10% 的沃尔玛，主要是将生产外包给中国和外国公司。

在美国经营的外国公司和在海外经营的美国公司的 ROA 对比表明，正如投资组合一样，美国在海外低成本借入和高回报投资之间实现套利。外国资本进入美国打破国内投资和消费以及海外投资的基本约束条件，并使美国投资于国外市场比投资于美国市场能获得更高的资本收益。外国公司主要投资于美国经济中低盈利的市场领域，而美国公司在国内和国外都占据了高盈利的市场领域。第 4 章和第 5 章将重点讨论这两个问题。然而，就目前而言，首先要研究第 4 个也是最后一个投资种类，即贷款。

2.12 纯粹套利交易

最后一类是有关银行贷款的，虽然贷款并未增加太多以净额为基础的美国外债，但是流入和流出美国的贷款流量对于忙于套利交易的美国银行和对冲基金是非常有利的。套利交易会略微增加美国经济中的净收入流量，更重要的是，它有助于确保美国经济仍是最具经济活力及丰富的经济体（详见第 4 章）。

在套利交易中，银行或其他金融中介机构在一个市场上以较低的利率短期借入，然后在另外一个市场上以较高的利率借出长期贷款，这种情况可能在一个或两个币种之间发生。在 20 世纪 90 年代和 21 世纪初，美国的银行通常在日本以低利率借入日元，再将这些日元转换为美元，然后在美国的抵押贷款市场上或者某些低流动率的市场上重新贷给第三方借款人。假设汇率稳定的前提下，日元的套利交易是有利可图的，因为在 21 世纪初日元利率大约为 0.25%。实行套利交易的很多地方都拥有很高的利率，例如，美国的抵押债券利率在 3%~5.25% 之间，澳大利亚的美元债券利率为 6.35% 左右，新西兰的美元债券利率为 8%。在某些情况下，投资者会借入日元去购买以巴西雷亚尔计价的收益率为 12.5% 的债券。银行可以在不同的利率之间实现套利，赚取借入成本与贷出价格之间的差额。套利交易中日元规模变化极大，每年最少为 1 500 亿美元，最多为 1 万亿美元。

与亚洲各国央行吸收美元的一般情况相结合来看，套利交易在 20 世纪 90 年代长期有利于降低美国抵押贷款利率，使美国房主每年能再融资将近 1 万亿美元的抵押债券。这相应地使美国消费者即使增加了消费，仍能以较低的利率和税收优惠来代替支付高利息的信用卡债务。理想的估计表明亚洲央行购买以美元计价的证券（这与美国银行以套利为目的借入日元具有同一作用）降低了美国十年国债的基准价格，大约减少了 100 个基准点或 1 个百分点。

套利交易看起来不需要任何成本就能获取利润，但实际上存在很大风险。套利交易除了具有信用风险和利率风险还涉及另外两个巨大风险：一是期限错配，二是汇率风险。在套利交易中，期限错配的发生是因为银行在借入短期贷款的基础上发放长期贷款，如果日本短期贷款人突然需要美国银行立即偿还贷款，并拒绝美国金融中介机构的债务延期，此时中介机构就不得不寻找现金向短期贷款人清算债务。但是银行已经将日元转换为以美元计价的抵押贷款或商业贷款，而美国银行不能为了获得资金而突然向借款人要求清偿所有贷款。暂停长期贷款在法律上和实际中往往是很难的，因为长期贷款通常用来购买固定资产或特定资产。最终的贷款人可能是房主或工业公司，他们不会同意突然暂停抵押贷款合同或无的放矢。此外，在长期贷款中，中介银行要以短期债务风险迫使长期借款人以清算的价格出售，这会降低银行收回本金的能力。套利交易也暴露了中介银行存在着不便于汇率转变的风险。在上述案例中，如果日元相对美元升值，中介银行就不得不使用更多美元来支付以日元计价的贷款利息，同时也需要更多的美元来偿还本金。

了解有关1997—1998年亚洲金融危机的读者已经注意到，东南亚银行先前从事的就是上述具有双风险的套利交易，而这有助于读者认识到当前金融危机爆发的前兆。东南亚银行从日本和欧洲银行以低利率借入短期美元，然后以本国货币的形式贷给当地投资于资产或制造业的长期借款人。当期限到期或者本国货币贬值时，这些银行就会破产。主要原因是外资银行拒绝短期贷款的延期支付，本国货币相对美元贬值，而东南亚银行又不能立即回收其长期贷款，即使回收了贷款，本国借款人也只需偿还相当于美元价值一半的本国货币，因此，东南亚经济为其银行投机于套利交易的欲望付出了巨大代价。美国银行和非金融中介机构怎么会对这些风险如此漫不经心呢？那又是什么使它们不同于东南亚银行呢？

在美联储的监管下，日本银行和中国人民银行因为政治原因不得不保护美国银行免受风险，一方面，美联储是最终担保人，可以确保期限错配不会给美国银行带来风险。在格林斯潘的领导下，美联储能够利用银行系统的流动性防止美国银行承受巨大风险。20世纪90年代初，储蓄贷款急剧下降后，美联储在1990—1993年间将短期利率下调了500个基准点（即5个百分点）；在 1997—1998 年亚洲金融危机后，美联储在 1998—2002 年间又将短期利率下调了 340 个基准点。在 Bernanke 的领导下，美联储已经为挽救美国银行的坏账尽了最大的努力。

而另一方面，虽然日本银行和中国人民银行对于美国银行没有任何喜爱之情，但是它们不得不帮助美国银行抵制货币风险。自从 1990 年开始，日本经济在很大程度上都依赖于出口到美国或中国（经常是资本流入中国，在中国建立工厂，然后将产品卖给美国）来实现经济增长。日本经济已经承受着通缩和缓慢增长的压力，而日元升值无疑会使日本公司"关门大吉"。结果，日本银行每次都会在日元兑美元的汇率开始上升的时间点介入。日元兑美元的汇率为 105，一直是传统的触发点，因为在 20 世纪末日本出口商收支平衡点为 110。在 2003 年和 2004 年年初，日本银行大约出售价值相当于 2 000 亿美元的日元兑换美元，以帮助日本持有的以美元计价的证券在 7 000 亿美元以上并保持汇率为 105，直到 2008 年，日元兑美元的汇率仍在 120 的范围内。

同样地，套利交易使日元一直疲软。借日元的美国借款人必须在美国出售与新借的日元数量一样多的美元，因此，美国银行会存在信息不对称的风险。如果日元兑美元贬值，美国银行会利用昂贵的美元购买便宜的日元偿还债权人以获取额外的利润；如果美元兑日元贬值，这会威胁美国银行外汇亏损，而日本银行会干预这些损失。人民币虽然对美国银行来说不是便宜货币，但中国一直努力保持相对美元有利的汇率，同时也阻止日元的贬值。

本章以我们对于美国全球经济力量调查的核心问题和悖论为开端。一方面，20 世纪 80 年代末期，美国的净外债或多或少地持续增加；另一方面，美国的国际投资净收入也在同等地增加，并且在 20 世纪 90 年代长期增长持续高于大多数其他发达国家。净负债和正的净投资收入之间存在何种联系？大规模的资本流入是如何成为美国逃避消费、投资国内外的正常约束条件的呢？

本章的前半部分主要给出了对于这个问题和悖论的不同分析。无论是马克思主义还是新古典主义都分析了美国大量净外债的长期影响。有些人感到很震惊，但其他人对此很乐观，因此使用不同的方法会产生不同的分析结果。有些马克思主义者希望发现在美国制造业下滑的过程中美国霸权存在的危机，而另一些人认为巨大资本流动对于美国政治和经济具有重要作用。新古典主义只能利用账户解释悖论，得出模糊的政策建议。如果认为经常账户赤字是国内储蓄水平低的结果，那么必须增加储蓄以消除赤字。另外，假定资本收入来自于资本资产，那么正的美国投资净收入为正的净资产而不是净债务。但是这些分析都依赖于总数据，而总数据有可能会受实际动态情况的影响。数据中没有与美国增长差距相关的数据，因为所有的分析都过多地关注用于消费的贷款，而且假设消费不会产生二次影响。

本章的后半部分主要区分债券和相应的现金流量中的股票以便更好地了解这些动态。这一分析显示美国从大规模金融套利中获取利润，而金融套利主要是指美国以低利率在世界其他国家或地区短期借入，然后以高利率发放长期贷款。虽然最极端的模式就是 FDI，但是实际上每个资产类别都存在这种模式。这种初步分析带来了另外两个问题：第一，为什么世界其他国家允许这种情况的发生？因为这毕竟是促进美国增长而损害其他国家利益的模式；第二，如何解释 FDI 投资回报率的巨大差异？

下一章将通过继续对美国资产负债表分析来给出第一个问题的部分答案。这种分析显示美国债权人以不同的形式在美国市场上出现，从而导致关于美国金融套利和一般的美国政策之间的不同政治立场。

3

在美投资

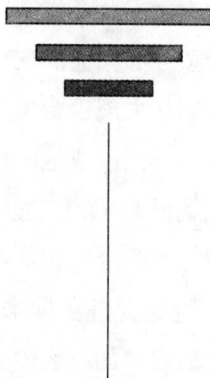

三个债权人和一个铜板

我们正在资助美国经济。这些都是可以被更好利用的稀缺资源。

——印度财政部官员，2004 年

3.1　谁是谁

美国的全球金融套利有利于美国差别增长，但外国在美投资并不是均匀分布的。从长期来看，外国投资者以不同方式加强美国的全球经济力量。第2 章分析美国资产负债表得出，并非所有的债务都是平等的。美国虽然是个净债务国，却能够一直保持正的投资收入净额，因为美国声称在世界范围内收益超过了债务。反过来，这将有助于美国摆脱与国内消费和国内外投资相关的正常约束。而第 2 章从本质上比较了美国债权人和外国债权人，对比了债权人后发现，并非所有债权人都是平等的。美国的外国投资者分为 4 组（与 Gaul 不同），但只有 3 组（类似于 Gaul）真正起作用：美国化富国、被抑制的富国和封闭经济体。关于美国对外投资的国外网站也按照相同的 4 组进行分类，其中也只有 3 组起作用。分类分析美国的债权人是正确的，这样做可以讨论美国的政治实力。3 种类型的投资者根据各自不同的投资概况投资不同类型的美国项目。随着某一组的投资组合变得消极并且比例缩小，美国项目的扣押资产也会减少，这一组对美国投资者的影响也减小。国家的投资组合变得越被动，则对国家经济直接控制的程度也随之上升。就像第 2 章一样，本章仍然关注图 3.1 左下角的框，但是按照不同手段来分类，本章按照债权人在金融套利中的不同政治立场来分类。

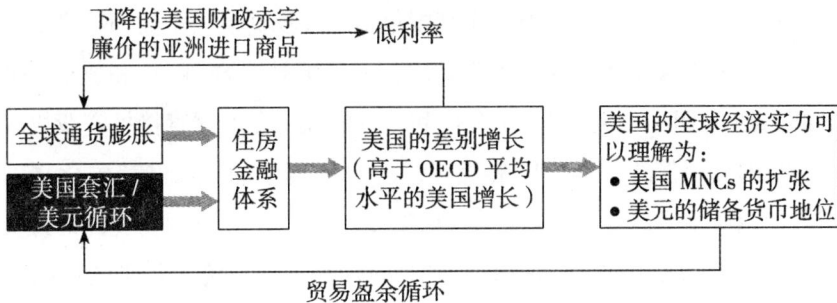

图 3.1　分析重点

读者需要注意两点：第一，分组之间的差异是相对的，不是绝对的，而且测量值是连续的。某些分类是凭主观臆断的，尤其是对于日本这种兼有被抑制的富国和封闭经济体特点的国家。有些问题比较敏感，如用替代数据来检验结论。这一点很重要，因为第 4 章按照这一划分对比了两组发达国家的住房金融市场对宏观经济的影响，而第 5 章分析了 20 世纪 90 年代长期制造业竞争力的演变。第二，本书关注最近发生的事，意味着侧重分析石油输出国和中国。但是在 20 世纪 90 年代长期，发达国家提供了大部分的美国对外融资，展望未来，即使按购买力平价（PPP）折算，发达国家将继续占据全球 GDP 的大部分。美元作为储备货币面临的唯一竞争就是欧元。此外，2008 年年末油价的缓和表明石油输出国将不会如此迅速地积累财富。所以本书侧重分析两组发达国家而不是石油输出国或中国；然后第 6 章分析中国，第 8 章分析石油输出国的主权财富基金（SWF）。

这 4 组包括：美国化富国、被抑制的富国、封闭经济体和壳体公司。每一组都是由哪些国家构成呢？要回答这个问题，就要先问每个国家 4 个问题：（1）美国的组合投资在多大程度上影响美国海外股票投资倾向？（2）相对于其 GDP 的份额，发达的 OECD 国家在美国的过度投资究竟达到何种程度？（3）美国在多大程度上能回报 OECD 发达国家相对于东道国 GDP 份额的过度投资？（4）该国住房金融体系在多大程度上能像美国那样领先经济周期？很明显，核心的政治问题就是：这些条件满足越多，这个国家与持续支持美国经济实力的经济结构联系就越紧密。

依据以上标准，第一组美国化富国包括海外投资模式像美国一样的发达国家，两者都不成比例地收到大量 USDIA（美国对外的 FDI）和放出 FDIUS（外国对美的 FDI）。美国经济中公民和公司的风险是通过直接投资股权以及较少部分的公司债券（即美国的投资组合）来衡量的。虽然美国化富国投资美国的绝对水平经常低于被抑制的富国，但是美国化富国在美国的投资水平接近两倍于非美的全球 GDP 总额。同样，美国在美国化富国的投资也超额，并对股票和 USDIA 有明显的偏好。最后，美国化富国有类似美国的住房金融市场，财政状况不受约束（见第 4 章）。英国、荷兰、加拿大、爱尔兰、澳大利亚的小部分、新西兰和斯卡迪纳维亚构成了美国化富国。瑞士是混合的，有被抑制的住房金融体系和社团主义的工资约束，因而属于被抑制的富国。但本书把瑞士划分为美国化富国，因为作为一个可变资本的集散地，瑞士跨国公司在美国经济中独立起作用，此外，美国投资者持有大量的瑞士股票。本书考虑到 20 世纪 90 年代长期瑞士极其缓慢的增长，因而作此保守划分。

第二组被抑制的富国包括更多发达国家。这些国家往往通过 FDIUS 或是大量控股美国债券来使自己在美国市场上占据有利地位。事实上，对于其中某些国家来说，进入美国投资的 FDIUS 所占份额比美国化富国更大。但是与美国化富国的海外投资能力相比，被抑制的富国所展示的 FDIUS 水平相对较低。虽然被抑制的富国普遍通过 FDI 投资美国，但按照非美国的全球 GDP 和在全球财富 500 强所占的份额（代表直接投资的能力），被抑制的富国对美国的直接投资总额约为我们期望水平的2/3。美国对于这一收益明显缺乏自信。美国在德国的直接投资大约是我们根据德国经济规模所期望的一半，美国投资者持有以美元计价的荷兰证券几乎与德国证券一样多，尽管德国经济比荷兰强大 4 倍。在其他方面，21 世纪初，德国只有英国一半的经济实力，但其在全球财富 500 强所占的份额比英国略大。然而英国拥有的美国股票是德国的 2 倍，而 FDIUS 则超过 60%。

被抑制的富国不仅约束了房地产行业的发展，也约束了企业融资市场的发展，本书将在第 4 章探讨该行为的结果。被抑制的富国通常也利用社团中介来抑制工资增长，包括德国、法国、意大利、比利时、奥地利、西班牙、葡萄牙和日本。日本像瑞士一样，为我们提出了一个很大的难题，必须考虑直接投资下两个方向上均存在投资不足的问题。正如我们看到的那样，日本持有大量的美国国债和机构债券，像封闭经济体一样。因此，包括日本在内，打破了被抑制的富国和美国化富国之间界限的总数据，以此来检验两组之间是否有关系。同样，西班牙也出现了别开生面的房地产市场的繁荣景象，而基于投资准则，西班牙更像是被抑制的富国而不是美国化富国，这是一个保守的分类，因为西班牙在过去的十年已经明确地享有了房地产市场的繁荣。

"被抑制"听起来有些消极，其实不然。我们的类别已经跨越了普通的自由市场经济（LME）和协调市场经济（CME），因为协调市场经济的斯卡迪纳维亚被划分到普通的自由市场经济一组。这就要求我们使用不同的描述性分类，"被抑制"不是指这些国家的政治制度或民众的心理状态，而是指高度的、有组织的、监管的金融和集体谈判机构，本书主要是从技术意义上说的，国家持有价格低于市场清算价格。

封闭经济体作为第三组，包括了大部分在 20 世纪 90 年代长期投资美国国债和机构债券的经济体，这些经济体都缺少在美国的直接投资，而且美国相应地提供了较少的直接投资。亚洲经济体大部分都被划分在这一组，至少从公开数据上看，这些国家大多都是富有的石油出口国。其中许多国家，如科威特，持有大量的美国国债和机构债券，并且这些都占有全球 GDP 市场份额，但作为一个群体，封闭经济体直到现在才持有超过全球其他 GDP 份额的美国债券。大部分时间它们对美国都投资不足，即使我们把日本从被抑制的富国转移到封闭经济体中，该组总体对美国投资仍然不足。因此，封闭经济体融合了经典的亚洲发展中国家状态——DFG 的布雷顿森林体系的核心部分，但是国家经济增长依赖于美国的内外部安全。

与其他组一样，第三组也包含一些异常情况。新加坡持有 USDIA 的比例超过了其规模大小。从分类角度来看有很多不安因素，这些经济体中的大多数最近都成立了 SWF，政府投资机构的职权范围远远超过了对美国国债的被动投资。最近，部分资金入股了核心发达国家的金融公司。SWF 持有的资产份额不断上升，而这些可能是因为政治问题（见第 8 章），但是现在我们把 SWF 问题放到一边，因为本书涵盖的大部分时间中，石油出口国是美国资金的次要来源，而大多数 SWF 的作用都有限。如今，石油出口价格和出口国财富都呈现爆炸式增长，但是在 20 世纪 90 年代长期，石油价格处于历史最低位，一些中东石油出口国是净债务国。

最后，第四组是壳体公司，包括很多那些作为壳体的国家，开曼群岛、百慕大和英属西印度群岛都属于这一组，而卢森堡向欧洲商界人士提供了庇护的怀抱。该组在两方面都占有很大的控股权。2006 年，卢森堡拥有6 800亿美元的美国债券和 FDIUS，开曼群岛拥有 4 850 亿美元的美国债券。与此同时，美国在该组中每个国家持有的份额虽较小但是都很重要。控股双方大多是些不是很大的国家，例如百慕大，只有 21 平方英里（也就是 54 平方公里）。这些经济体没有工厂和办公大楼，但是包含了本章标题的"铜板"——正如名义宣布的那样，而公司的实际活动都发生在其他地方。衡量这些股票与 GDP 的比值是没有意义的，因为基本经济活动不是使该组成为对债券的支付地点具有吸引力的原因。第四组主要是利用大量全球投资投到美国，而其他三组不是这样的。

3.2　首要分析切入点

　　将国家分类是为了获得各国与美国经济一体化的程度。第一，一个国家对美国的总投资组合的份额是高于还是低于 OECD 国家占美国净 GDP 市场份额？第二，一个国家的 FDIUS 份额是高于还是低于其占全球财富 500 强企业（收入最高的 500 家企业）的比例，从而更好地代表一个国家 FDI 的能力？这种度量因不同国家 GDP 的度量方式不同而不同，因为 MNC 的分配并不直接影响给定经济体的规模或者人均 GDP，但是与投资组合的现金分配有直接关系。大多数 MNC 都是大公司，因此，潜在的 FDI 携带者的分布与国家 GDP 的分布是不一样的。第三，一个国家的净投资组合持有的股本或债务相对于美国化富国 GDP 是否一样大呢？第四，债务投资组合是否由公司债券或美国国债或机构债券组成？第五，有个关于美国投资到各个国家是否相同的问题。原则上，这些问题应该会产生大量的"离散"国家类型，但在实践中多数国家都属于上节中的 4 种类型。

　　图 3.2 显示了 2000—2006 年对美国 FDIUS 的总平均投资份额与对美国国债或机构债券的平均投资份额对比后的国家位置。本书使用多年平均数据来消除由 2003 年之后石油价格上升所造成的影响，同时缓和在 2004 年之后中国被动控股突然增加所产生的影响。这两种情况都会扭曲 1991—2005 年期间的动态经营状况。不幸的是，整个 20 世纪 90 年代的可对比数据都不可用，总投资中 FDIUS 占有很大比例的国家都偏向右面，而持有美国公共债务比例很高的国家都倾向顶部。圆圈的大小与总投资是成比例的，因此，日本投资美国国债和机构债券大约占 75%，而圆圈也大概就是 75%，但是采取 FDIUS 形式的投资只占 15% 左右（公司债券和股票投资组合的持股权都是剩余索取权）。这 4 组中的 3 个能够清楚地划分出来，而两个富国群体需要进一步分类。

　　那些容易厌烦文字或者相信数据的读者可以看一下表 3.1 和表 3.2，这两个表格总结了主要的数据点，随后我会将这两个表放到第 4 章。关键是这段时

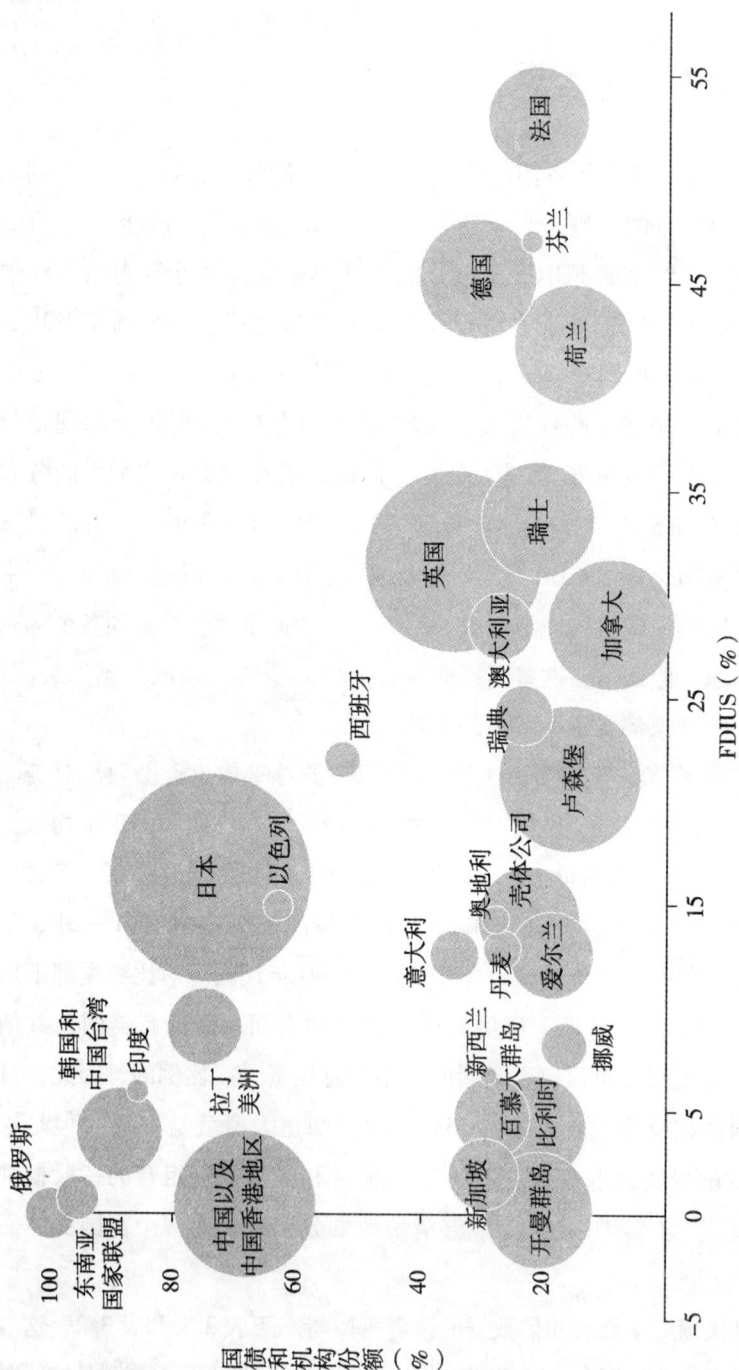

图 3.2 FDIUS 的平均百分比以及美国国债和机构债券，2000—2006 年流入美国的投资

注：FDIUS：外国直接投资于美国。

资料来源 经济分析局，http: //www.bea.gov；美国财政部，http: //www.treas.gov/tic/shlhistdat.csv；国际货币基金组织，http: //www.imf.org/external/ns/cs.aspx?id=28；《财富》世界 500 强。

表 3.1　　在美国的外国集团超额或不足投资（以 2000—2007 年的

平均投资水平和平均 GDP 份额为参考）

	(1) 全球 GDP^a （%）	(2) 流入美国的 全部外国 投资（%）	(3) 比率 (2/1)	(4) 流入美国的 全部外国 投资（%）	(5) 比率 (4/1)	(6) 流入美国的 全部外国 投资（%）	(7) 比率 (6/1)	(8) 全部 FDIUS （%）	(9) 比率 (8/1)
美国化富国	18.3	35.1	1.92	31.1	1.69	49.3	2.69	50.4	2.75
被抑制的富国	39.9	29.5	0.74	28.3	0.71	20.8	0.52	34.0	0.85
亚洲封闭经济体	14.3	13.0	0.91	16.2	1.14	9.1	0.64	1.0	0.07
石油输出国封闭经济体	5.0	2.8	0.56	3.4	0.69	3.6	0.73	0.3	0.07
另一种分类									
包含日本的亚洲封闭经济体	29.3	28.1	0.96	32.2	1.10	17.9	0.61	12.6	0.43
不含日本的被抑制的富国	24.0	14.4	0.58	12.3	0.49	12.0	0.48	22.3	0.90
最初分类的总额^b	77.5	80.4	1.02	70	1.04	82.8	1.07	85.7	1.11

注：调整后的比率。美国化富国：澳大利亚、英国、加拿大、芬兰、爱尔兰、荷兰、新西兰、挪威、瑞典和瑞士；亚洲封闭经济体：中国、中国香港、印度、印度尼西亚、韩国、马来西亚、新加坡、中国台湾和泰国；FDIUS：外国直接投资于美国；石油输出国封闭经济体：阿尔及利亚、巴林岛、加蓬、伊朗、科威特、利比亚、尼日利亚、阿曼、卡塔尔、俄罗斯、沙特阿拉伯、阿联酋和委内瑞拉；被抑制的富国：奥地利、比利时、法国、日本和意大利。

^a 不包括美国。

^b 剩余大部分是壳体公司经济体。

期内亚洲封闭经济体大多持有美国政府债券或类似的低收益资产，石油出口国封闭经济体最近也是如此。它们都减持了美国股票，尤其是新加坡。被抑制的富国有正常的投资组合，但是远离美国股市，而且经济体的规模和复杂程度比预期的相对要小。美国化富国的投资组合都模仿美国，倾向于投资美国整体股票市场，但是不成比例。更重要的是，美国化富国在美国的期权是预期的两倍左右，这些无疑反映了石油出口国把英国作为投资美国的一个渠道，但是美国化富国在美国的股票投资的绝对规模仍然超额。

表 3.2 显示美国投资外国的资金的反向流动，而表 3.1 是镜像结果。美国投资于美国化富国比世界其他经济体多，而明显地减少投资于被抑制的富国。美国投资于亚洲封闭经济体也不足，这其中也包含了日本。石油出口国已经被排除在外，因为在很多情况下，数据都被 BEA 等压制，本书首先考虑简单的群体，即先研究壳体公司和封闭经济体。

表 3.2　在美国的外国集团超额或不足投资，以 2000—2005 年的平均投资水平和平均 GDP 份额为参考

	(1) 全球 GDP^a (%)	(2) 流入美国的全部外国投资 (%)	(3) 比率 (2/1)	(4) 流入美国的全部外国投资 (%)	(5) 比率 (4/1)	(6) 流入美国的全部外国投资 (%)	(7) 比率 (6/1)	(8) 全部 FDIUS (%)	(9) 比率 (8/1)
美国化富国	19	48	2.58	48	2.54	45	2.39	50	2.58
被抑制的富国	39	23	0.58	26	0.66	29	0.74	16	0.58
亚洲封闭经济体	14	8	0.48	7	0.61	9	0.61	9	0.51
另一种分类									
包含日本的亚洲封闭经济体	29	15	0.53	17	0.58	22	0.74	13	0.43
最初分类的总额	72	78	1.08	80	1.11	83	1.14	75	1.03

注：调整后的比率。美国化富国：澳大利亚、英国、加拿大、芬兰、爱尔兰、荷兰、新西兰、挪威、瑞典和瑞士；亚洲封闭经济体：中国、中国香港、印度、印度尼西亚、韩国、马来西亚、新加坡、中国台湾和泰国；被抑制的富国：奥地利、比利时、法国、日本和意大利。

^{a}不包括美国。

3.3　壳体公司

我们首先从图 3.2 的左下部分开始，这些都是壳体公司，再加上百慕大群岛、开曼群岛、英属加勒比群岛、英属海峡群岛以及卢森堡都是壳体公司的圆圈。这些国家在 2000—2006 年的美国债务总平均值达到了 1 万亿美元，而实际上，卢森堡和开曼群岛每个国家持有的美国债券的价值都高于加拿大。

但是这些资产可能并不代表经济实力上升，图 3.2 中这些国家的地理位置与原点很接近，反映了公司债券的压倒性优势，而不是美国国债或 FDI，这种压倒性优势有利于公司记账。这些国家的 FDIUS、USDIA 与该地区具体部门的有利法律制度有紧密联系。举例来说，全球再保险行业大多是在百慕

大注册的公司，因为在这些国家注册公司手续较简单，能够充分表现资产所有权。例如，某些经济实体由臭名昭著的安然公司或结构性投资公司代理，处于本轮次贷危机的核心地位。同样，2007 年 MBS 市场的崩溃迫使两个贝尔斯登对冲基金进行清算，贝尔斯登的基金持有人选择在开曼群岛进行诉讼，而不是美国，是因为开曼群岛的法律对他们而言更有利。尽管我们关注税收公平或正义，但这些控股的政治意义远远大于我们的最初目的。

2005 年美国长期债务和股权控股欠壳体公司净额接近 1 060 亿美元，这意味着什么？由于企业结构不透明，这可能代表了真正意义上的负债或者可能代表了美国公司所拥有的子公司或附属公司所欠的债务。当然，这也可能代表来自发展中国家的资本流动，而这部分资本最终将通过在迈阿密获得美国绿卡和公寓而使控股非国有化。只有卢森堡（以及英属维尔京群岛）是 FDIUS 的补充来源，卢森堡的 FDIUS 份额比 OECD 的 GDP 份额多 70 倍以上。卢森堡的人口数量比怀俄明州少，而地理面积与雅宝县、弗吉尼亚州、罗德岛一样大，却占欧洲投资美国 FDI 的 10% 左右。美国投资卢森堡的更少但程度可能是不同的，而投入到欧洲的 USDIA 只有 6%，而且主要形式都是控股公司。大多数卢森堡的 FDIUS 可能只是其他国家的一个投资载体，而这种情况也适用于百慕大和英属加勒比群岛，它们的 USDIA 规模与卢森堡相似，然后也再投资于其他地方。

本书的精髓是将这组的控股权重新分配给实际受益人，以此来辨别这些控股权的政治和经济意义。可惜的是，没有办法获得谁拥有以及谁欠债的详细信息，因此，本书简单假设欧洲使用卢森堡作为美国的一个中转机构，而这与它们投资自己国家的比例大致相同。与此同时，表 3.3 给出了 2005 年美国、欧洲和日本在这些岛屿投资净头寸的详细信息。美国的全球净赤字达到了 2 000 亿美元，相当于欧洲和日本盈余规模的两倍左右。假设所有赤字都是由欧洲和日本的盈余造成的是愚蠢的，仅卢森堡就有 6 080 亿美元，同时，开曼群岛在全世界有将近 9 640 亿美元的负债。关于日本和欧洲投资到这些壳体公司 FDI 的可靠信息的缺失使得制定一个真正的资产负债表变为不可能。但是如果列入 USDIA 和 FDIUS 的数据，那么美国赤字将会减少 1 000

亿美元。

表 3.3　　　　　　　2005 年美国、欧洲和日本的壳体

公司的净头寸　　　　　　　单位：10 亿美元

	流出美国	流入美国	净额[a]	流出欧洲	流入欧洲	净额[a]	流出日本	流入日本	净额[a]
巴哈马	3.3	9.4	-6.2	3.7	1.9	1.8	2.6	0.08	2.6
巴巴多斯	0.3	10.8	-10.6	445	2.7	-2.3	0.08	0.09	0.01
百慕大群岛	186.7	253.6	-66.9	35.8	68.1	-32.4	14.7	12.6	2.1
开曼群岛	248.8	46.8[b]	202.0	302.7	5.6	297.1	297.7	0.03	297.7
根西岛	6.4	18.6	-12.2	26.9	54.0	-27.2	3.6	?	?
英国属地曼岛	0.06	1.6	-1.6	1.4	21.3	-20.0	?	?	?
泽西岛	19.1	39.3	-20.3	127.9	162.7	-34.9	233.0	180.0	53
卢森堡	46.3	303.8	-257.5	1 035.3	1 104.2	-68.8	76.0	104.7	-28.8
荷属安的列斯群岛	47.2	7.5	39.8	61.9	1.8	60.1	9.2	0.4	8.8
英属维尔京群岛	8.4	79.1	-70.7	11.3	?	?	1 003	?	?
总计[c]	566.4	770.6	-204.2	1 595.9	1 422.5	173.4	404.1	118.0	286.0

注：? 代表数据未知。

[a]指站在美国和欧洲的立场。

[b]价值反映 IMF 的 CPIS 的数据，与 TIC 平行数据不一致。

[c]数据无法汇总，因为不包括英属维尔京群岛。

资料来源　《国际资本流动报告》（TIC），http：//www. ustreas. gov/tic/；International Monetary Fund, Coordinated Portfolio Investment Survey（IMF CPIS），table 8 for 2005, http：//www. imf, org/external/np/sta/pi/datarsl. htm。

　　尽管比利时被分到这组，但是这一分类反映了比利时经济的特点和比利时作为壳体公司的作用。比利时拥有较少的 FDIUS 和美国国债，这主要反映在大型控股企业的债券上，其中约 1/6 是抵押贷款和其他资产抵押证券，而这不包括由房利美和房地美发行的机构 MBS。虽然 2008 年法国—比利时的德夏银行和比利时—荷兰的富通银行破产意味着比利时大量持有自己的账户，但这些无疑都是建立在保管人的基础上的。同时，比利时 FDI 的水平异常低。不像西欧的发达国家，比利时是庞大的 FDI 净接受国，其最大的非金

融跨国公司百威英博（主要经营啤酒和饮料）一直到 2008 年收购了安海斯—布希公司才开始在美国活跃，而比利时跨国金融公司达亚与邻近的荷兰银行相比是非常小的。在财富全球 500 强中有 5 个公司来自比利时，与巴西的数目相同，但少于印度、西班牙和中国台湾。另一方面，与其他被抑制的富国相比，虽然整体都被低估了，但是只有一半左右的比利时公司对美国投资具有吸引力。这反映在其 USDIA 水平较高上，反过来又证明其具有某些特质，而这些特质主要反映在那些位于布鲁塞尔协调中心附近的企业上。欧盟资本在第二次世界大战之后主要投资欧洲的法国，这也是比利时福特的次优选择，因此，我们将比利时划分到被抑制的富国而不是封闭经济体，理论上比利时企业负债所有权的高水平反映了投资 FDI 的水平较低以及作为壳体公司的效用低下。

3.4 亚洲和石油出口国封闭经济体

Giovanni Arrighi 将亚洲的美国债券持有者称为"亚洲封闭经济体"，这准确地总结了现状，因为亚洲和石油出口国都大量持有美国国债和机构债券，直到 2007 年后期才开始投资 SWF。本书将中国、中国香港、中国台湾、韩国、印度尼西亚、新加坡、马来西亚、泰国和印度归结为亚洲封闭经济体。而石油出口国封闭经济体包括 12 个国家，分别是：俄罗斯、沙特阿拉伯、科威特、阿联酋、巴林、卡塔尔、伊朗、阿曼、利比亚、阿尔及利亚、加蓬和尼日利亚。关于伊拉克的数据可疑不可用；挪威尽管是石油出口国，但是被认为是富国，因为挪威以前和现在都比封闭经济体拥有更多元化的经济。我们将在第 8 章主要探讨石油出口国的 SWF。如前所述，日本位于亚洲封闭经济体和被抑制的富国之间，日本无疑是发达国家经济体制，因此不属于封闭经济体，但是本书偶尔会将其归类为封闭经济体，这样做是因为此种做法对于分析结果是没有影响的。

从 2000 到 2006 年，平均而言，亚洲封闭经济体所持有的美国各类债务组合达到了 14.2%，而美国的全球 GDP 净额只占 14.3%。除了未如实反映这种趋势，这从表面上就掩藏了一些有趣的部分。控股所有权分布是不均匀的，中国和中国香港持有一半以上，而中国台湾和韩国共持有 1/4，新加坡持有剩下部分的 1/5。印度的持有份额可能只有其预期 GDP 的 1/10，新加坡和中国/中国香港每一方持有的债务组合都比其预期的多 1/5 左右，而新加坡持有的主要是美国的 ASEAN 控股权和 90% 的 FDIUS，且主要是由 SWF 和 Temasek 持有。

如果将过去 6 年的数据取平均值，就会发现中国包括中国香港持有的份额没有超过其 GDP 的比重，但是中国控股的增长速度使得这个平均数值有点偏差，中国不像石油出口国，其持有份额可能将持续增长。图 3.3 给出了封闭经济体控股权的增长指数，表明中国是 3 个主要亚洲封闭经济体之一，且过去 6 年中对于美国控股权的积累迅速增加。其他两个国家分别是印度和马来西亚，其拥有的控股权相对值和绝对值都很小。如前所述，2007 年中国持有的美国负债组合占所有外国投资者的 16% 以上，2008 年占近 18%。而这些主要都是美国国债和机构债券，其中中国内地和中国香港持有这类美国外债近 28%。相比之下，2000 年，中国内地和中国香港分别持有 8% 和 13% 的美国外债和国债/机构债券。份额突然转向的都是石油出口国，一定程度上它们的数据都是可用的，这些数据表明持有所有美国债务组合的市场份额大概为 4%。

因此，封闭经济体主要有两个特点：①亚洲封闭经济体都是低回报的主要来源，而且被动投资美国；②即使是最发达的封闭经济体也都是这种模式，韩国和中国台湾实际上持有的控股权比中国内地和中国香港少。而新加坡是唯一的例外，它在 2006 年持有的股票份额累积达到一半。亚洲封闭经济体在过去二十年进行了大量有利于美国的套利行为。石油出口国的图像是比较模糊的，缺乏明确的数据。但是不夸大其作用是很重要的，亚洲和石油出口国封闭经济体直到最近才承担了这个角色。富国包括日本直到 2000 年才大规模被动投资美国。除日本外，所有的富国 2007 年持有的美国的投资组合达到了 38%，而日本达到了 52%。

那么石油出口国封闭经济体又如何呢？根据官方数据，石油出口国

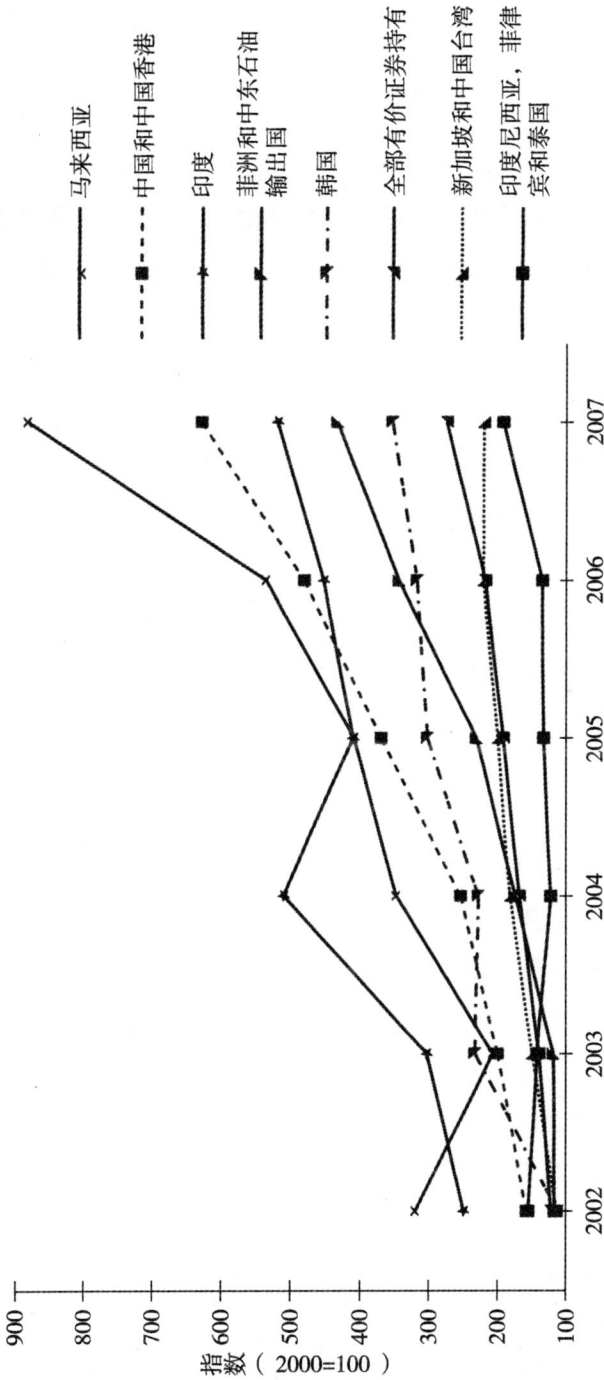

图 3.3　亚洲和石油输出国封闭经济体持有美国有价证券的相对变化（2000—2007 年）

资料来源　美国财政部，http：//www.treas.gov/tic/shlhistdat.csv。

图例：
- 马来西亚
- 中国和中国香港
- 印度
- 菲洲和中东石油输出国
- 韩国
- 全部有价证券持有
- 新加坡和中国台湾
- 印度尼西亚，菲律宾和泰国

纵轴：指数（2000=100），100、200、300、400、500、600、700、800、900

横轴：2002、2003、2004、2005、2006、2007

至少占据了全球 GDP 的 4.6%，但在 2000—2006 年期间的平均值只占了美国海外债券的 3.3%。然而有理由相信低估其持股的真实规模是有原因的。

首先，为了使分析与其他组一致，本书使用 2000—2006 年期间的平均数据，这有利于理顺汇率和一次性事件的价值波动，但是这一数据往往减少了石油出口国控股权的持有规模，因为石油价格在 2003 年大幅上涨。事实上，如果只使用 2006 年官方记录的控股权数据，那么石油出口国持有的所有美国债务投资组合占整个外国持有份额的 4.6%。Ramin Toloui 警告说，所有石油出口国真正持有份额占所有海外投资者约一半。相信低估的第二个理由是石油出口国（包括挪威）从 2001 年起经常账户盈余累积将近 1 万亿美元。但这些并不代表所有与美国的交易，也不是所有都是回收美国债券。尽管如此，美国与石油出口国的赤字在 2001—2005 年期间累积达到 2 500亿美元，但少于俄罗斯，这表明美国负债的累积已经达到了大致相同的幅度。2006 年石油出口国持有的美国证券达到了约 1 100 亿美元，这一数据接近于美国官方对石油出口国的债务。使用这个数据意味着石油出口国在2007 年持有的美国债务组合占海外投资者近 5.8%，但是这并不比官方数据高很多。

尽管具有跳跃性，但是从流量和存量的角度不夸大石油出口国的作用是十分重要的，如前所述，以股票为基础，我们将石油出口国持有份额的官方数据修正为美国总债务的 5.8%，即使将石油出口国的总持有份额的数据增加 1 倍也比中国的小，而以流量为基础的结果同样如此。2005 年石油出口国占美国贸易赤字的 13.4%，而日本的双边贸易赤字与此大致相同，但是中国的双边贸易赤字将近是这个数字的两倍。而从长期来看也是如此，从 1990 年到 2005 年，OPEC 与美国的商品贸易赤字累计只有10%，中国大致是其两倍，而日本和加拿大则更大一些。这个时期的油价相对较低，如果油价从 2008 年年中的高峰继续下滑，那么石油出口国的份额可能会保持不变。

封闭经济体中两种债券都具有特定的风险且与美国经济相联系：第一，

美国国债很容易变现，能够直接影响美国利率。亚洲央行对于购买美国国债具有一定的责任，石油出口国的 SWF 影响较小，这体现在过去 6 年里美国资本的净流入能够有效地取代私人买家（主要是欧洲）的角色。第二，当石油出口国和亚洲封闭经济体远离机构债券拍卖时，由房地美和房利美发放的抵押贷款债券的收益率上升了，有助于触发它们破产（第 4 章将陈述为什么房利美和房地美如此重要）。亚洲封闭经济体持有机构 MBS 的份额达到了 4 000 亿美元，外国央行从 2005 年 6 月开始公开购买。中国和中国香港的机构债券总额达到了 270 亿美元，而日本的额外账户占据了 18 000 亿美元（我们必须清楚地记得日本是介于封闭经济体和被抑制的富国之间的）。第三，2005 年后期 MBS 出口的主要形式是抵押贷款支持证券，而这些证券是建立在次级和 Alt-A（高于次级但低于最优）贷款上的，从 2007 年中期开始就不停拖欠。在美元崩溃的灾难性情况下，亚洲封闭经济体因为美国债务而损失惨重。最后，需要注意的是，亚洲和石油出口国封闭经济体的命运是紧紧联系在一起的。亚洲封闭经济体的持有份额不断增长，其中以中国为首，这对于石油价格持续上升有很重要的作用，即使油价高会抑制亚洲经济增长。

现在让我们区分一下富国的类别。

3.5　美国化富国和被抑制的富国的对比

富国相对于封闭经济体对美国有不同的投资组合，如图 3.2 所示，富国的位置主要集中于图的下方和右下方。首先将其分为两组：美国化富国和被抑制的富国。一般情况下，美国化富国投资更像美国，相对于投资组合更喜欢 FDI，相对于投资债务组合更喜欢投资股票组合，相对于投资美国国债更喜欢投资企业债券。相比之下，被抑制的富国表现出相反的行为，相对于企业债券更喜欢美国国债，相对于股票更喜欢债券，相对于 FDIUS 更喜欢投资组合，并对其进行适当的调整。最后，这两组拥有非常不同的房地产市场金融结构，因此，在 20 世纪 90 年代和 21 世纪全球资金流动具有不同的增长动力（详见第 4 章）。美国化富国包括英国、荷兰、加拿大、澳大利亚、斯堪的纳维亚国家（可能不包括芬兰），并包括小部分的爱尔兰和新西兰。如前所述，将瑞士划分到美国化富国一类中。被抑制的富国包括德国、奥地利、意大利、法国、比利时、西班牙、葡萄牙，也可以包括日本。虽然美国国债的累计将日本介于亚洲封闭经济体和被抑制的富国之间，但是作为一个发达国家，相比中国，日本与德国有更多的相同点，如前所述，这些都是比较保守的划分。

表面上看，与英国和荷兰等国相比，法国和德国等国的投资方式主要是 FDIUS，因此更像美国。图 3.2 显示法国和德国这类国家在投资组合中更注重 FDIUS。阅读数据一目了然地反映了被抑制的富国过度投资，但对于美国股票和公司债券整体投资不足。当我们以其投资的股权而不是投资的潜力为基础时就能清楚地将这些国家进行分组。德国和法国有更像美国的投资组合，相对于形成跨国企业和自己的 GDP，则在美国的投资不足。相比之下，英国、荷兰和其他的美国化富国通过投资美国经济来获得较大的相对和绝对的股权值（见表 3.1）。美国化富国大多数过度投资美国，而美国也都超额投资于它们。相比之下，被抑制的富国往往投资不足，德国与法国更是如此。

图 3.4 给出了根据持有 FDIUS、美国股票组合和美国债券组合的份额是过高还是过低而对富国进行的排名。根据 FDIUS 的平均份额来评估过高或过低，还要兼顾 2005—2007 年期间财富全球 500 强企业的平均份额以及 2006 年全球 FDI 资产的股票份额，而这些数据都来自联合国贸易与发展会议（UNCTAD）2006 年的报告。本书基于每一个 OECD 国家 GDP 份额来决定投资组合的权重。

为什么对这三组数据使用两种不同的衡量方式呢？如前所述，这似乎违反了常规分析，法国投资美国的 FDIUS 为 56%，德国投资美国的 FDIUS 为 47%，而这比英国的 34% 和荷兰的 44% 份额大，这里的数据主要使用的是 2000—2006 年的平均水平。但这种简单的比较有两个误区：首先，一个国家的 FDI 水平对大公司的总部所设地非常敏感。虽然近十年来运输和通信成

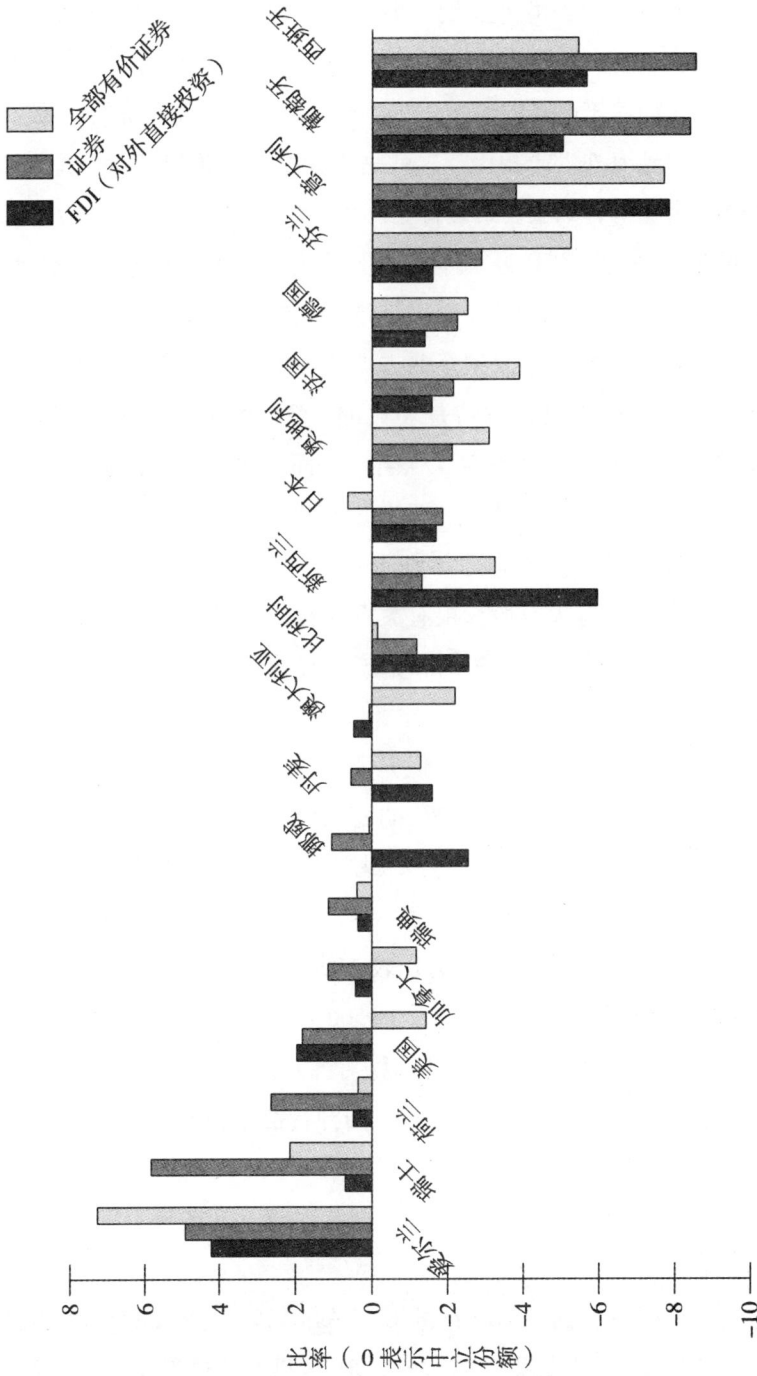

图 3.4 美国化富国和被抑制的富国相对于其投资能力而言在美国的投资率

资料来源 经济分析局，http：//www.bea.gov；美国财政局，http：//www.treas.gov/tic/shlhistdat.csv；国际货币基金组织，http：//
www.imf.org/external/ns/cs.aspx?id=28；《财富》世界 500 强。

本下降使得较小的企业都到海外发展,但是 FDI 基本上仍是由大公司决定的。其次,从历史上看,很多海外小企业都是供应商,而且跟随着大企业到新的生产地点。正如关于 FDI 的原始争论,到海外生产的固定成本比较高,尤其是与简单转包到海外生产相比。这就是为什么海外转包(而不是 FDI)中小企业占据了大比例,如服装组装行业。

所以,很多较小的 OECD 经济体 FDIUS 的绝对水平和相对水平都较低的事实并不能够直接解释为其对美国经济不感兴趣。如丹麦,该国的中小型企业占主导地位,而瑞典是大型企业占据主导地位,前者比后者拥有较少的 FDIUS。丹麦的 GDP 规模大约是瑞典的 2/3,但是丹麦在 2007 年只有 2 家企业进入了《财富》全球 500 强名单,而瑞典有 6 个;而 FDI 股票的比例水平大致相同。更重要的是,丹麦的跨国公司主要都是服务行业,多元国际化起步比较晚,而所有的瑞典 MNC 都是大型制造业企业。在此基础上,与国家是否拥有大量股票很有关系。我们希望看到法国和德国的 FDIUS 比英国和荷兰的少,因为法国和德国拥有的世界级公司比英国和荷兰的多。

事实上,德国拥有大量 FDIUS,但是只占了美国在 OECD 的 GDP 的 12%,FDIUS 占有份额较小。全球 MNC 的德国份额和德国的 FDIUS 之间的差距越来越大。删除了 169 个美国企业和最不发达国家(LDC)的 55 个企业之后,在 2005—2007 年期间的《财富》全球 500 强名单从 500 家缩减至 276 家。在图 3.4 中这些公司之间都有比较,使用这些数据作为参考点,使得比例失调更加明显。德国占《财富》全球 500 强的 276 家企业中的 13.2%,而收入占据这 276 家企业的 16.1%,所以,我们希望在其他所有条件都相同的情况下 FDIUS 不是观察到的 11.8%。同样,法国占据非美国在 OECD 的 GDP 的 9.0%、全球 276 家企业中的 13.9%,但是 FDIUS 只占了 10.3%。与 GDP 相比,法国在 FDIUS 上投资过大,但相对于 FDI 的投资潜力,实际上是投资不足的。

相比之下,英国占美国在 OECD 的 GDP 的 8.6%、全球 276 家公司的 12.8%、全球 276 家公司收入的 13.7%,但是 FDIUS 份额很高,达到了

18.8%。芬兰 FDIUS 的来源更为引人注目，芬兰占美国在 OECD 的 GDP 的 2.6%、全球 276 家公司的 5.1%、全球 276 家公司收入的 7.7%，但是 FDIUS 只占 11.5%。因此，尽管英国和芬兰投资 FDIUS 的总额较少，但是对 FDIUS 做出的贡献要大于法国和德国，而这是相对于它们的能力而言的。英国和荷兰所拥有的投入到美国的 FDIUS 份额比较低，这既不反映美国市场的冷漠也不反映其被动性，相反，这反映了组合控股权的规模比被抑制的富国大。

图 3.5 给出了 FDIUS 的信息，主要是基于每个国家 FDIUS 的潜力，以此来显示是高估还是低估了。0 代表 2006 年每个国家的全球财富 276 家企业的 FDIUS 份额比例。2 代表 FDIUS 在全球财富 276 家企业的两倍水平，-2 意味着 FDIUS 只有预测水平的一半。但是这里存在一些异常，首先，奥地利在所有的指标基础上都说明其是被抑制的富国，这显示出其 FDIUS 有些过多，但是考虑到美国投资，奥地利整体被低估了。其次，基于所有的指标说明新西兰是美国化富国，其 FDIUS 被稍微低估了，但是新西兰是所有富有的 FDIUS 国家中最贫穷的，没有几个真正的大公司，这两个因素限制了其海外投资的能力。在新西兰，大公司被定义为拥有 100 名员工以上，而美国最大普查类别的企业的员工数比这多 100 倍以上。2006 年新西兰拥有超过 100 名员工的大公司有 2 000 家，这与美国的员工数超过 5 000 的企业数目大致相同，唯一一个出口超过 10 亿新西兰元的新西兰公司是乳制品公司。丹麦主要是中小型企业。在任何情况下，这些经济体都很小，它们的 FDIUS 股权也很小。

那么投资组合是怎么样的呢？过度或减持的模式是否与 FDIUS 模式相匹配呢？Carol Bertaut 和 Linda Kole 考虑到海外投资的多样化，认为所有的 OECD 投资组合都被严重低估。但他们的综合分析掩藏了欧元区国家之间的不同之处，而且只考虑了股票，没有考虑债券组合。更重要的是，我们关注的不是"熟悉偏误"（甚至比美国的水平更高）的水平，而是一个国家在美国所持有股权的大小和各类投资的股份种类。我们可以采用一个更为直接、简单的方式来评估一个富国被高估或低估的相对水平，主要是使用富国

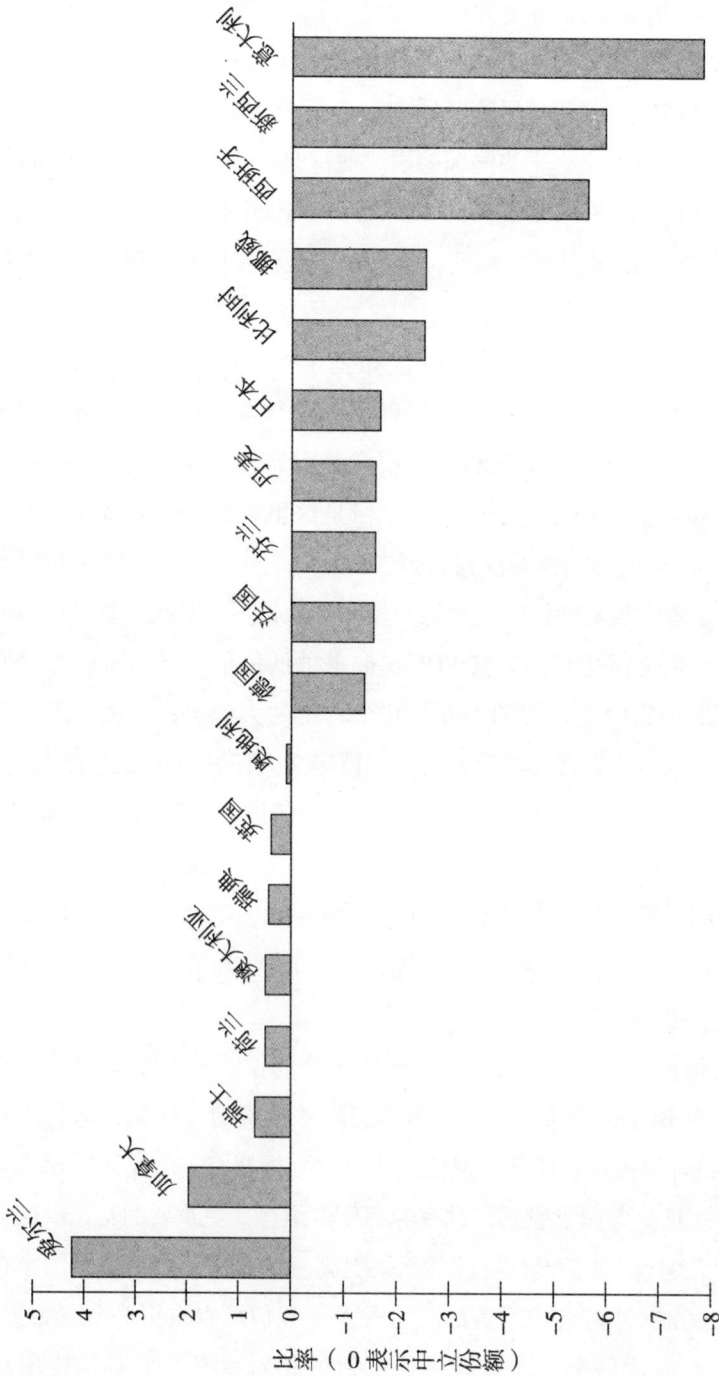

图 3.5　OECD 富国 FDIUS 与潜在 FDIUS 的比率（以 2000—2006 年的平均水平作参考）

资料来源　经济分析局，http: //www.bea.gov; 《财富》世界 500 强。

GDP 来衡量投资组合是被高估还是低估的。富有的 OECD 国家大多数都拥有相当可观的 GDP，甚至是以非购买力平价来计算。这些国家人均收入范围从葡萄牙的 16 000 美元到新西兰的 25 000 美元到瑞士的 55 000 美元到石油丰富的挪威的 60 000 美元，但是未加权的平均水平从 11 000 美元到 37 000美元，这包括了所有情况。因为投资组合要求手头有现金，而不是海外企业的先进管理结构，每一个经济体都能在美国和富有的 OECD 国家形成大致相同比例的 GDP 份额。事实上，如图 3.6 所示，这些国家的投资组合都偏离了这种模式。

图 3.6 复制了图 3.5 的所有数据，用股票和债券组合的持有比例代替了 FDIUS 的比例。除了缩减每个国家对美国股票和债券组合的持有份额与美国在 OECD 的 GDP 的份额，图 3.6 的解释和图 3.5 一样。2 代表债券组合或股票的持有份额是一个国家在 OECD 的 GDP 份额预期的两倍，−2 代表控股权是预期控股权的一半。美国化富国被高估了，有时甚至被严重高估了，美国股票投资组合的控股权高于债券组合的持有量，但新西兰例外。相比之下，被抑制的富国（比利时和日本除外）的股票组合和债券组合都被低估了，而比利时和日本的债券持有份额过高，而不是股票。

如图 3.7 所示，持有股票的美元价值与所有长期和短期债务的美元价值的比例代表了这些国家股票和债券的比例，是对前两幅图的不同解释。2 代表一个国家持有的股票是债券的两倍，这是相对中立份额而言的（这表示在美国市场上股票和债券的混合持有比例）；−2 表示一个国家持有的债券相当于股票价值的一半。为了便于比较，图表显示了在美的外国组合持有量与美国的股票和债券组合的缩减，而中立的美国市场是 0。因此，图中所衡量的是风险程度，这些国家的投资者愿意承担这些风险是因为股票相对于债券有更大的收益。

回忆第 2 章，美国海外投资不同于投资美国模式的一个主要特点是美国持有的股票投资组合相当于债券组合的两倍。相比之下，外国持有的债券组合相当于股票组合的两倍。图 3.7 显示了美国化富国和被抑制的富国之间的区别不是绝对的。但是美国化富国作为一般规则，趋向于在海外控股中股票

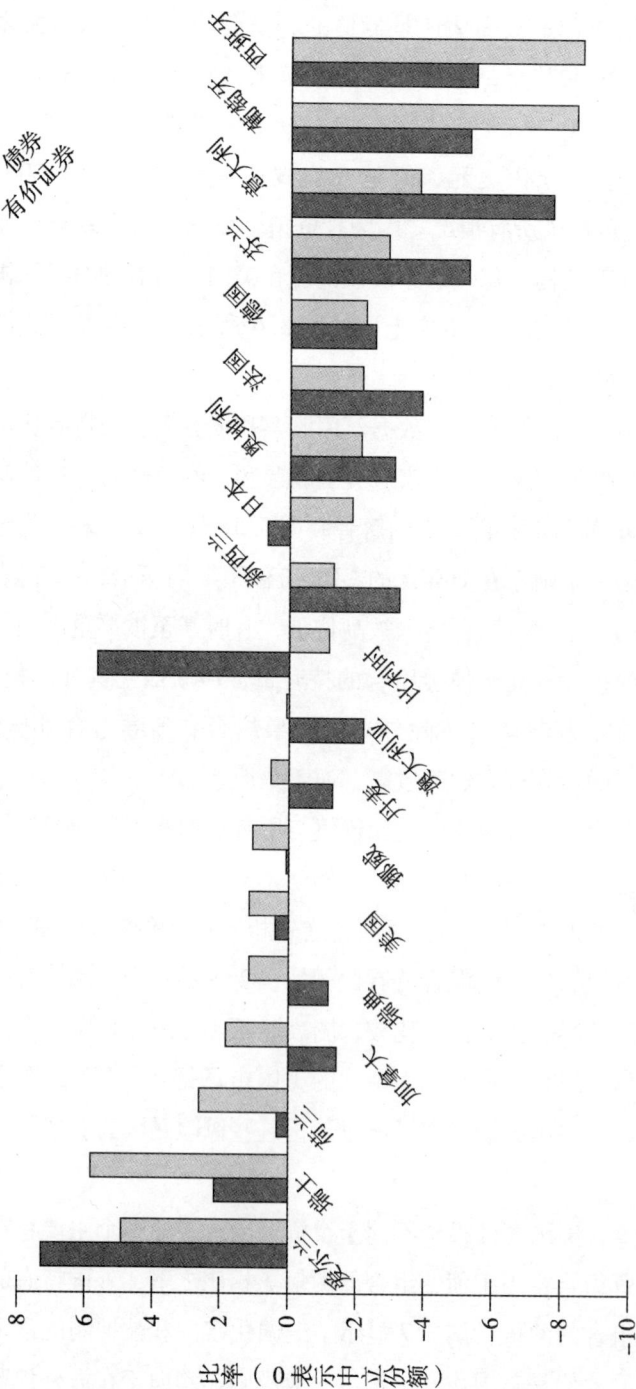

图 3.6 相对于 OECD 的 GDP，其持有的有价证券和债券的比率（以 2000—2006 年的平均水平为参考）

资料来源 美国财政部财政国际资本，http：//www.treas.gov/tic/shlhistdat.csv；国际货币基金组织，http：//www.imf.org/external/ns/cs. aspx?id=28。

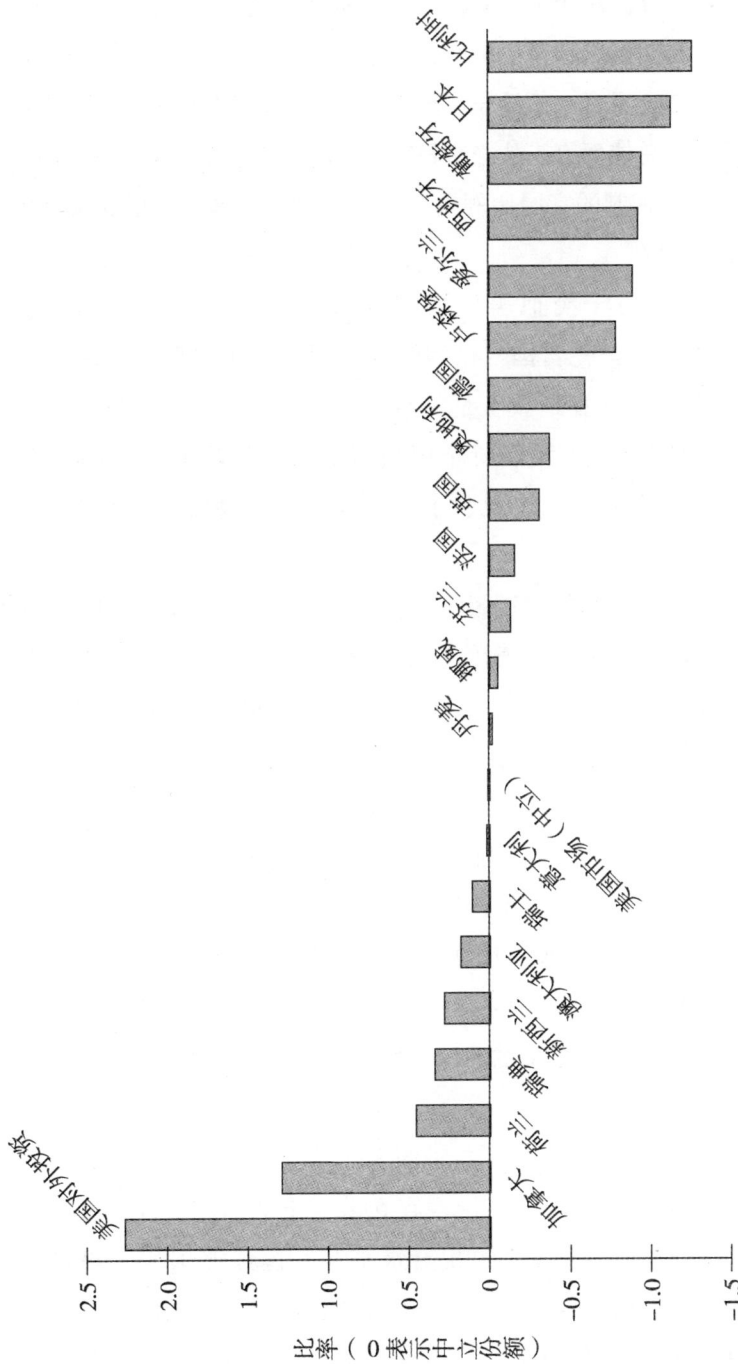

图 3.7　OECD 部分国家持有的有价证券和债券的比率（以 2000—2006 年平均水平作参考）

资料来源　美国财政部财政国际资本，http：//www.treas.gov/tic/shlhistdat.csv；国际货币基金组织，http：//www.imf.org/external/ns/cs.
aspx?id=28。

与债券的比例比较高。图 3.7 中新西兰的投资格局类似于美国的投资方式，最终表现出相对于美国国债，更偏好美国股市。同样，比利时的投资偏好与被抑制的富国类似，更喜欢债券，甚至超过了日本出于外汇调控目的而持有的美国国债数量。总体而言，从绝对数字上来看，美国化富国的股票与债券比例为 1.55，而被抑制的富国比例只有 0.36，剔除日本之外的超大型控股的比率提高至 0.52。

图 3.8 结合了对于类似美国模式的喜爱和厌恶指标，并展示了 FDIUS 高估和基于美国化富国与被抑制的富国持有美国股票的高估之间的显著性和相关性。这在逻辑上是一致的，一个持有一半 FDIUS（或者美国股票）的国家相当于我们所希望的两倍，这是基于 GDP 预期的中性加权。图 3.8 中圆圈的大小反映了每个国家在美国总投资头寸的绝对规模。

美国化富国与被抑制的富国投资美国相比是不成比例的，与图 3.8 相比，图 3.9 展示了 USDIA 和美国对外国债券控股权的比较。图 3.9 中 USDIA 高估或低估的水平是根据每个国家的全球 GDP 净额来评估的，同时美国投资组合的持有规模伴随债券市场规模的下降而下降。这有助于控制某些经济体相对于 GDP 有较小的股票或债券市场，我们可以根据市场规模而不是根据整体经济规模来判断美国是投资过度还是投资不足。图 3.9 包括了墨西哥、新加坡和韩国，可是为了比较，我们将剔除这些国家，但这对于研究结果没有影响。图 3.9 表明美国在大多数美国化富国中投资过多，而在被抑制的富国中投资不足。丹麦和芬兰的小规模和来自瑞典或德国的供应商都解释了每个国家 USDIA 低水平的原因，同时，诺基亚占有芬兰在美国股票投资组合控股权的很大部分。

图 3.9 的数据结果显著性略差于图 3.8，表明美国公司厌恶进入被抑制的富国或喜爱进入美国化富国都存在着一定的非随机性。在其他条件都相同的情况下，人均 GDP 的相对水平和法国或德国的大规模使得这些市场对美国企业和那些小的非英语母语的经济体（如荷兰和瑞士）似乎都非常有吸引力，但是实际上却没有。关于 MNC 的标准理论说明

两者高估

爱尔兰

高估 FDI
低估有价证券

加拿大

瑞士

荷兰   瑞典   澳大利亚

7   5   3   奥地利

英国   –1   –3   –5   –7   –9

德国

丹麦   法国   芬兰

挪威   日本

比利时

R²=0.5646；校正后 R²=0.5389
p=0.00021；t=4.7144

–4

西班牙   葡萄牙

新西兰   –6

低估 FDI
高估有价证券

两者低估

–8

意大利

美
国
资
产
的
投
资
份
额
与 OECD GDP 的
投
资
份
额
（ 0 表
示
中
立
份
额
）

FDIUS 的投资份额与全球 500 强的投资份额（ 0 表示中立份额）

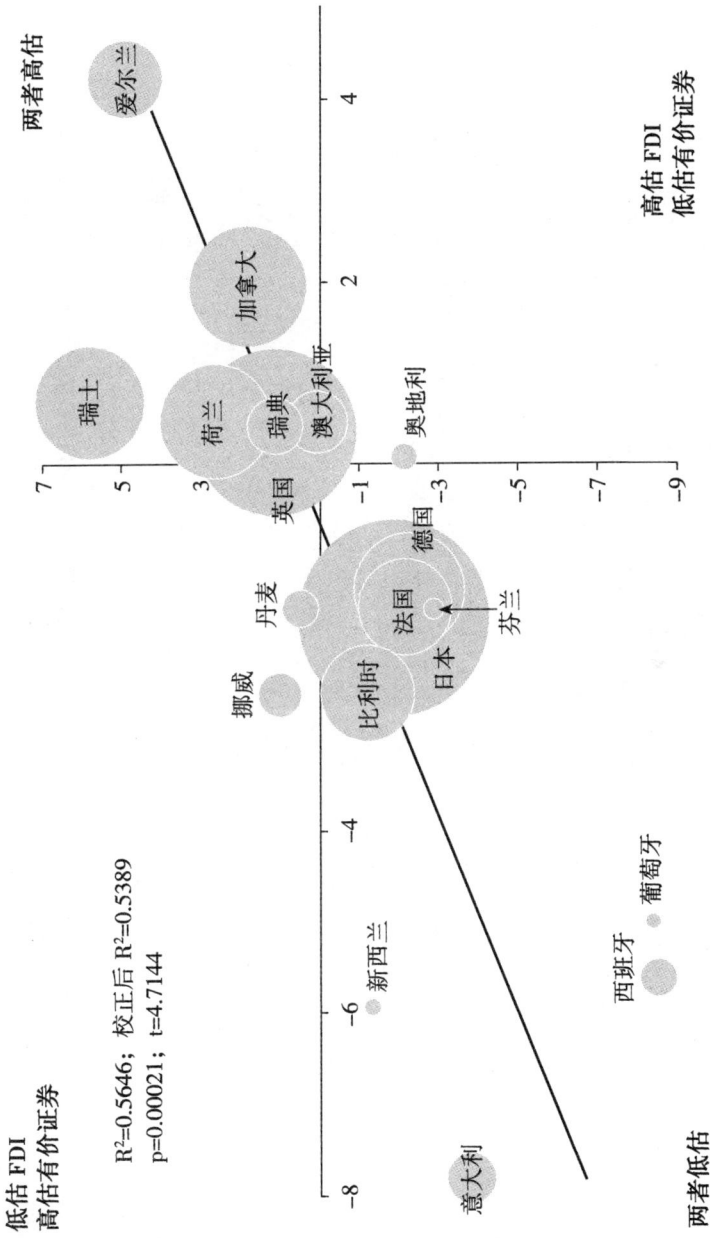

图 3.8　关于其投资能力，OECD 部分国家在美国的直接投资和持有证券（2000—2006 年）

注：圆圈表示总投资的平均值。

资料来源　美国财政部财政政国际资本，http：//www.treas.gov/tic/shlhistdat.csv；国际货币基金组织，http：//www.imf.org/external/ns/cs.
aspx?id=28。

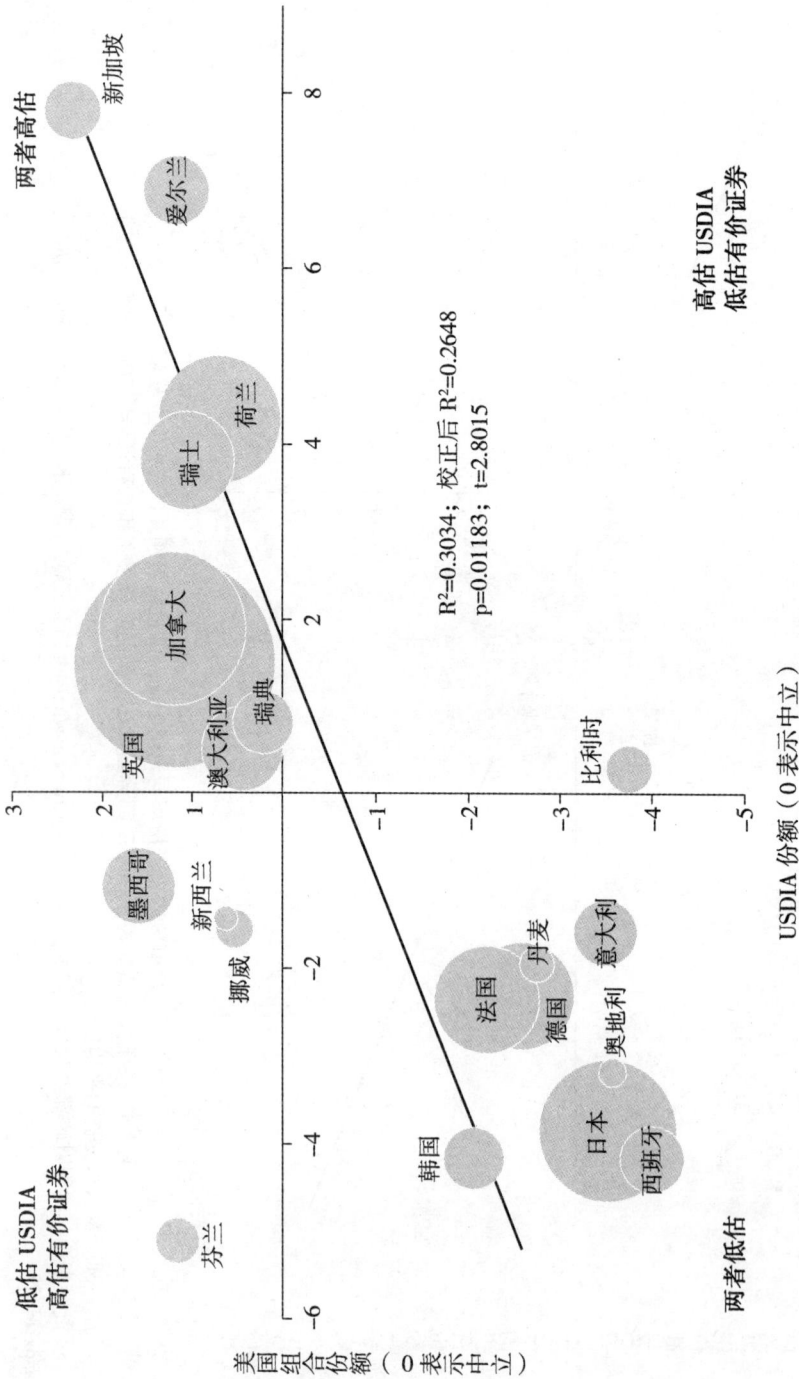

图 3.9 相对于 OECD 的目标国家 GDP 的份额，美国持有外国有价证券和 USDIA 的比率（2001—2005 年）

资料来源 美国财政部财政国际资本，http：//www.treas.gov/tic/shlhistdat.csv；国际货币基金组织，http：//www.imf.org/external/ns/cs. aspx?id=28。

了为什么所有的事情都不相符。Charles Kindleberger 认为出口相对于海外生产的相对收益表明 MNC 是不应该存在的。进行 FDI 的企业需要承受额外的协调成本加上"外国成本",而这可能会失去规模经济的潜力。因此,美国公司可能更偏好以英语为母语的经济体(包括荷兰),因为其"外国成本"要低于德国和法国。但是即使是这样,为什么理性的被动投资者不提高其投资组合中德国和法国权益投资的份额,而是过度提高其主动和被动型的外向投资比例呢?这对于被抑制的富国投资者是一样的,反之亦然。

Kindleberger 也认为企业实际的 FDI 必须有额外的能力来进入国外市场,此外,当地企业不存在协调成本和作为外国者的成本,表明对 USDIA 高估的经济体对 FDIUS 低估了,因为许多美国 MNC 证实当地企业相对缺乏竞争力。反之也是正确的,有较高 FDIUS 的国家应该具有较低的 USDIA。然而图 3.10 却展示了与之相反的情况,在美国化富国的投资过高和在被抑制的富国的投资不足之间有很强的相关性。这表明美国化富国的公司并不是都缺乏竞争力,而被抑制的富国也并不是都有较高的竞争力,这与贸易和金融流动的参数一致。

正如我们已经看到的,投资流入和流出美国将富国分为两个不同的群体,美国化富国的投资模式与中立的投资组合相比主要是模仿美国,且在 FDI 和股票上相对被高估了,而对于被动持有债券则被低估了。与此同时,美国化富国对于投资美国有更大的偏好,持有的美国投资更偏好中立的全球市场,这表明美国债券相对于被抑制的富国是比较类似的。美国化富国在当地股票市场则持有份额较大,而在被抑制的富国则持有份额较小,因而与被抑制的富国相比,美国更喜欢在美国化富国进行 USDIA。同时,被抑制的富国展示了一个相反的模式——在美国投资不足。相对地,美国在被抑制的富国和债券市场上的投资也是不足的。

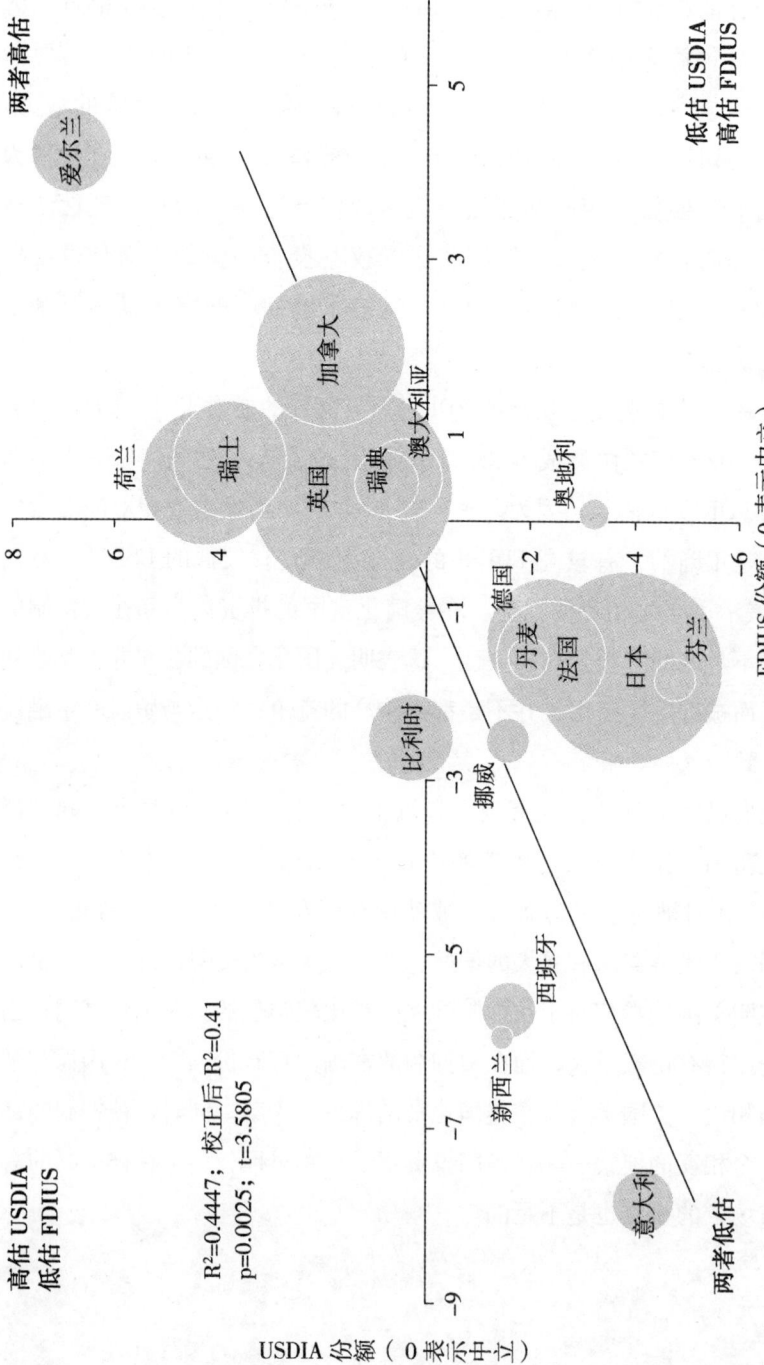

图 3.10 OECD 中非美国的国家 USDIA 与 FDIUS 之比（2000—2006 年）

注：FDIUS：外国直接于美国；OECD：经济合作和发展组织；USDIA：美国（外国）直接投资于国外。
资料来源 美国财政部财政部基金组织，http：//www.treas.gov/tic/shlhistdat.csv；国际货币基金组织，http：//www.imf.org/external/ns/cs.
aspx?id=28。

3.6 进一步分析

本章分类分析进入和离开美国的国外投资头寸，以此来显示美国债权人在美国增长中有不同的作用。将具有政治意义的壳体公司撇开，那么还剩下3组。封闭经济体对于美国而言完全处于被动地位，且持有大量的组合债券，除此没有其他的。被抑制的富国有大量的 FDIUS，而且一般相对于 FDI 的潜力而言整体股权是被低估的。同样地，被抑制的富国有大量的美国债券投资组合，但是相对于经济体规模来说是很低的。在这些资产中，美国政府债券都是被高估的，而这是与平衡的投资组合相比，其中也可能包括美国股票和美国企业债券。相比之下，美国化富国大量拥有这3种工具：FDIUS、企业债券和政府机构债券。相对于 FDI 能力，FDIUS 是被高估的，美国化富国持有的股票和公司债券相对于美国国债是较多的。

将英国和德国对美国的投资与各自的 GDP 相比，虽然是将股票总量与经济总量相比较，但其中的差异明显。2005 年英国在美国的持有股票达到了英国 GDP 的 1/5，同时德国在美国的持有股票达到了德国 GDP 的 1/7。总体来说，美国化富国的持有股票占自身 GDP 的份额是被抑制的富国的两倍。简单地说，在美国经济健康时，美国化富国比被抑制的富国拥有更多的股票，在美国经济快速增长时，美国化富国获得的收益也比被抑制的富国多。与此同时，两种类型的富国与亚洲封闭经济体拥有不同的投资组合，从而创造了不同条件来支持美国政策。大量来自富国的 FDIUS 意味着企业的利益与美国经济有直接的利害关系。而在所有封闭经济体中，投资绝大多数都集中在央行和 SWF 手中，这意味着与企业只有较小且间接的利害关系。因此，央行和政治家比企业更大声。

那么这些利害关系的不同有什么问题吗？即使处在激励美国产生不同增长率的资金流的开端，这些不同的利害关系对于年底绩效都有一定影响，如美国 MNC 的海外增长率。美元作为储备货币实质上有利于资金流动，本书前两章讨论了套利行为。Susan Stranger 的讨论主要是介于顶级货币和谈判货币之间，为本书的分析提供了一些证据。回忆一下，顶级货币对于考虑海外投资的私人投资者和考虑国际储备组成的公共主管当局具有天然的经济吸引力。这个吸引力必然源于生产力和利润增长的卓越经济表现上，同样是在考虑了通胀之后的稳定方面上。正如第 1 章强调的，性能优越相对来说是很重要的。相比之下，谈判货币作为国际储备货币是出于政治考虑的，而这也充分考虑了货币的发行者和持有者，这些考虑因素会因为时间和地点不同而不同。

3 种不同的投资模式表明从顶级货币到谈判货币之间存在不同程度的投机。对于美国化富国，美元似乎是顶级货币，而被抑制的富国在美国投资不足，且认为美元和美国经济与其他相比吸引力较小。对于这两者来说，在 20 世纪 90 年代美国快速增长的 GDP 和就业增长率使得以美元计价的投资是比较有吸引力的，而美国对当地投资具有吸引力，这无疑加强了美元作为顶级货币的力量。相比之下，封闭经济体几乎都是纯粹的公共控股，这表明私人投资者不能也不愿意持有美元或投资到美国，而此时美元对他们来说是谈判货币。第 2 章已经提出了一个基于政治考虑的合理假设，这是基于亚洲封闭经济体的布雷顿森林体系参数的第二项协议来考虑的。但是假设不能反映私人偏好，许多亚洲国家都有一种或几种形式的资本管制，而这其中大部分相对来说是贫穷国家，这些国家的大部分企业都不能进行 FDI，许多人口和经济相对贫困的国家都不愿意承担到海外投资的风险。第一种安排以及在某种程度上的第二种安排，都体现了亚洲各国政府追求统治发展战略的刻意努力水平。这些论点体现出更加强大的力量，尤其是在考虑了中国占据亚洲封闭经济体大部分持股和人口的情况下。

第 4 章将区别美国化富国和被抑制的富国并延伸到了房地产市场，而这对就业和 GDP 增长有重要的作用。美国并不是唯一一个经历了 GDP 和就业增长高于平均水平的国家，美国化富国也在不同程度享受到了这种优于平均水平的增长，而被抑制的富国却低于平均水平。富国之间的分类是很重要的，这有助于阻止欧元成为顶级货币（美元）的竞争对手。现在，某些国家始终表现出高于平均水平或低于平均水平（对于其本身来说）的增长是没有任何意义的。那么是什么使得富国之间的分类变得有意义，也就是说这不仅仅是一个计算平均水平的工具而已？这将在第 4 章中讨论，美国化富国和被抑制的富国之间不同的房地产市场将全球的资金流动和通货紧缩转变为不同的增长率，那么这是如何发生的呢？

4

限于国内？

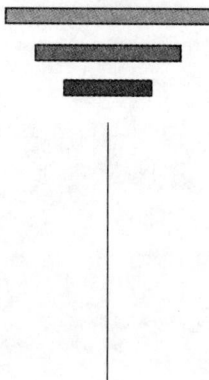

4.1 住房融资市场和差别增长

> 我们观察到的不是本质，但是我们通过提问的方法可以知道本质。
>
> ——Werner Heisenberg

直到 2007—2008 年的经济危机，关于美国全球经济实力的讨论与房地产一样多。对于美国与其他经济之间增长率差异的解释主要集中在社团中介或社会保障制度体系的不同上。住房体系，更确切地说是住房金融体系，本质上并不是国际金融体系的枢纽，但是在过去的 20 年中，住房金融体系已经成为全球资金流动的核心。本章的核心问题是美国的住房金融体系如何将全球流动资本转化为美国的抵押贷款支持证券，进而转化为总需求和美国的差别增长。住房金融体系在美国化富国中形成了差别增长，但是在被抑制的富国中并没有这样的作用。

这是如何发生的呢？简而言之，就是不同的住房金融体系对于将通货膨胀和美国全球套利行为转化为总需求增长，最终变为经济增长的作用不同。通货膨胀使得那些在美国住房市场上的融资机构的平均增长水平高于就业和GDP 的增长。反过来，这高于平均水平的增长使得美国和美国化富国投资者行为的吸引力高于被抑制的欧元区和日本。这些投资者将资本转移到快速增长的美国化富国中，以此改变自身相对的不景气状况，同时促进美国全球金融套利的发展。住房驱动的差别增长需要持续的通货膨胀和美国贸易赤字才能起作用。到 21 世纪中期，基本商品的通货膨胀破坏了这种增长机制，使其反向运行。贸易顺差的再利用变得更为政治化，同时也提高了利率上升的压力。随着利率的上升，过度开销的家庭开始大量拖欠抵押贷款，最终导致了过度杠杆化的银行在 2007 年 8 月纷纷倒闭。如图 4.1 所示，本章的核心任务是展示住房金融体系和美国的国内差别积累之间的联系。后面的章节主要讨论美国跨国公司的扩张原因，即外部增长、再利用问题和当前的危机。

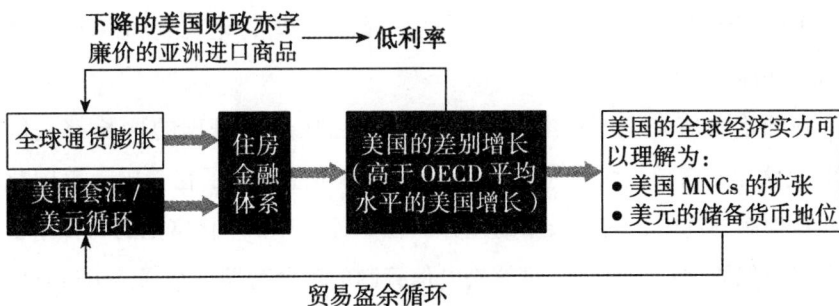

图 4.1　分析重点

就像欧洲和日本对于就业和 GDP 增长的大众观点一样，本章主要强调微观经济机构的重要性。大众观点主要用工会的工资谈判系统、劳动力市场僵化和资本主义分类来解释宏观经济的结果。这些参数大部分集中于供给方机构，是以个人投资者为中心的，因而忽视了总需求。相反，本书主要集中于那些远远超过个人投资者控制范围的机构总需求的来源。出于经济原因，本章侧重于工会对于工资的讨价还价，即利用资本的额外投资来交换工人的被抑制的工资。

简单地说，本章将美国化富国和被抑制的富国重新分类分析来表明制止工资增长学说中存在着遗漏变量的问题。美国化富国不仅共享美国市场的较大投资股份也共享美国化的住房金融体系，因此，在20世纪90年代长期产生了更好的经济效益。美国化富国不但包含通常的以灵活的雇佣惯例和较弱的工会为特点的自由经济，而且包含许多刚性的、协调的社团经济制度。住房金融体系与差别增长之间的强相关性表明，只强调社团与工资谈判因果关系的这一论点通常存在省略变量偏差的问题，以及难以区分不同途径的总需求形式的社团经济的弊端。劳动力市场僵化和资本主义分类之间的因果关系变量都存在这个问题，因此，读者可以预见本书对于这两种分析的评论（第6章会从不同方面来考虑资本主义分类）。

本章共分为4个部分，第一部分发现具有类似住房金融体系的美国和其他国家在20世纪90年代就业和GDP增长都优于平均水平；第二部分认为可替代的社团工资限制了对这种增长的解释力；第三部分展示与住房金融体系相关的国际资本是如何流动的；最后一部分主要讨论就业和GDP增长与住房金融体系之间的关系。

在开始之前先说明：本书不认为富国以住房为基础的增长都是因为GDP或就业的增长，而是住房金融体系的差异性解释了在美国、美国化富国和被抑制的富国之间增长率的差异。在20世纪90年代富国的5种增长冲动都有类似原因：①都经历过放松电信管制的革命时期；②都经历过互联网热潮；③都存在供应链革命时期；④都享受着亚洲廉价制造商带来的利益；⑤都有过股市繁荣的景象。可以说多数欧洲国家的前两种增长冲动的前景一般比较好——它们都有更好的宽带和更多的手机。但同时，美国的第3种和第4种增长冲动的前景相对来说更好一些。最后一种的实际利率都大致相同（如果参照世界非住房标准，那么实际利率与企业投资之间就存在很大关

系）。得出所有 3 种形式的经济都以大致相同的利率在增长，但实际上并非
如此。本章指出住房金融体系是这 3 种经济之间差异的来源而不是绝对水平
增长。

4.2 20 世纪 90 年代长期的差别增长

经济实力来自相对收益而不是绝对收益。在 20 世纪 90 年代的 OECD 中
谁是相对的赢家，为什么呢？图 4.2 给出了 20 世纪 90 年代 17 个富有的
OECD 国家就业和 GDP 的绝对增长，显示了以百分比计算的给定国家的发
展程度，即 19 个 OECD 国家的平均绩效水平（不包括卢森堡在内）。图 4.2
是由这些 OECD 国家实际就业人数增长的百分比和 GDP 衡量的经济规模的
平均增长率构建的，然后根据当地人口对这两项指标进行调整，接着衡量个
别国家平均水平百分比的偏差，图 4.2 中的负值与 20 世纪 90 年代长期的绝
对收益相对应。但关键是要表现出相对收益，本章通过人口调整来控制这些
国家的不同人口增长率，因为仅有人口增长也能够引起就业人口数量或
GDP 的增加，尤其是自然人口和移民数量的增加也能引起 GDP 很大一部分
的增长，例如美国、加拿大、澳大利亚和英国。

本书使用实际就业率，即就业中的人口数量，而不是失业率去计算创造
的就业机会。虽然失业率能传达一个经济体创造就业机会的相关信息，但最
为直接的衡量方式是在按照人口增长调整后实际拥有工作人口数量的改变。
就业率不仅排除了那些不找工作的失业人士，而且也不包括那些只是通过失
业登记来获得利益的人。较低的失业率可能与较低的就业创造率和较低的劳
动参与率共存，较高的失业率可能与较高的劳动参与率共存。相比之下，美
国具有较高的劳动参与率和较高水平的就业创造率，因而有较低的失业率，
德国有较低的劳动参与率和较高的失业率。于是本书按照经调整了的人口增
长数据来控制以英语为母语的经济体过于庞大的人口和移民增长，因为高利
率对劳动力市场的吸收构成了挑战。

本书利用加权的增长率是因为其能更准确地捕捉 OECD 国家的收益和损

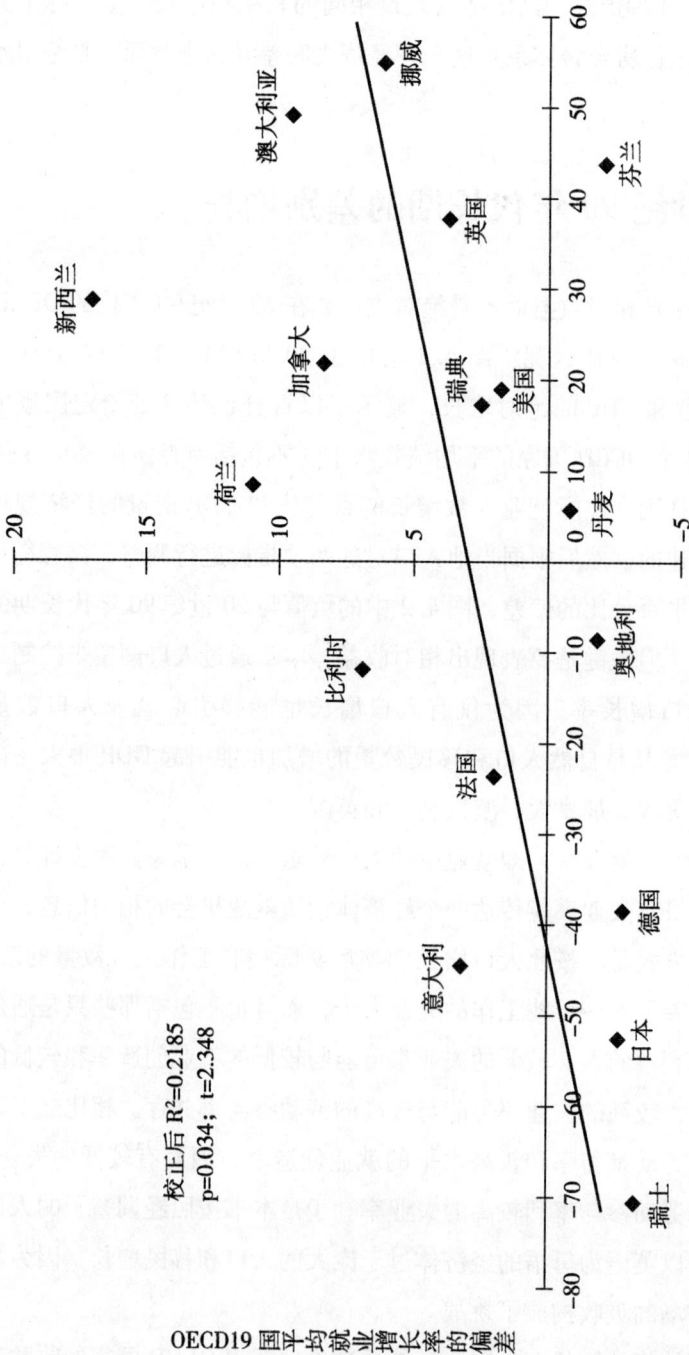

校正后 R²=0.2185
p=0.034; t=2.348

图 4.2 1991—2005 年 OECD 部分国家 GDP 和就业增长的平均水平的偏差

资料来源 OECD 国民账户，http：//www.SourceOECD.org。

失的分布。而一个小经济体取得（遭受）相对较大的收益（亏损）是由于在这个增长的小经济体中，存在着某些随机变量更容易显示出随机因素的具体影响。例如，芬兰遭受了巨大损失，这在很大程度上归因于苏联市场的崩溃，然后又取得了巨大利益，这都归功于诺基亚在手机市场上取得的成功。而对于像美国这样巨大的、多部门的、多变的经济体，是很难比其他 OECD 国家更大幅度地表现较好或较差的绩效，仅此一点就使美国经济在 20 世纪 90 年代长期表现得可圈可点。

所有这些调整都做了最保守的选择，个人投资者驱动投资流动方向并确认了一种货币作为国际顶级货币，对他们来说至关重要的是增长率和盈利率之间的绝对差异而不是按照人口调整的增长率，所以即使是剥离了人口变化之后，实际上美国相对于德国和日本仍具有较高的 GDP 和就业增长率，这意味着美国经济增长确实是比较快的。

图 4.2 剔除了爱尔兰这个极端异常值，爱尔兰的 GDP 和就业增长率相当于其他国家平均增长率的 3 倍。西班牙和葡萄牙的数据并未全部显现出来是因为与就业增长率相关的全部可比数据都无法获得。排除了卢森堡的数据是因为它是一个壳体公司。这些被剔除的数据也是保守的，因为剔除这些数据更有利于本书的分析。之所以使用 20 世纪 90 年代长期的数据是因为它包含了长期冷战后的经济周期，以苏联解体和德国统一为开端，以房地产低迷的开端为终点。本书解释了在通货膨胀和美元回收后的房地产行业低迷的原因。

图 4.2 显示美国化富国和美国在 20 世纪 90 年代长期的就业和 GDP 的相对增长率比被抑制的富国要好，在图 4.2 中，横轴和纵轴分别表示平均就业增长率和平均 GDP 增长率，0 代表这些国家的平均水平。因此，图 4.2 首先给出了一个不令人吃惊但是很有意义的高于平均水平的就业率和 GDP 绩效之间相关系数（$R^2 = 0.2185$；$p = 0.034$）。尽管高生产率能够引起较高的 GDP 增长率，但就业率没有增长，而更多人一般都喜欢以 GDP 为变量进行研究。大多数美国化富国位于图 4.2 的右上侧，而被抑制的富国多居于图 4.2 的左下方。

这种模式引出了 3 个问题，在美国化富国和美国的实际增长中是否真的在增长或者只是债务融资消费较大但不可持续的增长呢？如果这种增长确实是住房融资主导的，那么是否像一些批评者说的那样，住房融资的增长是由于制造业的增长引起的呢？最后一个问题是这种增长是否与住房融资市场相关呢？本章的第二部分主要讨论最后一个问题，本节首先解决另外两个问题。简单来说，答案就是美国化富国的实际增长超过了那些被抑制的富国，尽管美国化富国存在着过度消费的问题，但同时也存在过度生产和过度投资（第 5 章将详细介绍美国的这种情况）。

表 4.1 展示了更多富有的 OECD 经济体相对于美国化富国而言，消费对产出的相对绩效的详细经济数据。表 4.1 只显示了 G-7 国家外加澳大利亚和荷兰的数据，这是因为一个表中显示 20 个国家的数据显得太繁琐而且不清晰。数字表明高于或低于所有的 20 个 OECD 富国（也包括西班牙、葡萄牙和爱尔兰）平均水平的百分比，这些国家是以富有指数来排名的。因此，在第一个单元格中，52% 表明澳大利亚实际总增加值比按照人口调整的 20 个经济体的平均增长率高 52%。这与实际绝对增长率为 67.5% 相对应，在正下方的单元格中，−68% 表示尽管澳大利亚经济总体的总增加值表现较好，但是比与美国相对的制造业总增加值低 68%，这对于澳大利亚来说一点都不吃惊，因为在 20 世纪 90 年代长期，它在亚洲竞争的过程中面临着整个劳动力密集行业的崩溃和重新装备。同样的道理，澳大利亚金属和机械制造业的总固定资本形成存在较大的波动，几乎高于平均增长水平的 3 倍，而这种波动导致了劳动力的替代资本较高，因此，澳大利亚的公司以进口竞争作为生存的手段。

表 4.1 揭示了关于 20 世纪 90 年代长期繁荣的神秘传说，其中一个就是美国的繁荣只与消费相关，而消费大部分是消耗天然气的 SUV、平板电视以及独栋别墅，但这些在数据中并未得到证明。美国和其他美国化富国经济总体的 GVA、制造业的 GVA 和 GFCF、房地产的 GFCF、金属和机械制造业的 GFCF 经济指标都高于平均增长水平，这些额外指标显示了 GDP 和就业增长不是只与住房建设相关，相反，相对于被抑制的富国的固定投资总额，

表 4.1　　　　　1991—2005 年 OECD 部分国家的相关经济表现

相关变动	澳大利亚	英国	加拿大	美国	荷兰	法国	意大利	德国[a]	日本
实际 GVA（%）	52	49	19	21	5	−23	−46	−30	−48
制造业 GVA（%）	−68	−79	24	71	−35	−35	−99	−79	−47
实际 GFCF（%）	119	33	18	66	−32	−52	−70	−94	−128
金属和机械制造业 GFCF（%）	297	−28	4	60	−5	−62	−86	−81	−77
住房 GFCF（%）	−9	1	−3	90	−32	−69	−90	−96	−159
就业（%）	10	4	8	2	11	2	3	−3	−3
实际 GDP（%）	49	38	22	19	8	−24	−44	−38	−53
幸福指数[b]	5.9	4.1	3.0	2.1	1.9	−2.2	−4.1	−4.1	−5.5

注：GFCF（gross fixed-capital formation）：总固定资本形成；GVA（gross value-added）：总增加值；OECD（Organisation for Economic Cooperation and Development）：经济合作和发展组织。

[a]德意志联邦共和国。

[b]幸福指数=10×（就业数据的相对变化+GDP 的相对变化）。

资料来源　OECD 国民账户，http：//www. sourceOECD. org。

美国经济空心化比较严重。即使在金属和机械制造业投资的狭义范畴中，就绝对数字而言，美国显然经历了双倍投资的时期。同时，像德国和日本这样的制造业强国在过去的 15 年期间，在金属和机械制造业的投资中只获得了1/5的增长。美国制造业总增加值的增长速度远远超过了德国和日本，相对增加值为71%，绝对增加值为78%。日本和德国投资增长的低利率并不意味着保守资本的生产率增长较快。相对而言，日本和德国的生产率在本文探讨的时期内滞后于美国（详见表5.1和5.2）。表 4.1 也显示美国的住房GFCF 指标高于平均值，意味着德国和日本的住房市场的下滑，日本的实际价格以及住房 GFCF 都绝对下降了，而德国在整个时期内的住房 GFCF 增长了5%。

虽然住房建设在繁荣经济中具有重要的作用，但在几乎所有美国化富国中住房 GFCF 绝对水平的演变实际上比 GFCF 的全部增长要小。因此，如果想从绝对数据中获得相对数据，那么美国的金属和机械制造业的实际 GFCF

值增加了两倍，而在 20 世纪 90 年代长期，美国的住房 GFCF 只翻了一番。事实上，美国 GFCF 的住房份额由 1991 年的 65% 大约下降至 2005 年的 48%，这种模式在大多数美国化富国中被复制了。因此，在长期繁荣中住房不是唯一的增长值，实际上房地产行业在各个行业中都有很强的凯恩斯乘数效应，能够带动真实的生产、投资和就业的增长，形成良性循环。但是不得不承认，廉价的抵押贷款导致了美国的次级抵押贷款借款人 2006—2007 年在住房融资中出现大量的违约情况，而且远远高于预期。2006 年，美国的住房 GFCF 上涨近 2 个百分点，约占 GDP 的 7%，这就是繁荣结束的原因——需要次级抵押贷款人再次发起新的抵押贷款意味着进一步增长所需的资源已消耗殆尽。

表 4.1 的最后一行是一个整合每个国家的超过或者低于绩效的综合指数，它将 20 世纪 90 年代长期按人口调整的就业与 GDP 平均水平的偏差程度相结合。通过简单叠加人均 GDP 和就业的相对变化，然后乘以 10，最终获得幸福指数，该指数的范围从 -10 至 10，通胀时代的痛苦指数将消费价格指数的变化与公开的失业率相结合来说明一个经济体的失败程度。幸福指数则表明一个经济体在产出和就业方面有多么成功，该指数（如图 4.4 所示）会在随后确认住房金融体系和增长之间的关系时使用。

本节已经证实了美国和美国化富国的增长相对较快，那么如何解释这一结果呢？

4.3　差别增长的解释

什么可以解释到目前为止一直讨论的差别增长模式呢？在解释之前，本书首先清除就业和增长结果的替代解释，欧洲对于就业结果的传统解释一直强调社团契约的交换工资限制了投资和更高的社会工资。这些争论的焦点是社团、保护工人就业和国家社会福利是否会影响就业和 GDP 的增长，接下来的分析显示这种观点忽略了一个重要的微观层面的体制，而这个体制能够影响总需求从而导致省略变量的偏差。被忽视的变量就是国内住房金融体系的体制结构，该体制结构能够影响通货膨胀政策，而在 20 世纪 90 年代长期将通货膨胀转变为总需求的增长，因此，欧洲很多依赖于体制僵化的观点都忽略了这一点，即总需求与增长之间存在着某种关系。

住房制度差异与通常的自由经济对应于社团经济或者是从事商品交易的 LME 对应于 CME 并不一样，这就能够阐述有关欧元区高失业率的新奇和有趣的原因。若住房金融体系与普通的 LME 相对于 CME 一样，那么就会存在过度或者模糊的分析。接下来，本书将讨论社团主义的观点，在那之后，将拟定详细的替代分析，该分析强调住房金融体系的解释作用。

4.4 社会契约和增长

在 20 世纪 90 年代长期，许多欧洲经济体和日本的就业和失业记录都未能完整保存，它们创造了相对较少的工作机会，因此失业人口进入劳动力市场，将年老的工人换为年轻的或者是阻止女性进入劳动力市场。欧洲的平均失业率水平在 20 世纪 90 年代初为 10% 左右，在 2000 年降至 8% 左右，而在 2005 年又涨至 8.6%。欧元区的人口缓慢增长、表现不佳反映了未能成功地创造就业机会。尽管被抑制的富国的人口数量占 OECD 人口数量接近 46%，而美国化富国只占 20%，但是每个群体在 20 世纪 90 年代长期创造了相同数量的工作岗位（见表 4.2）。此外，被抑制的富国一般相对于美国化富国具有相对较低的劳动参与率，虽然在劳动力市场只有很少的人口但却有较高的失业率。

表 4.2　　　　相对工作创造，美国、美国化富国和被抑制的
　　　　　　　　富国总就业变化（1991—2005 年）

	2005 年人口 （千人）	2005 年 OECD 人口份额 （%）	1991—2005 年新增净就业 （千人）	OECD 新增 就业份额 （%）
美国	296 677	34.1	23 117	50.0
美国化富国	169 345	19.5	11 484	24.8
被抑制的富国	404 317	46.5	11 672	25.2

资料来源　OECD 国民账户，http：//www. Source OECD. org。

这些令人沮丧的欧元区在就业表现上隐藏了重要的美国化富国和被抑制的富国之间的国家差异，一些欧洲国家中的美国化富国反而在就业方面取得了实际性成果，失业率急剧下降，如爱尔兰、丹麦和荷兰，而其他国家如德国、法国和比利时在 20 世纪 90 年代的就业增加较少。研究人员都寻找那些抵抗自然失业的政策来解释某些国家就业取得成功的原因。尽管每个人都承认经济周期的重要性，但是这些传统分析都指出交换工资限制和劳动力市场讨价还价的社团作为就业增加的一种来源改变了商业投资，换句话说，成功案例的分析强调的是旧的或新建立的劳动力市场结构对就业复苏体制结构的贡献作用。

对于欧洲宏观经济稳定和增长的传统观点认为，社团的谈判力和工资的限制都是主要的变量，虽然这些分析的目标在过去 40 年中由增长变为通货膨胀再到就业，但是都将工会承诺工资限制的意愿和能力作为制约宏观经济平衡的一个重要因素。因此，Lars Calmfors 和 John Driffill 的统计分析显示高层协调或者低层次的劳动力市场调节是低通货膨胀率和失业率的最佳选择，前者中工会可以没有工资战斗的成本，而后者中缺少工会的存在。Fritz Scharpf 对于隐藏在 Calmfors 和 Driffill 论点背后的个人行为给出了一个博弈论的解释。Lane Kenworthy 对这个论点提出了最新解释，表明以社团工资约束为特点的经济体和促进就业增加的经济体比 20 世纪 80 年代的协调经济体有更好的就业结果。这种反差促使 David Soskice 努力将家庭的微观经济行为与宏观经济结果联系起来。本书不确定这些分析的因果关系是否正确。接下来，我们将传统的合作行为和讨价还价能力看作是继续 20 世纪 90 年代末期积极微观结果的原因，而研究人员也仍在寻找欧元区就业萎靡不振的原因。

所有的分析和政策规定都将社会契约作为就业结果的原因。简而言之，研究人员认为就业复苏与明确社团的讨价还价能力联系在一起，而这个团体隐藏了工资限制和劳动力市场改革，雇主承诺投资有回报，国家奖励那些具有耐性的良好行为并考虑干涉集体谈判和紧缩货币政策。这些新的社会契约能够创造新的就业机会，主要通过增加出口投资（因为比较便宜）和允许国家减少劳动力市场调节。

Peter Auer 在一个非常有名的 ILO 出版物上发表了一篇文章，指出社团条约能够解释荷兰、爱尔兰、奥地利和丹麦的就业成功，认为这些国家保留社团机构，而社团机构看到其经济成功性已经逐步渗透到劳动力市场上，因此，并不是市场的灵活性而是在回顾案例中解释的成功机构和法规的存在性和适应性。

同样，Martin Rhodes 将新竞争社团主义确认为西班牙、意大利和荷兰经济成功的原因。Rhodes、Bernhard Ebbinghaus 和 Anke Hassel 在一系列的刊物中认为德国的成功源于社团竞争力和契约，虽然很多都隐藏了就业联盟的限制作用。Nimah Hardiman 将爱尔兰的就业成功归因于包含社会服务机构及其客户的更为广泛的协议上。Rhodes 明确界定了这些社会契约的内容："从 20 世纪 80 年代中期开始的所有社会契约均寻求工资节制、社会收回最低和工作条件灵活性的结合点。尤其是后两个目标主要是指（a）改变社会保障制度（将平等作为一个更大的目标）；（b）对雇主的新生产力平衡要求的回应。"所有这些分析的核心假设是降低工资成本能够提升竞争力并增加就业信心。

相比之下，Andrew Martin 认为当代社会契约没有作用，而宏观政策比基本的微观机构的作用更大，他认为由 ECB（European System of Centeral Banks，欧洲中心银行体系）实行紧缩的货币政策会成为就业复苏的障碍。根据 Martin 的观点，ECB 的限制性货币政策会使一直积压的失业呈井喷之势增长。他认为劳动力市场机构既不能解释欧洲失业的持久性，也不能提供一个解决方案。相反，我们不得不看看 ECB 在欧洲的总需求的演变和总需求降低，他认为"在欧元区没有制度因素，总需求可以作为一个整体进行管理，以此追求就业以及物价稳定的目标"。

Martin 正确识别了总需求的重要作用，工资节制充其量只是改变了从工资到投资的总需求的组成成分，最坏的情况就是像 Soskice 的新凯恩斯主义分析的一样，即减少了国内总需求。投资相对于工资具有更大的乘数效应，但如果国内没有投资，就只能这样做了。国内的工资限制降低了本地需求，推动了海外投资，因此，国内的工资限制对于社团主义竞争力学说有相反的作用，引发了需求的螺旋式下降和更多的失业。在欧洲的美国化富国形成了更多的增长和就业机会，包括那些坚定瞄准欧元的国家。如果宏观经济政策在欧元区是统一的并且在斯堪的纳维亚半岛和英国具有强烈的影响力，那么它们是如何增长的？

在这种情况下，回到 Kenworthy 的有趣和平衡的分析上是很值得的。他指出社团国家在 20 世纪 90 年代与 20 世纪 80 年代相比形成了相同（低）水平的就业增长率。这种稳定增长证明虽然在 20 世纪 90 年代新的就业需求不足但是仍然保留了旧的就业。在 Kenworthy 的分析中，改变的不是协调经济中创造的就业机会而是非协调经济中创造的就业机会，证实了与 20 世纪 70 年代和 80 年代相比，这些国家在 20 世纪 90 年代的就业增长更多。

20 世纪 90 年代什么发生了改变？社会契约文化更倾向于本地的工资讨价还价机构和微观经济问题，例如劳动力市场调节。Soskice 尝试基于微观经济机构给出一个宏观经济解释，他认为家庭储蓄过剩和消费下降对于技术工人的实质性的福利保障具有意想不到的作用，他一直认为失业只会产生更多的失业。

因此，相比较而言，德国（以及日本和意大利）不安全驱动的消费下降对于理解自由市场的 Anglo-Saxon 经济和大的 CMEs 之间的就业差异起到了重要作用。技能的特殊性（在德国和日本）使得受保护的福利国家的未来不确定性加剧，这是由其本身的政治制度的自然属性形成的，而这种特殊性是一种便于我们理解的分析工具。

但是 Soskice 的分析看似是相通的，失业率的上升本身就是一个外部冲击，不过德国统一除外，这种说法无法解释 CMEs 和 LMEs 以及 CMEs 之间的不同表现。同时，Soskice 的分析也无法解释工人在 LMEs 中降低未来的现金流以及削减消费的原因。相对于欧洲的公共养老金，美国对于削减传统的确定给付的企业养老保险金具有更广泛的默认值，美国的财政政策与那些被抑制的欧洲国家相比更严格，而这些国家在 20 世纪 90 年代赤字更大。

相比之下，本书认为以社团为中心的分析主要是以宏观经济结果为导向而建立的错误微观结构基础，因此也曲解了大环境的冲击力。住房市场的金融机构在推动总需求过程中具有重要的作用，所以，通常的社团分析也降低了利率下降对环境的影响。它们过于关注实际利率而忽视了名义利率的大幅下降，而实际利率在 20 世纪 90 年代仍然很高。不同的住房金融机构将通货膨胀这一巨大的环境变化转化为不同程度总需求的增长，从而创造了不同层次的就业机会。

4.5 住房金融市场和增长

住房市场金融机构的问题又是什么呢？简单地说，就是大多数在美国市场上的住房市场金融机构对于将 20 世纪 90 年代的通货膨胀转换为需求增长和就业提升的能力很强，而美国的住房金融体系能力最差。额外的总需求通过正常的凯恩斯乘数效应发挥作用，它通过需求和供应渠道刺激就业机会的增加。额外的就业大部分是进入服务部门的女性和低技能建筑部门的男性的工作机会，这会降低劳动市场中的失业率，而这些市场通常具有失业率高和失业时间长的特点，劳动力市场正在逐步缩小。具有住房融资市场结构的国家，至少要像美国那样，通过工资限制扼杀总需求的增长。这些国家没有经历需求和就业的上升。相反，在通货膨胀的环境中，金融被抑制和工资限制是自己造成的，阻碍了增长并强迫工资限制的国家依赖于出口增长。具有混合机构的国家有混合的结果。

20 世纪 90 年代在 OECD 中无处不存在着通货膨胀的情况，不像 70 年代和 80 年代那样，长期名义利率逐渐下降，欧洲的长期利率从 1990 年的 11.2% 下降到 2005 年的 3.5%，美国的长期利率在 20 世纪 90 年代长期也从 8.7% 下降到 4.0%。尽管实际利率并没有下降，但是研究表明住房价格对名义利率比实际利率更敏感。通货膨胀可能意味着释放新的购买力给消费者和企业，为什么克林顿政府的保守财政政策对于全球的通货膨胀没有实质性的作用呢？直截了当地说就是即使每个债务人都感觉到名义利率下降，但不是每个债务人都能充分利用下降的利率来降低应支付的利息和将现金用于其他消费。相反，那些具有美国式住房金融体系国家的债务人能够利用降低的名义利率来增加自身购买力。

美国住房金融市场的 4 个主要特点是：

（1）私人住房拥有率相对较高。

（2）相对于 GDP，抵押贷款债务相对较高。

（3）抵押贷款的再融资较容易且相对较便宜。

（4）银行证券化贷款的能力并将它们从国家的手中转移走。

这 4 个特点决定了下降的利率转化为新的总需求的能力，因为住房拥有率决定了住房成本和住房价格对住房的影响，相对于 GDP 的债务水平决定了债务下降时购买力能被激活多少，再融资的低交易成本和证券化的可能性决定了它实际是否能减少这些款项。因此，这些特点也被认为是增加总需求可能性的来源。当这 4 个特点都出现时，有些时候伴随着对按揭利息的税收补贴的额外刺激，它们能够使刺激凯恩斯主义需求过程变得相对简单。当这 4 个特点并没有都出现时，则通货膨胀没有刺激总需求的增加。

随着那些美国式住房融资机构的国家的名义利率下降，房主的再融资抵押贷款将购买力从食利者手中转移出去，转移到那些对于货物、服务和住房具有较高消费倾向的个人。反过来，这种消费通过标准的凯恩斯乘数效应产生了新的就业机会。这些新的就业中很多涉及那些进入劳动力市场服务部门的结婚女性，她们是为了维持增加的消费。这些新的就业把联邦的预算转移至盈余来维持扩张，从而使美联储或者当地央行继续降低利率。这与在股权市场发生的大多数情况一样，但是对于一般人来说，住房市场是新的消费力的重要来源，因为在 OECD 中拥有住房的人比拥有股票的人多，同时拥有住房股票的人比拥有其他股票的人多。美国就是一个很极端的例子，美国高收入人群在 2004 年拥有的股票占所有股票的 75%，但是这部分人群拥有的房屋权益只占所有房屋权益的 36%，而占 90% 的底层人只拥有股票的 25% 但房屋权益却是 64%。研究表明，人们花费在未实现的家庭资产上的比率是股票的 4 倍，同时，大约一半的欧洲人的权益都是房屋权益。房屋权益对于推进新的总需求的增长可能更重要。

抵押贷款再融资在经济增长过程中释放了新的购买力，主要是通过两种方式：减少每月付款额和按揭股权的退出。假设一个现任房主以10%的利率贷了100 000美元，为了简化问题，假定他不用支付本金也没有物业税，贷款额代表财产价值的100%。房主的住房成本就是抵押贷款支付的利息，每年为10 000美元，现在假定公开市场的利率下降至5%，如果房主能够简单且无成本地进行再融资，那么他每年将节省5 000美元的利息支付。这就是第一个方式。

名义利率的下降也能推动房价的上升，因为大多数人在给定的每月支付的基础上进行购买，而不是以债务总额为基础购买。因此，如果一个要购买房子的家庭能够支付利率为10%的10 000美元的年利息，那么他们就会抵押贷款100 000美元购买房子。但是若利率降至5%，那么这个家庭就会考虑出价200 000美元购买该房子，房子的原主人因此就会获得意外收益。现任业主通常将这些收益用于购买更贵的房子，因此拥有更贵房子的人也会获得意外收益，以此类推，在整个收入分配过程中住房资产逐渐膨胀（请记住这一点，因为第7章会讨论房地产泡沫破裂）。

虽然在给定的年份里所有房地产的股票不是为了销售，但是住房价值评估起到了刺激交易、活跃住房市场的作用，而且只针对股票，如果财富——虚拟资本——可以被挖掘，那么它就可能代表了总需求的新来源。大多数没有卖掉的房子都能通过估算房屋权益的信用或者房屋净现值贷款而挖掘出其名义价值的增长，但是资产所有者是以房子作为抵押物的。这些贷款能够保证所有者现有权益的第二按揭，经常用于改造房子、购买耐用品或者偿还昂贵的信用卡债务。美国房主中接近1/4的人具有HELOC（home equity line of credit，房屋净值信用额度）或者类似的与房屋相关的债务，总额超过了1万亿美元，占美国抵押债务总额的10%。投标过程结合人口增长来增加美国所有住宅房地产资产的名义价值，从1991年的6.5万亿美元增加到2005年的20.5万亿美元以上。

住房金融体系的结构决定了这两个渠道是否有作用，当抵押贷款和再融资的交易成本很低，提前还贷罚金很低，银行能够将抵押贷款证券化并将HELOC从账目中移除时，名义利率的下降将触发一个自我维持并螺旋上升的过程。美国和美国化富国具备这些条件，而被抑制的富国却没有。例如，比利时抵押贷款的印花税是以 10% 为起点的，其他许多欧盟国家对于售房征收大量的增值税（VAT），在美国的弗吉尼亚州，相当于"印花税"的等价物最近也翻倍了——涨至 0.1%。OECD 国家住房市场的详细信息请参阅表 4.3。

表 4.3　　　　　　　　19 个 OECD 国家住房市场的特征变量

	产权（占家庭的百分比）	社会租住（占家庭的百分比）	私人租住（占家庭的百分比）	1980年至今产权变更（占家庭的百分比）	1992年居民按揭（占GDP的百分比）	2004年居民按揭（占GDP的百分比）	2002年典型贷款率(%)	2002年最大贷款率(%)	2002年典型贷款期限（年）	抵押证券可能吗	住房证券可能贴现吗
奥地利	56	21	20	+6	~5.0	20.3	60	80	20~30	否	否
比利时	74	7	16	+9	19.9	31.2	83	100	20	否	否
丹麦	51	19	26	-2	70.1	88.4	80	80	30	是	是(仅1993年)
芬兰	60	14	16	0	37.1	37.8	75	80	15~18	否	是
法国	54	17	21	+9	21.2	26.2	67	100	15	是,但是有限的	未使用
德国	40	7[a]	50[a]	+5	41.0	52.2	67[a]	80[a]	25~30[a]	作为担保债券	是,但未使用
爱尔兰	78	9	16	+1	20.3	52.7	66	90	20	是,但是有限的	是,但是有限使用的
意大利	69	5	11	+16	3.2	15.3	55	80	15	只最近	未使用
荷兰	53	36	11	+13	43.2	111.1	90	115	30	是	是
挪威	78				46.1	56.0		80	15~20	是,但是有限的	否
葡萄牙	64	3	25	+23	~20.0	52.5	83	90	15	否	否
西班牙	85	1	10	+9	12.9	45.9	70	100	15	新但在上升中	是,但是有限使用的
瑞典	41	27	13	+4	50.8	51.6	77	80	<30	是	是
英国	69	22	9	+11	52.8	75.3	69	110	25	是	是
澳大利亚	72	n/a	n/a	n/a	78.0	301.0	65	n/a	25	是	是
新西兰	70	n/a	n/a	n/a	146.0	267.0	n/a	n/a	n/a	是,但是有限的	否
加拿大	64	n/a	n/a	n/a	42.7	43.1	75	n/a	25	是	是,但是有限使用的
美国	68	n/a	n/a	+5	45.0	65.0	78	100	30	是	是
日本	60	n/a	n/a	n/a	25.3	36.8	80	n/a	25~30	否	否

注：n/a 表示数据不可用。

[a] 仅包含西德。

同样，银行证券化贷款的能力允许利率风险从账目中移除，通过增加交易而不是加速流转来赚取利率，这忽视了利率变动从而继续放贷，所有的资产抵押证券（ABS）相对于美国 GDP 和所有金融部门债务总额的产量和份额暗示着其对于 20 世纪 90 年代长期美国经济扩张的重要作用。1990 年所有的 ABS 占到了 GDP 的 4%，相当于 2 500 亿美元，但是 2007 年占到了30%，即 4.3 万亿美元。同样，在 1990 年，ABS 占美国所有金融部门债务的 9%，而 2007 年上升至 27%。ABS 中大部分都是抵押贷款支持证券（MBS），因此，ABS 和证券化过程对于非银行部门的扩张和一般的信贷周期具有至关重要的作用。

回顾分析证实了在 1996—2006 年间，以不同形式释放的房屋股权比增加的市场份额对 OECD 的实际个人消费增长的作用更大，因为对房屋股权的消费倾向远高于对资本收益的消费倾向，房屋股权会在一般人的投资组合权益中占据很大份额。没有任何简单方法用于比较股权和房屋股权的潜在额外购买力是否相同，因此，国家需要将所有权与高水平的抵押贷款债务和通货膨胀时获得的经济杠杆的简单再融资相结合。

接下来是 3 个主要的欧洲住房市场与美国住房市场的简单对比，大多数欧洲国家的住房成本占可支配收入的 1/5 ~ 1/4，所以下降的利率对于新的总需求的释放具有可观的潜在性。意大利就是第一个采用广泛所有制的例子，意大利拥有房屋的家庭比美国的多，而且这些家庭没有任何抵押债务，因为最近证券化的缺失意味着银行也不愿意放贷给消费者。抵押贷款在1992 年约占 GDP 的 12%，抵押债券的缺失抵消了消费者从抵押贷款利率下降中获得的优势，再融资没有任何目的，而且房屋股权是隐藏的，利率的下降没有产生新的购买力。

法国也具有广泛的所有权，它的抵押贷款与 GDP 相对应，接近意大利的 2 倍，但是再融资的成本高昂以及操作的困难性导致不能将下降的名义利率转换为较小的利息负担。在这里房屋股权是潜藏的，即使在 21 世纪中期价格大幅上涨时。此外，在意大利和法国，所有积极向上的房主都需要保留大部分现金以防止抑制总需求时支付的大幅下降。

与意大利和法国对比，德国的抵押债务相对于 GDP 有较高水平，在 1992 年，其与美国的水平只有百分之几的差额，但是德国在 OECD 中具有最低水平的所有权率，在 2002 年接近 42%，再融资比较困难且成本高昂。大多数抵押贷款通过资产担保债券证券化，从而会保留在银行的资产负债表上，因此，银行对于征收提前偿还贷款的惩罚失去了兴趣，食利者因此战胜了债务人的消费。尽管在 20 世纪 90 年代利率很低，但是德国的住房价格实际上却在不停地下跌。

与此形成鲜明对比的是美国具有广泛的住宅自有率、抵押贷款债务相对于 GDP 的高水平、易于再融资和基于凯恩斯理论的大量证券化操作的特点。美联储强调美国在 20 世纪 90 年代增加的抵押贷款中 80% 是资产增值抵押贷款（MEW），而 MEW 在 1991—2000 年间每年都接近 3 000 亿美元，在 2001—2005 年间每年都接近 1 万亿美元（平均为 5 300 亿美元）。MEW 主要通过 3 个渠道流动：一般的房屋净值贷款大都用于支付高利率的消费债务（通常是信用卡债务），现金主要用于将来的消费。1/4 用于家庭改进，这些通常是劳动力密集型，因此对就业有直接的影响，1/5 直接流入其他消费中。

最后，下降的利率通过住房市场产生了分支，以此来创造虚拟资本，而银行和投资公司能够重新打包为 MBS 再卖给国内外的投资者。因此，通货膨胀的部分原因是进口价格的下降和对美国证券的国外购买，而通货膨胀有利于创造更多销往海外的证券，使第 3 章中描述的回收/套利系统发挥作用。由于住房的虚拟资本在市场中的自由度和价格验证，按揭贷款证券化正在加速发展中。

4.6 全球融资，本地抵押贷款

回顾第 2 章和第 3 章中分析的全球套利，美国在全世界各地以较低的利率借入短期贷款，再投资到回报率较高的长期项目中。本节将展示外国人的投资组合与房地产行业的直接联系，而且在某个层面上，这种联系是直接且明显的。美国在 20 世纪 90 年代销往海外的债务组合很多都是不同类型的 MBS。包括美国国债在内，这些销售导致美国的抵押贷款利率下降，形成了美国房地产行业的繁荣景象，如图 4.1 中与套利方框和住房金融体系相连接的箭头所示。

以 10 年期美国国债的利率作为美国所有抵押贷款的参考利率或基准，因为典型的抵押贷款大概都要 7～10 年，尽管它们是以 30 年为期来摊销。美国国债的低利率迅速流入到新的抵押贷款中，而可调整的抵押贷款利率重置较为缓慢，2006 年 12 月在美国的债券组合中 60% 的外国投资者都购买美国国债和政府担保的机构债券，当时，外国投资者持有 52% 的优秀美国国债以及 16.8% 的优秀机构债券。机构债券主要是由 MBS 组成的，而 MBS 主要是由政府资助的金融巨头房利美发行的。第 7 章将更详细地解释 MBS 是如何运行的，现在只需知道外国投资者大量购买即可。

大量持有美国国债和机构债券的外国投资者在 20 世纪 90 年代都帮助美国压低了抵押贷款的利率，据目前估计，20 世纪 90 年代末和 21 世纪初的亚洲贸易盈余的回收低于美国国债接近 90 个基准点或将近 1%，在 2005 年达到 150 个基准点。对于欧洲和石油输出国的回收结果没有估计，但是它们可能在 20 世纪 90 年代初期到中期具有相同的结果，此时这些团体是美国贸易赤字的主要资助者。

机构债券的外国购买对于房地产行业有更直接的影响，如前所述，机构债券是由房利美发行的 MBS 组成的，美国联邦政府在 1938 年创立了房利美，将抵押贷款市场的资金流动国有化来使住房更实惠，1968—1970 年房利美实现私有化，资助公屋后离开了政府国民抵押贷款协会。储蓄和贷款银行在 1970 年组建房地美，即一个自己版本的房利美，1989 年房利美完全私有化。2008 年 8 月，市场坚信一个由政府担保的隐性公司——美国财政部和美联储确认该公司将接管房地美和房利美，并接受由房地美和房利美提供的 MBS，因为它们能够在信贷市场上以一个低于最好银行的利率借入。

房利美和所罗门兄弟公司在 1981 年基本上都产生了现代的按揭证券市场，也开创了这些证券的海外销售。房地美发明了以提供按揭贷款为目标的抵押贷款（CMO），它是一种衍生证券，它将本金和利息的支付分解为不同档次，所以投资者在1983年能够购买那些债券，它的期限和收益率可以随着个人基本住房抵押贷款而变化（以债务提供贷款为目标的抵押贷款CDO，包括CMO和其他的衍生工具都是由不同形式的债务作为背景的，也就是说CMO是CDO的一个种类）。证券化允许银行将按揭贷款从账簿中分离出来，而银行将这些抵押贷款出售给资本市场以充实资本，这也允许银行贷出更多的贷款，因为其大部分收入都来自于收费收入。这与先前的金融自由化模式形成对比，在那个模式中银行持有即将到期的抵押贷款，赚取存贷之间的利率差额。证券化降低了银行的利率风险，主要是将利率的改变风险转移至MBS或者CMO、CDO的购买者身上。证券化技术并没有转移信用风险，因为有时候银行本身需要保证基本的抵押贷款。

在1989年后期，储蓄和贷款银行仍然提供了27%的消费者债务，大部分是住房抵押贷款，持有的形式大多数是投资组合。到2004年，专门的抵押贷款占到了消费者债务的39.4%，抢走了这些储蓄和贷款银行的大部分市场份额。私人贷款不像储蓄银行那样，它们主要是将贷款证券化，而这是造成2004—2007年次级MBS和CDO市场快速增长的主要原因。图4.3显示了1988—2006年间3个政府资助的企业（GSE）和非政府支持的企业发行的MBS。抵押贷款债务和2004年后期的次级MBS的快速增长是显而易见的。

房利美和房地美在证券化过程中既是中介又是主要参与人，它们从原始的抵押贷款人处购买住宅按揭贷款，然后将这些贷款在MBS中混合，将混合贷款或者其衍生品卖到二级市场上。证券化允许投资者购买债券，而这些债券的收益被定义为总的本金和个人购房者支付的利息。抵押贷款的汇集降低了违约和预付款的风险，创造了可预见的支付，此外，具有类似风险特点的抵押贷款能够被打包，然后以一个足以反映这些风险的利率出售，或者混合之后创造新的被投资者追捧的衍生证券，机构债券的主要国内购买者是保险基金、养老金计划，以此来平衡可预见的长期资产和长期负债。房利美和房地美也持有一些即将到期的MBS，到2007年，机构MBS占优秀的10万

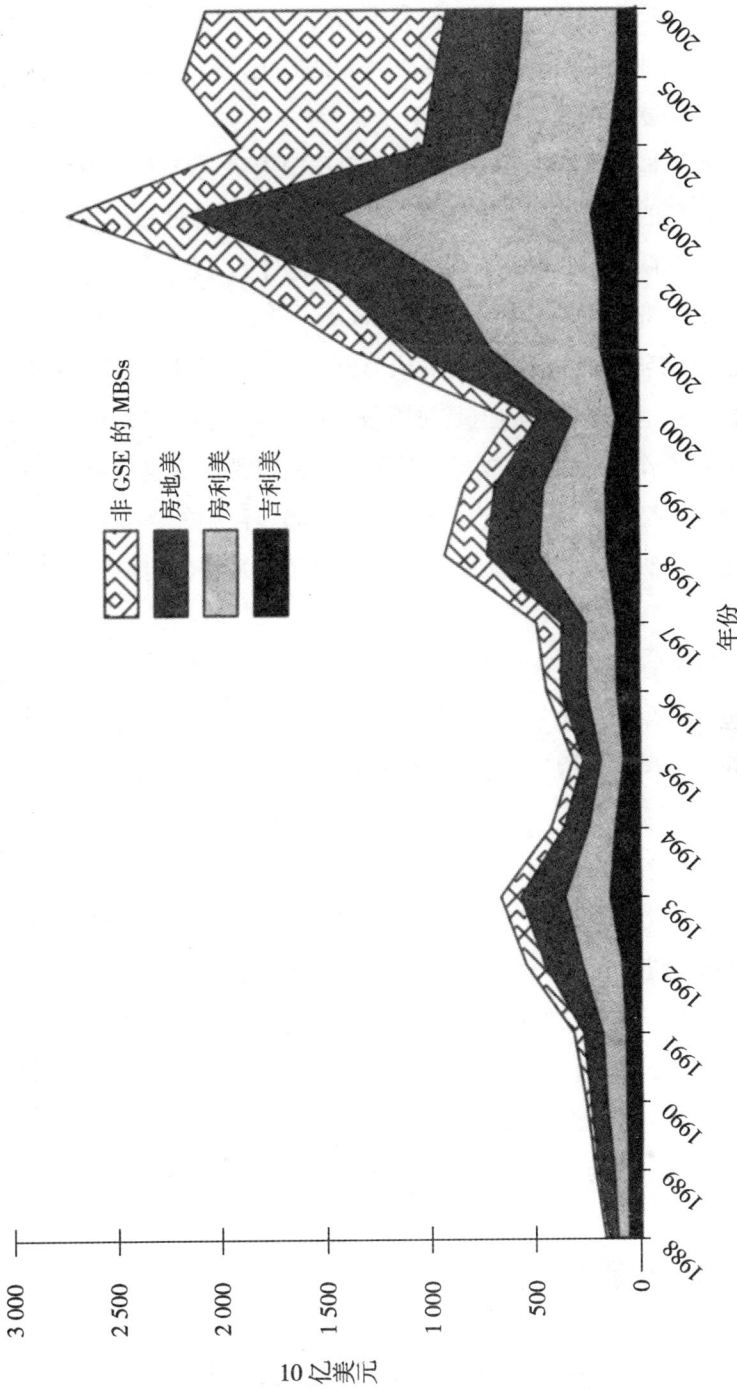

图 4.3 发行的原始美国抵押贷款支持证券（1988—2006 年）

资料来源 累积风险，http: //www.calculaterisk.blogspot.com。

亿美元美国抵押贷款债务的一半，房利美与房地美之间的分配比例为 5∶4。此外，优秀的抵押贷款债务中的 1/4 被私人证券化，最后的 1/4 与贷款机构一起作为独立贷款而存在着。

房利美和房地美是将国际信贷市场与美国国内房地产行业通过证券化的抵押贷款相连接的主要渠道。2001 年，外国投资者持有的机构 MBS 达到了 1 330 亿美元，2007 年外国机构的这一持有量超过 1 万亿美元，而外国的官方机构（例如亚洲的央行）持有其中大部分。2006 年日本和中国持有的外国 MBS 占到了 45%，还有更多的私人 ABS，而美国国债的持有率超过了 52%。ABS 私募是一个次要的但是风险较高的渠道，虽然 2004—2007 年次级抵押贷款业务作为主要方式（详见图 4.3），但是私募也具有重要作用。欧洲银行的特殊投资工具（资产负债表外实体）经常被大多数非亚洲的外国投资者购买，似乎主要是石油出口国，但是在 2007 年中国购买的数量增加了。

尽管证券化的机构债券的外资股份相对于国债份额较低，但是其绝对数额是不可同日而语的，因为到 2006 年年底它的数量几乎是流通国债的两倍。事实上，机构债券基本占所有美国市场证券化债券的 1/3。因此，购买美国国债的外国投资者都陷入了一个巨大的循环之中：购买美国国债的外国投资者抑制抵押贷款利率的参考利率，从而通过再融资或者购买来发放的新贷款；新的贷款被打包成 MBS，然后出售给外国投资者；投资者渴望进一步购买，会再次压低抵押贷款利率，使得银行融资，形成更多的抵押贷款债务。

到目前为止，本章已经证明了美国和美国化富国的就业和 GDP 都高于平均水平，这些国家提供了一种住房方式，将下降的利率转化为总需求的增加。本章也证明了美国全球套利和美国住房金融体系之间的联系。最后一部分阐明住房金融体系与高于或低于平均水平的经济表现之间的关系。

4.7　住房和增长

如前所述，可以根据住房拥有率的普遍程度、抵押贷款债务相对于

GDP 的水平、再融资的难易程度、家庭资产撤回或按揭的水平以及证券化的程度来划分住房金融体系。这些广泛的特点在 20 世纪 90 年代都发生了变化，但是变化的程度不同，最后两个变化最小，第二个特点变化最大。表 4.4 提供了表 4.1 中同样的几个国家的抵押贷款融资体系结构的相对数据，再加上美国化富国和被抑制的富国的平均数据。在表 4.3 中能够找到更全面的关于 20 个 OECD 富国的数据。

表 4.4　　　　　　OECD 部分国家的住房金融市场特征变量比较

	英国	澳大利亚	美国	加拿大	美国化富国[a]	OECD 国家[b]	被抑制富国	日本	德国[c]	意大利	法国
合理购并的相关交易成本（占总成本的百分比）	4.8	3.8	0.6	2.8	3.3	0.0	-4.1	1.2	-1.9	-7.7	-6.9
抵押证券可能吗?[d]	10	10	10	10	6.0	4.4	0.7	0	4	0	0
住房证券贴现，1990—2002（占 GDP 的百分比×10）	7	7	5	2	4.7	3.2	0.3	1	0	1	0
抵押债券 1992（占 GDP 的百分比）	64.3	50.8	58	43.1	53.4	44.7	32.2	36.8	54	11.4	22
产权住房 2002（%）	68	70	69	66	64.7	64.6	63.9	60	42	80	55
综合房价指数[e]	7.00	6.59	5.65	5.13	4.9	3.2	0.9	2.37	2.34	0.49	0.17

注：综合房价指数排名。

[a]不包括美国。

[b]所有 20 个 OECD 国家。

[c]德意志联邦共和国。

[d]是 =10；否 =0；局部 =4 或 5。

[e]住房综合指数是将所有数据分为 1～10，加总所有 5 个指标，再取平均值而得到的。

本书用 5 个指标来阐述凯恩斯主义描述的与住房市场相关的 4 个特点，这些指标分别是：①与收购物业相关的交易成本；②抵押贷款证券化的可能性和使用程度；③住房资产增值抵押贷款的平均水平在 1990—2002 年期间占 GDP 的百分比；④1992 年与 GDP 相对应的抵押贷款的水平（繁荣期的开端）；⑤1990 年自住业主的家庭份额（仍是繁荣期的开端）。

本书能较理想地用几种方式来衡量交易成本：第一种衡量交易成本的混合方式是先形成抵押贷款、再融资、HELOC 不同层次之间的差别，然后将它们与抵押贷款的总债务的市场份额比例相结合。第二种是能够衡量由地产经纪人（地产代理商）创造的成本和由银行或国家造成的成本之间的差异。事实证明，当一个国家具有较低的交易成本时，房屋租赁费用为主要的交易成本；当一个国家具有较高的交易成本时，税收是主要的交易成本，这增强了在美国化富国和美国再融资的简易性。

可叹的是，建立这样一个用于整个 OECD 的经济指标可以成为一个独立的研究项目，因此，本书使用全球房地产指南评估在购买和销售物业过程中涉及的交易成本。这个过程是双向的，因此要除以 2，这是因为首次购房者和 HELOC 借款人在一个交易中都涉及了，这个指标用于表示再融资的难易程度，从而测量房主将上涨的价格转化为更多消费的能力。将交易成本的数字调高或调低 0.5（满分为 10），这在抵押合同中取决于提前还贷的罚金是否存在。如前所述，在德国，提前还贷的罚金是普遍存在的，大多数借款人被要求提前退休来弥补提前还贷。而美国提前还贷的罚金是罕见的，它给予借款人一个对抵押贷款利率进行单向赌注的机会，如果利率下跌，借款人就可以在没有罚金的情况下进行再融资。本书将这个指标与相似的 IMF "按揭完整性"指标交叉检验，将案例中的交易成本求平均值，再减去平均值，然后根据这一数值将国家分为高成本和低成本两组。

证券化能够捕获借款人的细节，不能将贷款证券化的银行无法发放尽可能多的贷款，也无法将利率风险转移到二级市场。这通常使银行在向消费者提供抵押信贷时更加谨慎、小心，这也解释了在意大利的抵押贷款债务相对于 GDP 较低比例（87%）的现象。意大利银行不能轻易地将债券证券化，抵押品赎回权的取消大概需要 6 年，这比欧洲的其他国家长得多，因此，银行只会将贷款发放给那些首付超过 50% 的住房购买者，这为房地产行业的流动性带来了阻碍。

住房资产增值抵押贷款撤走的简单原因就是它获得了 1990—2002 年期间实际发生的刺激经济的程度，本书之所以用这些年是因为在撤走和剥离股权的全部乘数效应之间存在一个必然的滞后期，将这个指数占 GDP 的比重乘以 10，得出其与另外 5 个指标具有相同的权重。房屋股权的退出比这段时间内实际利率的上涨更能准确地解释实际凯恩斯主义促进潜在住房金融体系的事实，即潜在股权撤走的数量。最后，抵押贷款债务相对于 GDP 的比重以及自住业主的比重都是个人对于抵押贷款债务平均利率变换的衡量指标，将这些指标除以 10，规范为与其他十分制的衡量指标一样。

在表 4.4 中，第一个值得注意的就是美国化富国和被抑制的富国除了自住业业主指标外的所有指标之间平均水平的明显差异，第二个就是对于我们现实常识了解程度的补充。英国和澳大利亚排在最后一名，这表明两国对于住房价格和利率变化的敏感度较高。这通过过去 20 年每个国家的政治得到了证实，选民变成了各方任期内较高或上升的名义利率。在表 4.4 的右边 4 个国家中有 2 个国家的长期住房价格在 20 世纪 90 年代都下降了。

表 4.4 的数据加上表中省略国家的相似数据，建立了 1 个在抵押贷款市场中流动性的综合衡量方式，主要是加总 5 项指标再除以 5 得到 1 个新的指数，这个指数的取值范围在 0~10 之间，而 10 意味着循环非常良好的住房融资市场，这个指数比较粗略，但是能够反映住房融资体系对总需求可能的影响力的本质特性。这也证明了美国化富国比较美国化，不仅仅考虑到了海外投资者的持有比例，也考虑到了住房融资体系的本质。所有被抑制的富国都有一个低于整体平均水平的综合住房指数，而几乎所有的美国化富国都高于平均水平。在第 3 章中分析的新西兰和芬兰是比较刻板的国家，它们在某些类别之间具有类似的方式，综合住房指数背后的分析证实了第 3 章所分析国家的分类情况。

图 4.4 将幸福指数与综合住房指数相结合来表示住房金融体系与相关就业和 GDP 之间的关系，显示这两个指标之间具有统计学意义，而且具有非随机相关性。

从图 4.4 中我们得出了 3 个有趣的结论。第一个结论表明契约很可能不是 20 世纪 90 年代良好就业结果的主导原因，契约论的后面案例中（Auer 的丹麦、爱尔兰、奥地利和荷兰）没有在就业和 GDP 增长中展现出相似的

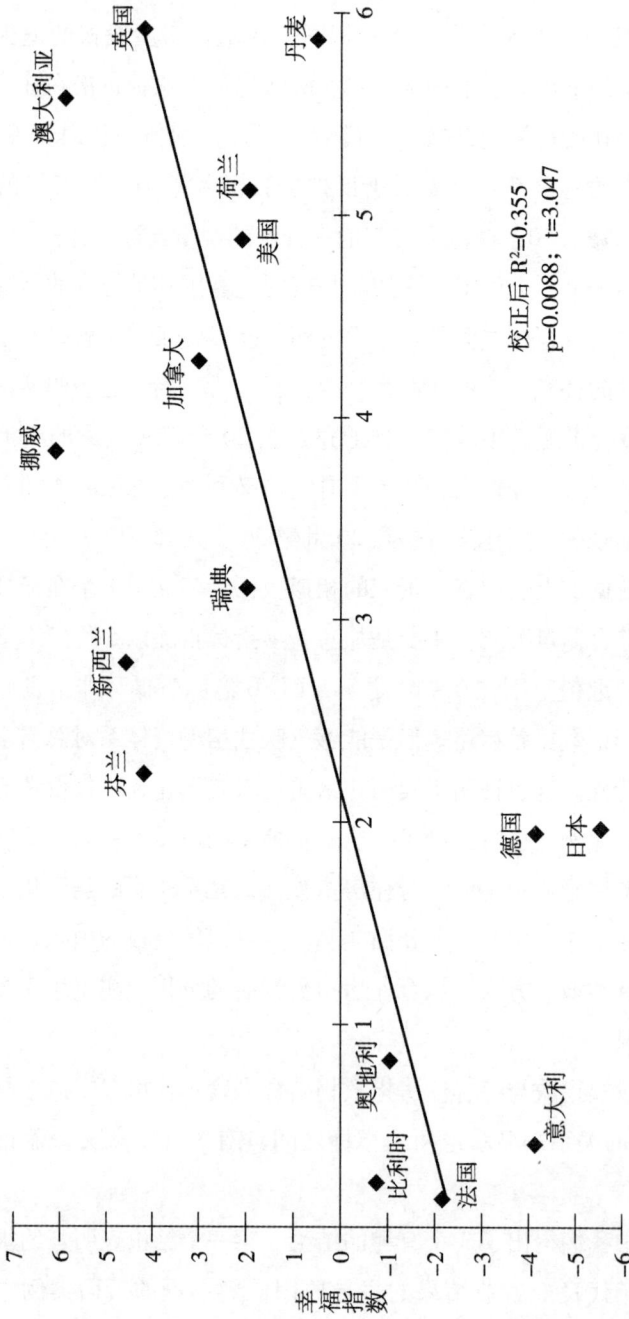

图 4.4 住房金融体系和 OECD16 国的幸福指数之间的关系（参考图 4.2 和表 4.3）

校正后 R²=0.355
p=0.0088；t=3.047

水平，奥地利低于预期的表现水平，而丹麦的宏观表现也只是略高于平均水平，但是爱尔兰的水平在表格中并没有体现出来。此外，Auer 的 3 个成功案例中的契约基本都考虑到了幸福指数，如果它对就业有促进作用，那么就不会转变为 GDP 增长率的上升。另一方面，所有 Auer 的案例相对于社会团体经济都表现较好。尽管所有被抑制的富国和部分美国化富国都有社团中介的特点，但是住房金融体系的差异跨越了通常的协调自由主义。因此，早前的分析很可能对于具有流动性的房地产行业且社团经济形势相对较好的 20世纪 90 年代的平均水平估计错误，对于那些流动性较差的市场估计错误，然后与这些自由市场经济下变动的表现水平进行对比。

这个平均或者合并或许可以解释前面提到的 Kenworthy 的分析中存在的难题。Lane Kenworthy 表明在 20 世纪 70 年代和 80 年代自由市场经济中就业创造力表现不好，而在 1990—1992 年协调市场经济和自由市场经济中的相对就业创造力是颠倒的。因为 Kenworthy 陷入了普通的二分世界观中（即协调和自由），所以无法解释创造就业机会的颠倒现象产生的原因。

而本书正好可以解释这个问题。在 20 世纪 70 年代和 80 年代，名义利率随着通货紧缩而逐步上升，1982 年美国抵押贷款的首个 30 年利率达到了18.3%，而澳大利亚直到 20 世纪 80 年代中期才放松管制，于 1988 年利率达到了 17%，抵押贷款债务降低了总需求和 GDP 及就业的增长率。正如Scharpf 谈论的一样，在 20 世纪 70 年代和 80 年代，社团工资限制对于就业来说是一个积极因素，工资限制确保了央行不能将利率增加到需要控制通货膨胀的水平。因此，本书并不认为在任何时候、任何情况下美国式房地产行业都更倾向带来高于平均水平的增长率。事实上，分析表明颠倒现象是可能存在的，因为通货膨胀可能通过美国式房地产行业的不同消极方式渗透出来，而通货紧缩也可能通过积极方式渗透出来，这恰恰就是 2005 年房地产泡沫破灭后出现的问题，但是，无论哪种方式，本书中的分析都表明住房金融体系是很多分析工资谈判或社团主义与 GDP/就业增长率之间关系时忽视的一个重要变量。

在流动性不足的房地产行业中的通货膨胀和通货紧缩的不同效应影响了

第二个重要结论：美国式住房融资机构不是一个永久运行的机器。推动美国经济增长的资金流动有两个内部循环，而这两个循环最终扼杀了经济增长的周期性。第一个循环是美国和中国增长之间的正向循环，通货紧缩不断为美国释放出更多的购买力。中国在出口盈余方面越成功，回收资金购买美国国债和机构债券就越多，美国利率下降的压力就越大。从1991年到2007年7月，从亚洲发展中国家出口到美国的价格下降了27%，而同一时期发达国家的出口价格却上涨。中国出口的成功意味着中国经济的快速增长，中国对于全球原材料的使用和自身半熟练劳动力的供给也都增加了。2004年原材料的价格开始上涨，中国的工资水平在2007年也开始上涨。因此，中国开始出现出口通胀而不是紧缩，这迫使美国利率上升，因而破坏了通货紧缩与低利率之间的良性循环，而现在是总需求越大，通货紧缩越严重。

第二个循环指的是房地产行业的潜在进入者或扩张者的这个储备池子最终会干涸，因为信贷市场有信誉的买家越来越少，而住宅自有率比同一历史时期上升了4个百分点。处于市场底层的人的收入缺少大幅增长，当这些人遇到了10年的房价快速上涨之后且能够支付平均房价时，最后一批新房主会发现展期是很有必要的。而市场底层没有新进入者，那些中层的没有人会出售，因此没有未实现的股权来资助他们的财富阶梯上升。由于增长模型依赖于亚洲进口货物的增加，在收入分配底层的工人一半以上面临着工资下调的压力，在2000年之后，他们的实际收入持续下降。

最后，图4.4中住房增长的高峰显示二战后是实行凯恩斯主义福利（KWS）的时代与当代财富的经典过程和创造就业之间具有重要的实质性区别。这个区别不是通过使用宽松货币政策来引发经典的凯恩斯乘数效应。央行在两个时代都通过增加流动性来促进就业和经济增长，所不同的是促进总需求增长的形式。在布雷顿森林或KWS时代，大多数低利率在增加制造业投资的经济环境下分成很多种。对制造业的投资使更多参加工会的工人被雇佣，而更多人被雇佣会使得工资水平更高。工会的工资通常与新投资所产生的生产率能力收益相关，工资增加越多，就越能验证事后投资增加的额度。因此，增长最终依赖于广泛和公平的收入增加。但是，在20世纪70年代典型的消费者相对较低的债务和抵押贷款的流动性不足意味着很多"打工仔"并不直接受利率变动的影响，相比之下，投资对于利率是敏感的，因此，利率变动主要是通过企业的投资流向来影响经济的。

当前，利率通过影响工人对资本市场的暴露程度来影响消费，而对资本市场暴露程度的影响主要是通过他们的抵押贷款、汽车贷款和信用卡。HELOC 为退休计划做出了贡献，它与共同基金控股都是普遍存在的，因此，消费增加并没有增加企业投资，而主要是通过集体谈判和工资增产来渗透的。相反，大多数家庭都直接受到利率下降的影响，因为他们都拥有大量的市场资产和一系列的流动债务。名义利率的下降提高了市场资产价值，包括国内住宅的新市场价格，同时也降低了需偿还的债务额。家庭获取和出售的新能力表明资产价值的增加允许这些家庭随着房价的上涨而扩大消费。但是因为住房权益不像集体工资的讨价还价，它是不均匀分布的，消费和财富随着经济增长而增长也是不均匀的。事实上，增长通过资助房地产业内人士以巨大数量的名义股权和巨大数额的潜在消费来放大不平等性。同时，这些人并未涉足房地产行业或者在价格开始上升时能够微妙地把握住财产，他们都远离这个财富形成过程。

4.8　住房和宏观经济结果

在住房融资机构和差别增长之间存在一个有利于美国国内经济的重要的正反馈循环。美国的房地产行业将 20 世纪 90 年代的通货紧缩和全球套利转换为美国经济的快速增长，这主要是相对于被抑制的富国而言的，而且在美国化富国中几乎都发生了类似的过程。在那些具有美国式住房机构的经济体中私人投资者对于快速增长的回应就是增加他们在这些经济体中的投资。反过来，这巩固了美元的霸主地位并且促进美国贸易赤字作为美国新贷款的回收，加强了以住房为主导的差别增长。

相比之下，被抑制的富国被迫使用一些次优的工资政策，如果它们选择工资限制或者是由德意志银行和欧洲央行迫使选择的，那么基本上就是将自己的出口需求与美国或美国化富国捆绑在一起。国内的工资限制并不意味着缓慢增长，但是投资少，这会伤害由德国经济产生的资本货物。在被抑制的富国中消费者和农业生产者缺乏内在的活力，东部的中等技术行业都逐步转移到欧洲中部，这也为工资和就业带来了压力。

被抑制的富国也面临着投资上的一系列次优选择，某种程度上，它们对于美国经济快速增长的反应是增加 FDIUS 的规模（但是权重比较小），它们对于投资接受低于平均水平的回报率（详见第 5 章），同时降低投在国内市场的资本额并为国内生产提供离岸生产。寻找更大回报，以此来抵消低于平均水平的回报率，当市场即将崩溃时，它们往往进行资产投资组合。德国银行为了获得更好的回报购买了美国大量由次级债务支撑的CDO，这比那些传统市场的投资收益率要好，而中小家族企业是德国经济的核心部分。

虽然本章演示了美国和美国化富国的住房金融体系和差别增长之间的关系，但只是在宏观层面对差别增长进行阐释，那么微观层面如何呢？蓬勃发展的美国贸易赤字和在 2007—2008 年间的金融危机表明 20 世纪 90 年代的繁荣景象都是人为的、虚假的。马克思主义和现实主义的分析者都认为在 20 世纪 90 年代美国制造业是一个陡峭的绝对下降状态。回想一下，在第 2 章中马克思主义者 Giovanni Arrighi 认为美国制造业的下降就如同英国 19 世纪制造业的下降一样。现实主义者 Robert Gilpin 同样认为美国跨国公司的离岸投资掏空了美国经济，同时为美国竞争对手创造了差别增长（见第 5 章）。

尽管本章表明美国在数量上已经实现了差别增长，但是却留下了质量问题，这个质量问题或者说是微观层面的问题是下一章讨论的主题。增长的质量问题很重要，因为美国消除贸易赤字的唯一方式和解除形成差别增长的债务主要是通过增加贸易出口。没有生产就没有持续的经常账户赤字，没有持续的经常账户赤字就没有持久的美国力量。接下来的一章将从宏观经济层面来对美国外债的累积股票的贸易赤字的其他方面进行讨论。

5

美国工业衰退？

"知道唯一让我愉悦的事情是什么吗？看着我的红利滚滚而来。"

——John D. Rockefeller

在第 4 章中，我从宏观层面论述了美国及美国化富国在 20 世纪 90 年代长期的差别增长。这种增长是海市蜃楼吗？回顾以往，一些现实主义者和马克思主义者认为，20 世纪 90 年代是美国经济衰退的时段，关注点集中在制造业向服务经济的转化，并以 19 世纪英国工业衰退作为类比。然而两者的论证都错用了这一类比。在这一章中，我重拾第 2 章和第 3 章中的脉络，着眼于美国全球金融套利和差别增长的外部微观经济结果；本章从这点上补充了第 4 章中对宏观经济和国内经济的论述。这部分通过详细分析揭示出，在 20 世纪 90 年代，美国企业相对于外国竞争对手而言获得了收益，并且扩大了对商品链的海外控制。这些收益至关重要，因为从长远来讲，如果不能生产出人们需要的商品并合理定价，那一个政府既无法履行债务，也难以维持政权。换句话说，Gourinchas 和 Rey 将美国隐喻为一个高度杠杆化的全球风险投资者，需要有成功的投资来证明这种杠杆效应。我的论述则针对与英国的类比展开，因为正如 Eichengreen 所说：这是唯一的参照点。

在这一章中，我详细探讨了外国投资在微观经济上"是怎样作为"的，但没有细述其原因。回顾前文，美国全球经济实力的表现之一是缺乏约束。美国可以通过在国内投资、在国内消费和在海外投资而避免正常交易。因此，本章将主要剖析美国全球套利的国际方面。此外，本章也将展示 USDIA（美国海外直接投资）在 20 世纪 90 年代长期的迅速扩大，USDIA 不断增长显示了美国跨国公司与外国竞争对手潜在竞争力的巨大差异，由此便可以反驳金融化反映美国竞争力下降的论点——即恰恰相反，套利有助于具有竞争力的美国公司扩大对海外生产和市场的控制，特别是服务行业。这种扩张并不一定能直接增加美国的出口，但它确实显示出，为什么短期借贷和长期投资能够创造积极的投资收益。美国全球套利有利于美国国内的差别积累，也有利于美国公司海外的差别积累。

然而，与房地产行业不同，除了无意识的巧合外，出入美国的资本流动并无一一对应的关系。这种联系远比第 4 章中所阐述的更加无序，坦率地说，不可能每笔输入的美元都有对应的输出。离散连接正是 Verdoorn 效应的机理之一。正如经济学家 Jake Verdoorn 所认为的那样，输出增长几乎总是与生产力增长互为因果。多数跨国公司的大部分业务仍然在其国内市场，像瑞士巨头 Novartis 公司和 UBS（瑞银集团）这样来自小国的跨国公司则是例外。外资差别增长有利于美国跨国公司的壮大和国内市场的扩展。这不仅能帮助它们增强进行海外竞争的实力，还能扩充其所需要的资金。相比之下，与美国化富国相对的，被抑制的富国的跨国公司则面临着国内市场停滞的现状，这阻碍了它们向美国的扩张。1997—2005 年，正如美国跨国公司相对 FDIUS（外国在美直接投资）的增加，更具活力的美国化富国相对 FDIUS 的增长与被压抑富国相对 FDIUS 的增长，比率由 1.4 增加到了 1.6。

本章进一步探讨在第 4 章中提到的生产力增长差异。如果差别增长是美国经济实力的源泉，那么确认这点很重要，即美国的差别增长为其领先富国对手带来了不仅是量上的，更是质上的优势。这个问题正是造成现实主义者和马克思主义者错用与英国 19 世纪经济衰退类比的关键，同时也指出了海外投资与国内停滞之间的关系。19 世纪的英国错过了向新兴产业和生产力改善进程转变的时机。相比之下，美国企业不仅在广阔的制造业，而且在许多服务行业也继续大展身手。在这方面，基于 Verdoorn 所确立的总量增长与生产力增长之间的紧密关联，美国企业受益于国内经济的更快增长。最后，本章讨论了美元作为国际储备货币的地位（本章的核心分析目标如图 5.1 所示）。

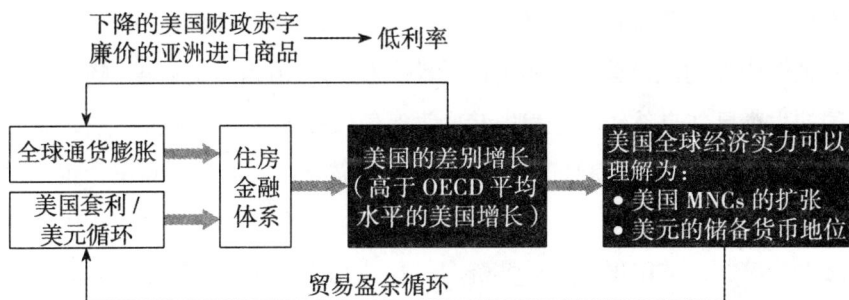

图 5.1　分析重点

美国跨国公司的扩张和不断扩大的生产力差距对美国的全球经济实力产生了影响。简单讲，如果美国无法生产大众所需的商品，并确保其定价能令美国保持政治上可接受的生活标准，那么 20 世纪 90 年代长期的差别增长就是海市蜃楼，而现实主义者和马克思主义者的批判就是正确的。这种海市蜃楼合乎逻辑的结果就是，美国经济实力的一个替代指标——美元，其最高货币地位的永久崩溃。

在这一章中，我通过直接分析和比较英镑在 19 世纪的地位与美元今天的地位，来首先考虑与英国工业衰退的类比。接下来就不再考虑制造业，我认为储备货币的类比是准确的，但制造业的类比是错误的。当今时代有其自身的动力，即我们已经强调的发展工业和控制市场之间的差异。不同于英国公司，发展前沿科技的美国公司已经能够创建和掌控海外子公司。为此，我通过分析 FDIUS 和 USDIA 来证实这一点，美国的海外公司不仅比在美国的外国公司能产生更高的收益率，而且收益率高于平均水平的美国公司，这正是新经济核心的代表。事实上，相当多的证据指出，美国跨国公司在国外市场拥有竞争优势，正如跨国公司的微观经济理论所预测的那样。因此，美国金融套利对国内高增长和海外美国产业的高扩张率均有帮助。接下来我探讨了美国惨淡的出口业绩。提一个老论调，既然美国如此有竞争力，怎么出口不力呢？与惨淡的出口业绩相对的是 USDIA 的成功，其已经用离岸生产取代了出口以及进口的爆炸性回报消费。而且，具有讽刺意味的是，美国出口艰难是因为，美国与 19 世纪的英国不同，缺乏帝国领土，无法严格控制全球产权。因此，美国的出口面临其他国家竖立的两大壁垒：IPRs（知识产权）缺乏强制力以及公共资本商品的购买受到政治因素的高度制约。第一，美国的生产已在自然经济进程中转变为产值较高的设计和研究活动，需要严格的知识产权来保障盈利。实物商品的生产需要可观的隐性知识，相比之下数据产品更加容易被复制。知识产权执法缺位，山寨产品的出现造成出口收入减少。第二，美国出口的公共资本商品，其购买受到高度政治化的因素限制，这在鼓励离岸生产的同时阻碍了出口。相比之下，购买消费品的决定——大半的美国进口——被分散而不易受到国家掌控。美国的问题是进口过度，但没有足够的出口。在这方面，我们发现了另一个与第 3 章所揭示的内容相似的内部矛盾。美国高于平均水平的增长吸引外资，助长了其国内和海外的扩张，同时也助长了美国的过度消费。当信贷落入信用不佳的消费者手中，消费引擎与房地产市场引擎一样，难免缺乏动力。然而，外资的贸易盈余不可避免地需要回购美国商品，从长远来看这意味着美国在净出口和国内生产两方面的增长。事实上，到 2008 年中期，美国商品出口与 2005 年相比已经增加了 370 亿美元，约为非石油进口增加值的一倍。当时，能源进口也造成了过半的商品贸易赤字。

5.1 美国在衰落吗？

马克思主义和现实主义的"唱衰者们"将英国衰落与美国衰落之间进行类比的理论根基是，在19世纪和20世纪末期，英国和美国分别发生了资源从制造业向服务业特别是金融业的转移。Giovanni Arrighi（马克思主义者）断然指出：

与英国对应时期的相对衰退一样，不断上升的美国经常账户赤字反映了美国商业在国内和国外竞争地位的恶化。就像英国的例子，尽管不太成功，美国资本通过专门从事全球金融服务的中介机构，局部地对这种恶化进行了反击。然而，美国与英国不同的是，没有足够的领土来获取所需的资源，用以在竞争日益激烈的世界中保持其政治军事的领先地位。

Arrighi认为，英国在19世纪其霸权解体时，已不再是一个具有竞争力的制造商，因为未能赶上新技术（20世纪）的航船，而转向了非生产性的金融活动。资本在英国找不到向生产制造投资的途径，于是转化为被动投资蔓延到国际市场。事实上，若从Arrighi的视角来看，美国今天的状况更糟。英国可以将赤字转嫁到其殖民地印度纳税人的身上，而美国必须在国际资本市场争夺资金。Arrighi恰恰在此为我们的套利和回收机制模型建立起了明确的联系。

30年前，Robert Gilpin（现实主义者）也有过略微不同但仍算一致的观点。他认为，USDIA通过在欧洲——美国的主要经济竞争对手，促进了其更快的工业化进程，加速了美国的相对衰落。在这点上，Gilpin随意借用了马克思主义者关于发展不平衡的一般观点，并将其与对于相对收益的重要性这一现实主义争论的核心联系在一起。在Gilpin看来，美国的相对衰落是美国政府支持其跨国公司海外扩张的负面结果。在当代，可以与Gilpin所处的20世纪70年代的跨国公司划等号的是美国零售业巨头，如Wal-Mart Target（沃尔玛）和Home Depot（家得宝），它们将生产外包给中国从事简单生产的出口商们。由这些零售巨头的进口所构成的商品流动，占美国贸易赤字的

1/4。它们还推动了中国的工业扩张，消除了中美之间的鸿沟。Gilpin 的观点还是有一定相关性的，因为我们的套利理论取决于 USDIA 产生的高收益。然而他的核心论点却是：美国跨国公司促进差别增长，受益者是美国的竞争对手而非美国。

5.2 英国金融套利和英镑对美国金融套利和美元

这些与英国的类比能否站得住脚呢？对金融业的类比还勉强说得过去，而对制造业的类比就说不通了。让我先简要地从金融业说起。作为共识，英国和美国在塑造全球金融体系上有着惊人相似的方式。如同今天的美国一样，英国在宏观经济层面系统地进行短期借入和长期借出。这反映出英国银行显然信誉卓著，而这又依赖于英国制造业拥有绝对和相对高水平的生产力，以及英国银行从英国本土和欧洲其他地区汇集大量资金的优越能力。两者都有利于保障英镑的首席货币地位。

英国金融套利是如何运作的呢？名义上位于英国之外的非英国银行和国际化的英国银行，均在伦敦设有分支机构，以处理与贸易相关的款项。这些殖民地银行将原材料出口到英国获得的大量赊账款，以所谓商业汇票的短期存款形式存入伦敦的银行。这可以与支撑本次危机的核心即次级债务抵押债券的 ABCP（当代资产抵押商业票据）相媲美。这些票据随时可用来偿付与之数额相当的、从英国向正式和非正式大英帝国出口的账款。到 1908 年，外国和殖民银行存贮的资金数额约达英国银行资金总额的 1/3 到 1/2，这与美国的外资有价证券债务比例相当。英国吸纳殖民地的短期存款，再长期贷给那些殖民地地区，使它们能为工程浩大、建设周期长的铁路和其他基础设施建设融资。英国就这样在短期的基础上以低利率借入外国资金，再以对应长期借款的高利率贷给周边国家。与美国不同的是，19 世纪的英国不是净债务国；而与美元相同的是，英镑当时也是储备货币，这有利于全球套利。

回顾一下 Susan Strange 对首席货币、协商货币和支配货币的分类。在

Strange 看来，首席货币就其自身的经济价值而言是具有吸引力的，就像上世纪 90 年代的美元；协商货币是那些参与政府之间隐性或显性的政治交易的国际货币。支配货币是强制施行的。我们可以通过将它们与竞争、寡头垄断和垄断市场比较，来进一步挖掘其本质区别。支配货币，同垄断市场一样，拒绝消费者（即抵押物的外国买家）的选择。首席货币，就像竞争性市场一样，没有消费者有能力影响该种货币的产量（流通中的货币量）或价格（汇率）。在政治上，这意味着这些资产的持有者对货币发行者的作用较小。协商货币是指那些被某些消费者（大多是政治人物）集中控股，并足以影响国际储备货币的价格和产量的货币。因此，该货币的发行价格和数量必须考虑到这些消费者的偏好。

我们也可以将 HHI（赫芬达尔—赫希曼指数）和 CR-4（市场集中度）应用到债权国持有的以国际储备货币计价的证券上，尽可能定量地衡量这些差别。HHI 是所有企业占有市场份额的百分比的平方和；在此，我们以所有国家持有的外资证券份额进行计算。CR-4 是其中最大的四个企业的份额。通常，HHI 指数超过 1 000 意味着寡头市场，即 CR-4 超过 40%。按照常规，美国国内反垄断调查的触发值是 HHI 指数达到 1 800。

在 20 世纪 90 年代长期之初，美元更像是协商货币，其在全球外汇储备中所占的份额已下降到约 50%，而欧元区国家的货币只占全球外汇储备的 21%。1989 年，在外资持有的以美元计价的证券当中，日本央行持有 21%，这将外资证券的 HHI 指数推到了 1 000，将 CR-4（日本、英国、加拿大、德国）推至 48.9%。尽管还未达到反托拉斯案的法律层面，但这一 HHI 指数似乎足以印证当时认为日本有能力干预美国证券市场的普遍看法，CR-4 清楚地呈现出了一个垄断市场。由于日本有足够的能力影响美元市场，在这一前提下，将 1991 年的美元称作协商货币是合情合理的。

美国在 20 世纪 90 年代的差别增长扭转了这种趋势。美元占外汇储备的份额已上升到 68%，而欧元的份额已经下滑到 18%。1991 年至 2002 年间，通过各种措施，美元的贸易加权汇率值升至 34% ~ 47% 之间，而外资控股的 HHI 指数已跌破 600。这折射出了资产持有者的高度多样化和私人投资者的挤入效应。由此看来，美元取得首席货币地位似乎也合理。然而，由于美国经济增长放缓和次贷危机的爆发，所有这些指标再次逆转。根据美国财政部 2007 年官方数据显示，外资控股的 HHI 指数仍然低于 2007 年的 600，而 CR-4（包括日本、中国/中国香港、英国、加拿大）已上升到 37%。美国财政部对于外资控股的准确数据往往在每天较晚时候发布，随后的修正都倾向于夸大中国和石油输出国的份额。这意味着 2007 年对 HHI 和 CR-4 的低估使美元再次成为协商货币。而且鉴于目前的局势，这些数值仍将恶化。

最终，首席货币需要具备一种能力，即通过生产那些储备货币的资产持有者可能渴求的商品和服务，来确保他们继续持有该货币。理论上真正重要的是，所有人都愿意使用国际储备货币来储存他们的净出口收入。然而，储备货币计价资产的海外持有者最终只能通过在这些资产的发行国换取出口来进行清算。资产的持有者为取得一些其他的，可能是非货币的收益，而被迫接受出现重大损失的潜在可能性，这一特点将首席货币与协商货币区别开来。

看看英国套利我们就能明白，在套利过程中最致命的是经济实力被削弱，美国套利亦是如此。正如中国一直试图成为一个工业强国，19 世纪的德国也曾力图现代化。英国套利促使德国在 1870 年创立了德意志银行，以帮助德国外贸融资从英镑转移到德国马克上，正如美国套利促成了 SWF（主权财富基金）的创立（参见第 8 章）。英国的金融化主要是为使英国获益，然而英国银行和英国制造商之间的放手式信贷关系意味着，这些银行乐于放贷给殖民地开发商，用于购买美国或德国的出口产品。今天的美国货币中心银行同样如此，与 Gilpin 所处的 20 世纪 70 年代的跨国公司相对应的美国零售商也是如此。但事实上，由于金融化的作用，美国主要的工业企业能够为它们的客户增加商业信贷，并确保在贷款与采购由美国控制的企业生产的货物之间建立起更加直接的联系。所以说，Arrighi 所作的类比尽管前半部分是正确的，后半部分却是完全错误的。最终，问题变成了美国制造商是否正在走向衰落。

5.3 英国制造业的衰落

就像英国制造商在与后起的美国公司和德国公司的竞争中落败那样，当代美国制造业是否也难以与低薪酬的亚洲生产者或是高质量的欧洲生产者竞争，而趋向没落呢？英国确实错过了 19 世纪晚期向新型技术产业转化的时机。但一个类比要能站得住脚必须哪一头都说得通，事实上美国企业并没有错过向新技术和生产工艺转变的时机。正好相反，证据显示，美国企业与其富国对手在生产力上的差距正逐渐拉大。20 世纪 90 年代长期，在美国，与宏观经济差别增长相应的是微观经济的差别增长。

19 世纪末 20 世纪初和 20 世纪后期都出现了重大的技术创新。19 世纪的新产品包括：贝塞麦钢、苯胺染料、化肥、自行车以及电话之类的电器。生产工艺的改进也同样重要，这包括以电驱动的机器替代蒸汽，为了生产规模的扩大、后勤保障的跟进以及企业组织结构的改革。这期间也有金融上的创新，如运用上市股票来控制大型企业的发展方向、组成企业联盟来控制输出和稳定价格以及将商誉和品牌名称资本化。

英国在输出这些新产品与接受这些新的生产和控制形式方面落后于美国和德国。在某些情况下，英国老式商品产出的绝对水平甚至低于美国和德国 1890 年的产出水平。而到 1900 年，美国和德国在这些新兴产业上都通过直接投资打入了英国市场。相比之下，正如 Arrighi 的正确观点所指出的，英国退缩到其帝国市场，而不是在这些新技术上与美国和德国一争高下。英国继续做老生意，为不太挑剔的帝国市场——其中包括大印度圈这一单一而主要的市场，提供制成品——铁和纺织品。

这些出口和生产的统计数据可以清楚显示出，英国占世界贸易的份额从 19 世纪中期接近 30% 的峰值下降到了 1913 年的 14.1%，而美国的市场份额从 8.8% 上升到 11.1%，德国的份额从 9.7% 上升到 12.2%。这一转变反映了潜在的生产力的巨大差异。从 1890 年到 1907 年，与英国劳动生产率每年递增 0.1% 相比，美国劳动生产率每年递增 2%；到 1909 年，在 15 个主要行业，美国劳动生产率是英国的 2.5 倍以上。从 1870 年到 1913 年，美国 GDP 每年递增 4.9%，德国 GDP 每年递增 3.9%，远高于英国的 2.6%。英国在富国差别增长中处在了不利的位置。

英国为什么没有创新竞争呢？尽管 Veblen 提醒我们，寻求控制超额利润的商业和寻求更高效率生产技术的工业是两回事，但它们绝非毫无关联。三个与控制相关的因素决定了英国的相对衰落，因为英国制造商在新技术的投资获利方面存在障碍。

首先，英国制造商无法将劳动关系重组为能够通过对新生产工艺不断投资而获利的模式。尽管新的生产技术能带来生产力的巨大增长，然而任何引进新生产技术的尝试，都将遭到有组织的英国工人的深重打击。不同于美国企业的集团经营，英国企业一般是家族经营且只运营一个工厂，罢工将切断该企业的全部收入和盈利。

其次，英国缺乏能够提供新型企业所需劳动力的教育机构。新的组织形式需要全新的训练有素的专业人员。英国缺乏这样的机构——能够提高工人的职业技能、培育训练有素的工程师和塑造全新的职业经理人。美国和德国则都人才过剩。德国率先通过学徒计划系统地培训熟练技术工人；而在美国，1824 年伦斯勒理工学院成立，1865 年麻省理工学院成立。到第一次世界大战之前，正规商业教育机构遍布美国，沃顿商学院、塔克商学院和哈佛商学院均在当时创办。

最后，英国公司不能产生新的企业形式，以掌控新技术的所有权。英国贷方虽有能力，却不愿为使用新技术和生产新产品的英国公司注资。英国银行有足够的资金，但缺乏任何政治机制来确保其将短期存款资金用于新技术长期投资后的安全问题，政府或其他参与者都无法保证能够降低银行可能承担的传统错配风险。相比之下，美国和德国都有这类机制。在德国，政府为四大银行撑腰。在美国，摩根银行作为联合信托公司的后盾，曾于 1907 年平抑了恐慌的金融危机。

当我们谈到 USDIA 对 FDIUS 时（在下一节将要提到），控制问题变得尤为突出。控制对 Arrighi 和 Gilpin 的论证十分重要，尽管二者都试图隐瞒这点。Arrighi 暗含的不切实际的论点是，总部位于英国的制造业厂商，通过在英国生产和出口继续主宰着它们的市场。然而如果英国制造商能通过直接投资或持有被动股权的方式，将其已有的资金流转化为对新起步的美国和德国工业的控制，那么显然英国的衰落史将被改写。我们可以想象，英国控股企业如何为区域子公司分配市场份额，理顺全球钢铁市场。这将保护英国的市场份额，并将诸多新技术置于英国公司的掌控之下。事实上，这类逆转在历史上曾经出现过，但并非英国公司把新技术应用到了英国以外的地方，恰恰相反，截至 1912 年，新兴跨国公司通用电气、西屋电气和西门子公司已经控制了英国国内 2/3 的战略电气工业。Gilpin 也同样低估了美国企业控制海外生产的重要性。

5.4　当今美国制造业

如果 Arrighi 和 Gilpin 有关美国与英国相对衰落相似的观点是正确的，那么与保持控制相反，我们理应看到美国公司受困于落后的生产工艺和产品以及糟糕的人力资本构成，并且看到与控制市场相比，工业发展显得更加重要。如果 Gilpin 是正确的，我们理应看到欧洲和日本的生产力水平达到了美国的水平。但事实上哪种观点都不能完全站住脚。美国公司已经将低端生产离岸转移到了发展中国家，转而从事更先进的技术活动。美国的人力资本形成集中在增加值较高的职业。虽然美国在欧洲经营的公司有较高的生产力，但多数情形下，欧洲经济体以及日本与美国之间的生产率差距已经越拉越大。

在 20 世纪 90 年代长期，美国制造业的投资无论相对值还是绝对值，都超过了被抑制的富国。从绝对值来看，美国的 GFCF（固定资本形成总值）翻了一番，从 1991 年的大约 1 万亿美元增至 2005 年的 2.1 万亿美元；零部件加工业的 GFCF 增加了两倍，达到 6 000 亿美元。这使 GFCF 占 GDP 的比例从 14% 升至 19%。相比之下，在欧元区（其中包括一些我们所谓的美国化富国），GFCF 仅增长了 3 300 亿欧元，GFCF 占欧元区 GDP 的份额不到 21%。欧元区制造业 GFCF 的汇总数据无法取得，但可以知道德国 CFCF 只增加了 22%，而意大利 CFCF 也只增加了 18%。

美国制造业投资的增减也表明，低价值活动的剥离有利于更高价值的活动。GFCF 在耐用品制造业上投资的增加，超过了对非耐用品的投资。皮革制品、纺织品和服装、食品和饮料——约占 GFCF 的 10%——可以看出绝对值在减少。相比之下，机械及设备、交通运输设备以及电气与光学设备——约占 GFCF 的 40%——可看出绝对值和相对值均大幅增加。美国制造业的增加值增长了近 50%，即使按照人口增长调整以后，三个强势类别份额的不断上升也并不能简单地反映出弱势类别的制造业面临崩溃。而且，制造业的就业人数没有迅速增加。而恰恰就是这一点——上升的增加值与稳定的人口数量，反映了生产力的提高。这意味着美国制造业没有绝对下降。

然而，本书中我们一直在强调相对变化。美国的劳动生产率相对其富国竞争对手怎么样呢？事实上从 1991 年至 2006 年，无论是在广泛的经济层面上（表 5.1），还是在狭隘的制造业范畴内（表 5.2），美国的劳动生产率增长比英国除外的七国集团所有竞争对手的劳动生产率增长都要快。1991 年至 2006 年间，除中国台湾、韩国和瑞典外，美国制造业的劳动生产率增长比美国所有主要竞争对手的劳动生产率增长都要快。鉴于中国台湾和韩国仍然有足够的赶超空间，而且美国经济增长远远高于所有这三个国家和地区，美国制造业的表现相当可圈可点。

表 5.1　就业人员人均实际 GDP（2002 年以美元计按购买力平价水平调整后）

年份	美国	加拿大	日本	德国	法国	意大利	英国	OECD 平均
1991	61 733	51 130	47 462	48 813	60 671	57 886	48 553	51 074
2006	81 454	63 311	57 794	59 870	73 134	65 477	65 684	65 101
换算（%）	31.9	23.8	21.8	22.7	20.5	13.1	35.3	27.5

资料来源　美国劳工统计局，ftp：//ftp.bls.gov/pub/special.requests/ForeignLabor/flsgdp.txt。

表 5.2 　　　　　制造业每小时实际产出和总产出（1991＝100）

年份	美国	加拿大	日本	德国	法国	意大利	英国	OECD 平均
制造业每小时实际产出（生产率）								
1991	100	100	100	100	100	100	100	100
2006	206	146	164	168	182	116	161	171
制造业总产出（产量）								
1991	100	100	100	100	100	100	100	100
2006	174	158	115	116	132	105	110	152

资料来源　美国劳工统计局，ftp：//ftp. bls. gov/pub/special. requests/ForeignLabor/ prodsuppt01. txt。

表 5.1 和表 5.2 依据的是美国劳工统计局的数据，这是最新的数据。但全球生产率差异的技能状况来自 Groningen 大学的 KLEMS 项目。该项目的数据证实了 Gilpin 对 1950 年至 1990 年这一时期的解读。在那几十年间，大多数欧洲国家经历了双倍于美国的生产率增长速度，这使得 EU-15（欧盟 15 个成员国）几乎弥合了每小时生产率的差距。但在 20 世纪 90 年代，这种格局发生了逆转，几乎所有的欧洲经济体以及日本，在生产力和制造业方面均输给了美国。美国每小时生产率的增长速度比 EU-15 快了 50%，尽管如此，欧盟新成员国仍有充足的追赶机会。

这种差异造成 EU-15 每小时生产率相对美国下降了 10 个百分点。当然，一些特定的欧洲国家，如荷兰，无论是生产力还是资本化水平都远高于美国，但也不排除美国个别州或地区能与荷兰水平相当，因为美国的平均水平反映的是整个大陆的经济，就像 EU-15 的数据一样。KLEMS 项目将美国与 EU-15 生产力增长率的差距很大程度上归因于多要素生产率，而不是资本或劳动力的额外投入。多要素生产率通常反映了更好的资本管理和劳动投入。在行业层面，KLEMS 项目将市场服务、信息和通信技术设备的生产认定为美国生产率快速增长的主要来源（与美国化富国一样）。所有这些因素都与英国衰退的类比相悖。

首先，美国制造商能够以英国工厂老板只能梦想的方式重塑其劳动力构成，并使得生产率和利润率随之增加。有可能的话它们就与工会合作，不行的时候则直接越过工会负责人。美国的冶金和机械制造企业改造自己的生产实践，更积极地回应客户，并大幅降低生产过程中的工作量。同样，微软开启了对高科技劳动力市场的重塑，给予一般职工优先认股权而不是制订福利计划来确保他们的忠诚度，并且强调团队精神。伴随着这样的整改，越来越多企业的生产呈现出高新技术特性。

其次，与 19 世纪英国的教育机构不同，当代美国教育机构仍能胜任高技能产业公司所需劳动力的培训工作；事实上，通过外国留学生，美国成为这种高新人才的净出口国。超过 1/4 的美国大学专门培训企业管理人员、工程师、科学工作者以及高度熟练的法律和医学人才。技术培训显然对经济的长期增长具有促进作用。曾经有报告显示，中国培养的工程师数量为美国的9 到 10 倍，这是基于这样的统计，即将包括了相当于社区学院毕业生在内的总人数，与美国纯粹四年制院校毕业的工程师总数相比较；重新对等后对比的数据显示，美国单位人口产生的工程师数量比中国高出 50% 以上，且达到了印度的 3 倍。

考虑到美国教育质量调整将会使这一差距拉得更大。麦肯锡全球协会通过对跨国公司的调查发现，这些企业将 81% 美国培养的工程师评价为训练有素的人才，而相对的，印度和中国的工程师则分别为 25% 和 10%。尽管欧洲具备一定的培养优秀技术人才的能力，而且也确实比美国培养了更多人才，但其中大约有 75 000 人在美国工作，这相当于欧盟一年培养出的理工科学生总量的 1/10。然而，值得一提的是，教育水平是一个变动指标。Carsten Holz 估计，到 2025 年中国工人受教育的平均年数将由 2005 年的 8.5年上升至约 10.8 年，并指出中国有一套有效的机制来遴选聪明孩子中的精英。

最后，金融化使美国公司能够保持对商品链的控制。Arrighi 的分析包含了这样一个矛盾：英国由于资本丰富且国内资金无处释放而退避到金融化，而美国因为资金短缺需要从海外融资而退避到金融化。Arrigh 对金融化的理解停留在金融是制造业真实世界的附带品现象这一马克思主义经典理论上。但是按照 Panitch 和 Gindin 的观点，金融化是国家实力和美国霸权的一个衡量指标，而且金融化使美国企业更具竞争力。

与 19 世纪的英国工业企业不同，许多当代美国工业企业同时也是金融机构。例如，GE（通用电气）既是一个机械产业的差别生产者，又是一个通过 GE 商务金融（到 2002 年为止是 GE 资本公司的一部分）和 GE 金融（GE 消费金融公司）来提供抵押、保险、飞机租赁及收款等服务和提供资产担保证券、首次公开募股（IPOs）及其他投资工具的金融公司。2006 年，GE 金融业务占 GE 公司年度收益的 35%，而其实业经营（雇佣了 4 倍于前者的员工）仅占 8%。考虑到 GE 资本公司参与了 GE 产品销售的融资，我们该如何阐释这一事实呢？

各种不同的资本主义学说中金融压制的倡导者们——诸如 Rudolph Hilferding（马克思主义者），认为增长的最佳水平出现在金融隶属于制造业时。他们将金融活动看作是寄生于实际经济活动中的附带品。对 Hilferding 来说，金融资本体现了"实业依赖银行"的状况，其中"产业资本不断累积的部分不属于使用它们的实业家，只能接受代表业主的银行的处置。"

相比之下，Veblen 将我们引向了对价值链不同部分的控制，抑或是马克思主义者所谓的资本流通这一议题。一些工业企业为了摆脱对银行的依赖而拓展金融业务，像通用和索尼这样的企业就呈现出金融和工业的融合。这些公司直接参与资本市场交易，将价值链上纯粹金融的部分内化。但这种融合并非所有企业的特征。

然而问题在于，金融化的本质对于不同的企业和不同的经济体来讲是各不相同的。这意味着两件事情：（1）我们要分析各种不同企业的特定表现来了解金融化是有助于还是伤害到了制造业；（2）衰落类比的提倡者们是否认为资本市场支持具有竞争力的美国企业的创造和扩张。

在下一节中，我将更深入地分析第一个议题，阐述美国公司如何能够在全球经济中扩展其全球业务，以及就 USDIA 而言，那些先进的行业都在最有利可图的行业之列。相比之下，在美投资的外国公司则明显缺席于先进行业，而且它们在美的业务往往盈利水平低下。

5.5 USDIA 的利润状况与 FDIUS 的利润状况

正如我曾在第 2 章指出的，我们观察到，USDIA 的净资产收益率要远远高于 FDIUS 的净资产收益率。USDIA 与 FDIUS 相比截然不同的盈利水平不符合与英国衰落的类比。来自 USDIA 的收入数据显示出了三个重要的方面，都与更广泛的经济理论和我们对于美国制造业并未穷途末路的观点是一致的。第一，USDIA 与 FDIUS 中最有利可图的行业不同，这表明从事海外直接投资的公司，竞争力存在一定的互补性。第二，最有利可图的 USDIA 集中在新的主导行业——动态服务行业和高科技行业——而不是在旧的传统行业。第三，美国的海外生产增长速度已高于整个世界经济，这表明即便美国企业无需从美国直接出口产品，它们掌控的世界总产出的份额仍在不断增加。

相比之下，金融行业的 USDIA 充其量也就达到了平均收益率。这不仅表明，金融化肯定并非所谓的美国去工业化的灵丹妙药，而且 Arrighi 将金融化视为去工业化的一个征兆是错误的。令人难以置信的是，美国的非金融类公司可能缺乏竞争力，却仍有如此之高的利润。因而，尽管美国制造业存在巨大的贸易赤字，但这可能代表了增长高于平均水平而造成的过度消耗，而并非这部分美国公司缺乏竞争力。事实上，正如我们已经看到的，现有数据显示，美国的生产率增长水平比日本和欧洲的总体水平还高。这有可能反映了，企业不仅要越早采用新的信息技术，而且要越早重构生产实践，才越能充分利用这些技术。这与英国衰落的类比是一致的。

表 5.3 和表 5.4 展示的是 BEA（经济分析局）对 USDIA 和 FDIUS 进行分类的主要行业的平均投资收益率。这使我们既可以比较 USDIA 与 FDIUS 的资产收益率，也可以区分行业在 1998—2006 年期间的 USDIA 与 1997—2005 年期间的 FDIUS 是否低于平均水平的部门。要注意的是，USDIA 与 FDIUS 之间收益的巨大差距。我们手头近十年来的参考数据中，USDIA 的平均资产收益率达到 9.5%，而 FDIUS 只有 4.3%。这个差距与 Raymond

Mataloni 汇报的 1988—1997 年期间的差距相比有点大。他汇报的 FDIUS 的资产收益率，以现行成本估算为 5.1%，以历史成本估算为 5.7%。然而我们估算的值与 Rebecca McCaughrin 估算的相比又有点小。她估算 2004 年之前的几年里 USDIA 和 FDIUS 之间资产收益率的差距为 6 个百分点。尽管存在分歧，这三组数据表明 USDIA 的收益大致是 FDIUS 的两倍。

同样重要的是，Mataloni 报告称，FDIUS 的资产收益率比他考察的相应的美资企业的资产收益率低 2 个百分点，但到 1997 年这个差距已经缩小至 1 个百分点。外国资产的收益率降低并非是美国少数几个行业的疲软所造成的统计假象。外国公司几乎在所有的行业投资，这些投资在 2/3 的投资领域中产生了低于平均水平的资产收益率。换句话说，外国公司不仅表现不如在海外经营的美国公司，连在美国本土运营的美国公司也赶不上。

这一发现提出了一个相当大的难题。正如 Daniel Gros 在他对 Hausmann 和 Sturzenegger 的暗物质理论的严厉批判中所述，外国人不会接受比购买其本国政府无风险收益的债券所能获得的更低的收益率。Gros 指出，无论是在美国投资的外国公司还是在欧洲投资的美国企业，系统的避税解释了资产收益率的差异。他认为，这两种行为都受到欧洲较低公司税的驱动；美国在 OECD 当中有着第二高的名义企业所得税税率。然而，用转让定价和避税来说明 1 或 2 个百分点的差距还说得过去，但要用来解释全部差距恐怕说不通。

首先，Gros 的说法是基于名义企业所得税税率，而不是实际税率。美国 24% 的实际税率高于 OECD 20% 这样一个平均水平。尽管如此，这些都低于美国主要竞争对手的税率，如德国和日本的税率。而且企业所得税收入占 GDP 的份额提供了模棱两可的证据，美国涉及 GDP 的企业所得税收入远低于欧洲大部分国家。这可能意味着，美国实际利率低从而产生了较低的收入；或者说因为实际利率低，所以企业更愿意在欧洲申报应纳税所得额，从而在欧洲产生了较高的总收入。更复杂的是，实际利率因新投资的资金来源不同而不同。美国税法非常有利于债务融资投资，其实际税率直到 1986 年税制大改革前都远低于欧洲，那之后也稍低于欧洲的实际税率。换句话说，美国的税法有利于美国在宏观层面的套利。

其次，尽管税制有所变化，除了 20 世纪 80 年代拉美债务危机最初几年大幅下跌过以外，美国企业利润的海外部分已从 1960 年稳定至今。作为 1986 年税制改革的结果，企业所得税相对税率发生了很大变化。1986 年之前，美国法定的企业所得税税率比 OECD 的平均水平略低。1991 年之后，该税率略高于 OECD 的平均水平但仍低于 G-7（西方七国）的平均水平。然而，美国公司申报的海外收入比例并没有改变。这表明，差距并非是由近来试图将利润转移到海外子公司以避税的行为造成的假象。

其他因素也显示，避税不能解释全部差距。Harry Grubert 比较了外国公司在美经营的合资（25%～50%）和全资子公司。他经过研究发现，这两种类型的企业间申报的收入水平没有差异。这表明，通过转让定价来避税并非是造成大部分差异的原因，因为合资公司的少数业主大概已经对将利润转移到母公司有所警觉。Grubert 的研究部分得到 Mataloni 的证实，前者着眼于公司避税的意愿，而后者着眼于公司通过转让定价以避税的能力。

Mataloni 注意到，当企业内部进口的份额占最终销售额的比例从不到 10% 上升到 70% 以上时，外国制造企业与其总部设在美国的竞争对手之间的平均资产收益率差距从 3 个百分点上升到了 4 个百分点。内部进口水平较高的企业应该有更多的机会利用转让定价来调整其应纳税所得额。然而，资产收益率的下降与企业内部销售额的增加是不相称的，小于 3 个百分点这一资产收益率的基准差距。Grubert 指出，大部分资产收益率差异可以通过企业的创立年份、债务负荷、折旧，以及外国和美国企业之间的股息支付进行解读。到 1993 年，股息和特许权使用费已占到美国制造业公司净收入的 53%。Grubert 认定这些原因造成了大约半数的盈利能力差异。这表明美国公司的竞争优势在于其拥有的知识产权，而这与有关跨国公司的标准经济理论是一致的。

Mataloni 还提供了第二条线索，有助于解释资产收益率差异。1992 年在美国市场上，拥有相关市场 30% 以上份额的外国公司的收益率接近美国的平均收益率。拥有 20% 市场份额的公司，其收益率比美国平均水平低 2 个百分点。这表明，盈利能力与企业通过买方垄断或卖方垄断来控制市场的能力有关。这一发现也符合与跨国公司有关的标准经济理论。

标准经济理论认为，只有当它们拥有一定的生产或技术优势，大到足以弥补在远程协调上增加的成本和在海外环境里相较于简单地从本国市场出口而增加的成本，企业才会建立海外子公司。在美国的外国公司资产收益率低于平均水平，这表明这些公司不具备任何压倒性的竞争优势，相反，它体现出了在美国投资的三个动机：第一，与 Gros 的看法相反，外国公司可能会接受低于平均值的收益，因为它们觉得除非能在美国市场运营，否则无法成为具有全球竞争力的企业。这个市场大约占全球 GDP 的 1/4（比 20 世纪 90 年代长期全球经济增长的份额还多），并且在许多细分市场中占据相当一部分比例的最终销售额。第二，外国公司可能会在美国投资以对冲汇率变化造成的出口无利可图的风险。第三，外国公司在美国的较低的资产收益率可能高于它们在自己国内市场经营的资产收益率。如果国内金融压制造成相对较低的资本成本，它们可能会接受在美国市场的较低收益率。然而这些企业在世界其他地区经营似乎更易盈利，那么为什么还会出现现在这种情形呢？

虽然 KLEMS 的研究表明资本生产率在欧洲比在美国低，但缺乏更广泛的资产收益率可比数据使得第三个动机的重要性难以评估。尽管如此前两个动机已经意味着，外国公司愿意付"费"以进入美国市场，相比美国公司，这个"费"就是它们在资产收益率上的劣势。对特定行业的盈利分析显示，这种特许权使用费的解释似乎说得通。特许权使用费的解释倾向于支持我们广泛争论的议题，即美国的制造业已转移到先进的行业，而不是像 19 世纪的英国制造业那样停滞在衰退的行业。

表 5.3 列出的是 USDIA（与潜在投资相关的）最赚钱的部门，主要是高科技或动态服务业公司。表中最后一列，高于 1.00 的值代表超过平均利润率，低于 1.00 的值代表低于平均利润率，而 1.00 代表平均利润率。

表5.3 　　　　　　　　　USDIA 资产平均回报率（1998—2006）

	所有 USDIA 份额 （%）	投资平均回报 （%）	相对表现 （ratio）
所有产业		9.52	1.00
采矿和采油	5.7	14.7	1.54
所有制造业	21.1	10.4	1.09
食品	1.4	12.6	1.32
化工	5.4	11.5	1.21
金属冶炼和深加工	1.0	8.0	0.84
机械	1.3	11.5	1.21
计算机和电子产品	3.2	10.9	1.14
电子设备、器械、和零部件	0.7	8.4	0.89
交通运输设备	2.3	6.7	0.71
批发贸易	6.9	15.4	1.62
信息业	3.1	6.8	0.71
存款机构	2.8	2.8	0.29
金融（不含存款）和保险	20.3	6.3	0.66
专业、科学和技术服务	2.4	9.9	1.04
股份公司（非银行）	29.8	10.9	1.14
其他产业	7.8	8.4	0.89

资料来源　美国经济分析局，http：//www. bea. gov。

　　相应的，表5.4提供了 FDIUS 投资收益率（1997—2005 年）的同等计算数据。请注意，这些投资收益率的估算相比 USDIA 的数据而言相当保守。因为分母是历史成本数据，它往往低估了近期投资较多的行业的公司盈利能力，同时拔高了近期投资较少的行业的公司盈利能力。这种偏差有利于老的汽车和冶金行业，而不利于新的高科技和批发行业。如果有对重置成本（即现行成本）的估算，它们可能会放大而不是缩小这些不同公司之间的差别。

表 5.4　　　　　　　　FDIUS 资产平均回报率（1997—2005）

	所有 FDIUS 份额 （%）	平均利润 （%）	相对表现 （ratio）
所有 FDIUS	100	4.23	1.00
所有制造业	33	5.74	1.36
食品	1	6.14	1.45
化工	9	6.22	1.47
金融冶炼和深加工	2	5.54	1.31
机械	3	2.14	0.51
计算机和电子产品	3	0.06	0.01
电子设备、器械、和零部件	1	2.15	0.51
交通运输设备	5	7.35	1.73
批发贸易	14	7.33	1.73
零售贸易	2	5.45	1.29
信息业	9	$ mi0.15	$ mi0.03
存款机械	8	4.48	1.06
金融（不含存款）和保险	13	1.44	0.34
不动产租赁	3	3.75	0.88
股份公司（非银行）	3	1.18	0.28
其他产业	17	2.47	0.58

资料来源　美国经济分析局，http：//www.bea.gov。

大略地看一下，按行业进行的比较（例如，USDIA 和 FDIUS 之间的交通运输设备业，主要是汽车行业）证实了我们对于盈利能力和竞争力的直觉判断。在交通运输设备业，在美国进行加工的外国汽车公司利润远远超过在海外生产的美国汽车公司，正如我们对比了美国丰田与欧洲通用后可能猜到的那样。同样，更详细的分类数据显示，在美国的日本运输设备制造商盈利高达欧洲制造商的一倍半。正是如此，尽管美国的海外计算机设备制造商与他们在 USDIA 领域的同行相比表现不佳，其盈利却大大超过进行 FDIUS

的电脑公司。

最后，批发和零售贸易业企业的收益也证实了我们尚不成熟的想法。在美国，来自 Wal-Mart 的竞争造成了美国商品流通行业生产力的巨大增长。麦肯锡全球研究所估计，在 1995 年至 2000 年美国经济范围内的生产力飞跃中，美国的批发和零售行业占到了一半以上。因此毫不奇怪，美国海外批发商的资产收益率远高于 USDIA 的平均值，能在美国市场站稳脚跟的国外经销商也拥有高于 FDIUS 的平均值的资产收益率。虽然这些外国经销商的资产收益率是它们美国同行的一半，但这已经反映出了欧洲公司的成熟性，如 Carrefour（家乐福）和 Ahold（阿霍德），它们已经能够在 Wal-Mart 开创的模式中加入自己的创新。

关键点在于，如果我们将对相关企业的零散认知放大到行业层面，那么资产收益率的一般模式与我们所预期的是一致的。税收套利可能会也可能不会影响申报收入的整体水平。但没有理由怀疑，特定行业或多或少都倾向于从事税收套利。如果考虑到避税，我们分别将 USDIA 的收入和 FDIUS 的收入各任意降低和增加 1 个百分点，这并不会改变那部分收入在不同部门的分配。这种收入分配符合这一观点，即美国企业已经能够在世界市场上扩大其对主导产业的控制，而并不是正在衰退。

从 BEA 和 UNCTAD（联合国贸发会）有关跨国公司国外子公司海外销售和增值的数据中，可以发现美国跨国公司扩大控制的更直接的证据。这表明，美国公司的海外销售额与在美进行 FDIUS 的公司的销售额，二者间的比率在稳步增长。1995 年，外国公司在美分支机构（即 FDIUS）每销售 100 美元，美国跨国公司的子公司（即 USDIA）就在海外销售了 32 美元。到 2005 年，外国公司在美分支机构每销售 100 美元，美国跨国公司的子公司就在海外销售 150 美元。美国跨国公司的子公司的海外销售额增值以类似的形式演变，从 1995 年的接近 590 亿美元，实际上升至 2004 年的 824 亿美元，而营业额几乎翻了一番，达到 3.2 万亿美元。服务行业的增长，特别是批发和零售贸易，甚至更快，服务业的增加值从总量的 25% 提高到了 40%。不仅服务业增长如此迅猛，美国的海外制造业增加值相对于在美的外国制造业生产亦有增加。注意，美元价值直到 2004 至 2005 年之后才出现相对其他货币的大幅下跌，因而这些增加并非是有利的汇率变动造成的假象。相反，尽管与美国相比被抑制的富国的市场相对停滞，但美国公司在海外的业绩依然可圈可点。总之，即使外国公司在美国的投资大大增加，美国公司扩大其海外销售的速度依然比外国公司要快。这种销售和增值的演变，与美国公司竞争力下降的论调不符。

现在，我们可以将本章第一部分提出的要点与本部分的内容联系到一起，这样就可以从两个方面来解释这种表现的差异。简而言之，与 19 世纪的英国企业不同，美国企业在生产、工艺和组织创新上高度活跃。因为民用飞机出口通常占到美国货物出口的 5%，并且飞机制造属于制造业而不是服务业，所以对 Boeing（波音）和 Airbus（空客）加以对比将对我们的探讨大有帮助。在 20 世纪 80 年代和 90 年代，Airbus 曾取代了 Boeing 的市场份额，因为 Airbus 较早转向新技术，如电子导航系统、创新的机翼和座舱设计，政府又慷慨地给予其补贴，并且它继采取以轮辐式模式运送乘客的航线之后又进军小型飞机市场。而 Airbus 成功的主要受害者是技术停滞和资本不足的 Douglas（道格拉斯）与 Lockheed（洛克希德），两者都从民用飞机市场消失了。20 世纪 90 年代末，在股市压力下迟疑不决了一段时间后，Boeing 以一整套全面创新的产品、工艺和组织应对 Airbus 的威胁。

Airbus 拘泥于其铝制机身肋板设计，即便采用复合纤维面板后也仍旧运用这种技术，而 Boeing 已经全面使用新的复合材料技术。在 B777 上使用复合材料（以及计算机辅助设计，CAD）后，Boeing 完成了在 B787 上使用整体复合机身的飞跃。这意味着，机身舱体完全由复合纤维造就，没有任何内部梁。制造更坚实、更轻、更省油的飞机成为了可能。这使得零件数量大大减少，从而大大降低了制造飞机所需的时间和劳动力。相比之下，尽管 Airbus 在 A380 上投下的巨大赌注为其赢得了 500 座以上大型机的市场垄断，但这同时也将其锁定在了陈旧的肋板技术上。

Boeing 还取得了成功的结构转型。Airbus 在被整合到跨国的欧洲航空防务与航天公司（EADS）前本质上是 4 个欧盟成员国的共同所有物，与此不同的是，Boeing 是一家上市公司，受制于股市即时盈利的压力。这限制了 Boeing 资助 R&D（研究和开发）并推出新飞机的能力。在 B787 计划中，Boeing 采用了一个在 B777 项目中成功运用 CAD 形成的新的组织形式。公司结合其使用 CAD 系统的生产过程，引入其分包商作为共担风险的合作伙伴。共担风险的合作伙伴们将自己的资本投入到 Boeing 的 R&D 和 B787 的推出上。这样做消除了 Boeing 的股市压力。此外，对 Boeing 遇到风险会减少自己利润的恐惧，还微妙地降低了分包商与 Airbus 分享技术的意愿。

Boeing 在生产过程采中用 CAD 和新材料并获得成功并非个案。美国公司更擅长将信息技术（IT）纳入其生产的所有领域。最有说服力的证据来自 Nick Bloom 与同事们对此的一系列详尽分析。在一系列论文中，他们对比了在欧洲和在美国采用新的基于 IT 的生产管理实践，以解释为什么令美国和欧洲生产率趋同的趋势在 1995 后年突然逆转。他们大范围地比较了在英国运营的跨国公司。这使得他们能够在保持劳动力市场和最终市场不变的前提下，在公平的基础上比较不同行业的跨国公司与英国公司。

如果生产率的变化只与疲软的美国工会或产生于美国市场的其他因素有关，那么美国公司不可能令海外生产率成倍增加，而在美国市场的外国企业将能够获得与美国公司相同的生产力水平和利润。相反，Bloom 和同事们发现，在英国的美国跨国公司的生产力水平，比在英国的非美国跨国公司和英国本土企业都更高。他们用统计的方法追溯到，这种更高的生产力水平来自于并又回报于美国公司的 IT 投资。事实上，当美国公司在英国收购其他公司时，IT 生产率上升，而非美国公司在英国收购其他公司时，同样的情况没有发生。最终，因为应用 IT 最多的部门是服务业，Bloom 和同事们驳斥了转让定价理论，将其认定为更高生产力水平的虚假来源，因为转让定价的机会仅存在于服务业领域。

如果要找一个与 19 世纪英国相似的例子，那么更可能在欧盟内发现而不是在美国找到。尽管欧盟比美国有更多的科学工作者，但在发明专利和引用输出方面却相当少。整个 20 世纪 90 年代长期，依照按购买力平价调整后占 GDP 的比重，EU-25 的 R&D 支出比美国的 R&D 支出低 1/5，而绝对值低 1/3。这当中大部分支出集中在美国化富国。20 世纪 90 年代中期以来，欧盟高科技生产增值的输出，也远远落后于美国和亚洲。欧盟的全球高科技增值的份额，从 1990 年的 28% 降至 2003 年的 18.4%。从美国政府对美国公司的知识产权相当有力的保护中可以窥到 IT 革命的影子。在专利权使用费和许可收入上，美国公司获得了比在美投资的外国企业更多的份额。1989 年，专利权使用费和许可收入仅占美国商品和服务出口的 2.1%，到 2005 年为 3.3%，比 2003 年的 3.6% 有所下降。

美国公司总的来讲在国内外都更有效率且更易盈利。与 Gilpin 所认为的美国跨国公司会令欧洲消弭与美国的差距一样，Arrighi 的有关制造业缺乏竞争力的说法看来并不靠谱。两者对服务业的看法都相当不准确，美国企业的生产率表现显然是大大优于欧洲企业的。从 1994 年到 2004 年，美国服务业的全要素生产率每年上升 1.3%，德国和意大利则每年下降 0.6%，而法国几乎没有上升。然而，这留给我们一个重要而明显的问题：如果美国公司都那么棒，那为什么会没有出口？或者更确切地说，为什么没有足够的出口来平衡账面？

5.6 美国在世界市场的出口

美国在世界市场上的出口面临三个基本障碍。第一，障碍首先源于差别增长，这影响了增长在全球市场的分配。简单地说，因为美国比其他以住房市场流动性不足和限制工资增长为特征的富裕经济体的发展速度更快，所以必然要消耗更多的商品和从那些经济体进口的商品。因而问题在于进口过剩而不是出口不足。第二，美国的出口构成使外国人倾向于购买美国原产的输出品（而不是美国公司的子公司生产的产品）。简而言之，美国生产政府要购买的东西，而非进口消费者要购买的东西，并且政府对本土生产的商品有强烈偏好。这也许能够解释著名的 H. S. Houthakker 和 Stephen Magee 的发现：美国占全球的 GDP 每增长 1% 则其进口要相应地增长 1.8%。第三，尽管美国生产率增长比许多富国竞争对手快，但其增长主要集中在可交易性有限的服务业。美国在服务业的生产率增长往往通过直接投资输出，正如我们在对 USDIA 的探讨中显示的那样。

简要回顾一下第 4 章的有关要点：1991 至 2005 年，美国无论是绝对速度还是相对速度都比被抑制的富国增长更快。日本和德国（都是被抑制的富国）共同构成 OECD（除美国外）GDP 的大约 30%，而所有被抑制的富国构成了 OECD（除美国外）GDP 的 57%。在 20 世纪 90 年代长期，德国和日本都经历了非常缓慢的 GDP 增长。在那些年里，德国 GDP 的增长只有21%，日本才 17%，而美国 GDP 却增长了 56%。出口——直接对美国和间接通过中国——占德国和日本经济增长的很大部分。被抑制的富国的缓慢增长没有被美国化富国相对较快的增长所抵消，后者仅占非美国 OECD 国家GDP 的 25%。发达国家的缓慢增长恰好影响美国的出口，因为美国出口的主要是面向成熟市场的高科技、精设计的商品。相比之下，大部分被抑制的富国，其 GDP 增长严重依赖于净出口；20 世纪 90 年代，自 1994 年以后，净出口约占德国经济增长的 3/8，占日本经济增长的 1/4。

另外，美国收入的两极分化对美国消费品生产商十分不利。20 世纪 90年代长期，收入不平等在美国愈演愈烈，绝大部分收入落到了 20% 的顶端收入人群手里，而在这些人当中主要是落在了最顶端的 5% 人手中。美国底层的那一半人口收入停滞，更愿意购买来自亚洲发展中国家尤其是中国的廉价、非耐用消费品。从 1991 年到 2006 年，尽管累积通胀率约为 50%，从亚洲发展中国家进口的商品价格几乎没有变化，这使得收入停滞尚可忍受，也使得美国公司无力竞争在岸劳动密集型产品的生产。美国收入分配状况有利的一面是，高品质、高信誉耐用消费品不断增加，最主要的就是进口豪车。2005 年，德国出口到美国的汽车价值约为 25 亿美元；日本出口到美国的汽车价值约为 50 亿美元。这些车大部分是 BMW（宝马）、Lexuses（雷克萨斯）和 Mercedes（奔驰）。收入分配中历来有实力的中间段则在此时期内萎缩。收入分配的变化是连接房地产市场繁荣和贸易赤字的铰链，因为家族资产收益主要集中在收入分配的顶端（参见第 7 章）。

美国出口商品的结构也阻碍了出口的增长。美国的出口主要集中在买方是政府或受政府强烈影响的行业：飞机、医药、半导体、民用工程设备、电信交换系统、农产品和多种多样的服务行业，如大型建设项目管理和复杂计算机系统的系统集成。这些公共行业的资本货物约占美国商品出口的 1/3。但它们的销售是高度政治化的。如果各国选择将合约交给本土生产者而不通过进口，或者干预私营部门的采购决策，这一点儿都不奇怪。例如，中国政府必须核准所有的飞机进口；公共卫生系统购买大部分美国出口的药品；欧盟农业政策是农业微观状态的基石。

Jeffrey Immelt（GE 的首席执行官）——GE 50% 以上的收入从海外销售中获得，他在 2007 年年底接受采访时把情况说得很清楚：

在中国，政府就是顾客……当我去中国，我就是去了个能源行业、交通运输、卫生和公共服务都集于一身的地方。领导坐在那里，说："你知道吗，Jeffrey？你的火车订单——你明白的——你必须得更有竞争力。你在北方的涡轮机安装进行得很顺利。"他走过来，像对 GE 的采购经理那样拍拍我。

将这种情况与美国主要进口的消费品相对比，政府公开或隐秘地进行干预的可能性不是不存在，但肯定相当低。在 20 世纪 90 年代长期，美国施压以使农业和公共部门承包的贸易自由化，然而各州促进本土产业或增加当地就业的欲望阻碍了美国的出口。尽管如此，美国并不缺乏具备实力和竞争力的出口商。2007 年美元贬值造成了出口和进口增速的急剧逆转，尽管美元对欧元的汇率仅在 12 月发生大幅变动，但在美元下跌之前，2006 年美国出口涵盖其净外债的比例已经比 2000 年要大很多。而且 2008 年，美国出口以 10% 的年增长率增长，几乎解释了美国全部的经济增长。

最后，一个标准的 Ricardian 模型显示，美国的出口增长应该来自于与其他国家相比具有相对较高生产力水平的行业，因为这能增加它们的相对优势。然而，美国 20 世纪 90 年代长期的服务行业生产率增长并不均衡。1995 至 2005 年，美国每年全部非农劳动生产率增长约为 2.5%，倘若服务部门的生产力明显落后于制造业的生产力，增长绝不可能达到这样的比例。服务业占总生产率增长的 75%，这当中多要素生产率增长（组织变革，而不是额外的资本或劳动投入）占最大份额。然而，很多服务业难以直接出口，拥有必要隐性知识的企业要向海外投资以增加知识的收益，于是离岸生产取代了直接出口。

不断扩大的美国贸易赤字可能被当做美国制造业竞争力大幅下降的证据，这与 1880 年困扰英国制造业的问题相类似。美国制造业的竞争力下降表明，无论是直接将金融活动纳入到一个专门的公司，还是增加对全球资金流动的中介行为，美国金融化增强都只是对竞争力下降的次佳反应。因此，尽管美国套利可能有利于美国国内经济，但也可能同时损害到了美国企业的外部境况。

与上述观点相反，在本章中我已经阐明了，差别增长有利于美国，且在宏观经济层面和微观层面都是一致的。在 20 世纪 90 年代长期，住房金融体系的差异转化为全球通货膨胀和美国的全球金融套利，为美国国内经济在 GDP 和就业上带来高于平均水平的收益。同样，廉价的资本令美国公司在国内和海外扩大生产，增加了自身与一般富国竞争对手之间的生产率差距。美国企业绝非以金融活动作为逃避制造业衰退的方式，富于竞争力的美国制造商和服务供应商控制了价值链的财务环节，成功地将 IT 业的进步吸收进它们的生产流程中，并转化成不断增长的海外生产份额与市场份额。

外国直接投资所得收入的详细数据显示，美国对外经济受益于经济上的资金流动，廉价的资本进入美国经济，并从美国以 FDI 的形式出口资本以获取更高的收益率。这点与过去的布雷顿森林体系相似。进而，被高估的美元使美国跨国公司更容易挺进欧洲市场。现在，套利令成本变得更低，美国制造业及新的服务业企业的多元化缓解了海外扩张。这一分析让我们能够驳倒 Arrighi 和 Gilpin 的当今美国与 19 世纪英国衰落相似的观点。美国企业不仅未清算海外资产（放弃海外增长的份额），也未在国内新的产业上投资，而是在出售其未来生产的所有权，同时扩大美国企业对全球市场的控制权。鉴于 2005 年后美元贬值，所有这些都预示着美国企业和位于美国的外国公司将增加生产。

美国在 20 世纪 90 年代长期的差别增长并不是海市蜃楼。美国套利以国内和离岸的生产收益反哺美国经济，或者更确切地说，反哺美国企业和拥有这些企业75%股份的前10%的利益相关者。由此，美国套利为美国的一部分公众带来了利益，却令大部分纳税人背负了更多的国家债务。美国套利也带来其他好处，就是向外国人提供保票——美国未来生产的所有权，但这种保票在美元汇率下跌时很可能不堪一击。那么，为什么那些在美国套利中以失败告终者会默许这种套利呢？是什么令他们改变自己的政策来支持美国的差别增长呢？在第6章中，我将解释为什么外国人的内部套利使他们不愿中途退出。总之，下一章将讨论其他政治力量如何支持美国的差别增长。

6

美国套利的外部政治基础

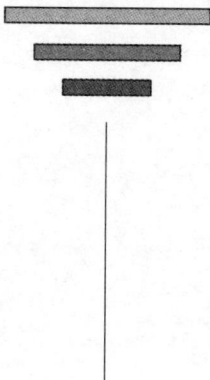

中国经济是不稳定、不平衡、不协调和不可持续的。

——温家宝总理，2007 年 3 月

我们呼吁社会伙伴表现出高度的责任感……很明显，如果人们对目前的失业水平感到不满，那么工资调整仍很重要……如果你对目前的成本竞争力水平存有疑虑，那么显然工资调整是绝对必要的。

——Jean-Claude Trichet，2008 年 4 月 12 日

我们的罗盘上只有一个指针，这个指针就是物价稳定，这就是我们对物价稳定的定义。

——Jean-Claude Trichet，2008 年 8 月 7 日

6.1　美元代表集体利益？

　　为什么外国投资者能容忍甚至纵容美国在全球的套利和差别增长，为什么他们有可能继续这样做？在第4章中我阐明了，美国和美国化富国的住房金融体系将全球通货膨胀和资本流动中转化为更大的本地总需求和总差别增长。作为全球资本流动的主要吸纳者，美国在宏观经济层面从这一进程中不成比例地获益。从2000年至2006年，美国吸收的净全球资本流从未少于过60%；即使在2007年，美国也吸收了近50%的净资本流。我在第5章中阐释了，这些好处惠及美国的跨国公司，从而使其在全球总量上已占相当份额的生产和增值比它们的富国竞争对手增长得更快。

　　对于通过被动购买美国国债助长了这一进程的外国投资者来说，他们仅获得了非常低的利率，结果，美元的贸易加权值在2002年中旬到2008年中旬下跌了近1/3，造成了可观的资本损失。然而，在整个2008年中期，外国投资者增持了近700亿美元的美元计价证券。为什么外国投资者能默许美元贬值的巨大风险呢？本章回到第2章和第3章所涉及（图1.1左下角的框图）的领域，重新考虑决定外国在美投资数量和质量的政治原因。

　　因此本章既有回顾性又有前瞻性。为了表明这一点，图6.1的左下角框图和以后章节中的重点分析图都经过重新编排，以展示自2005年以来，促进美国经济差别增长的积极反馈循环如何转变成了消极反馈循环。在这种情况下，图6.1提出了美元是否从首席货币变成了协商货币的议题。回顾以往，我们想弄清，2007—2008年金融危机爆发前的政治结构如何导致了美元计价资产越积越多。展望未来，我们想知道，危机可能会如何影响到投资者已持有的和新投入的美国资产。

　　简单来讲，对美国持续金融套利至关重要的外国政府，现在默许并将继续容忍这种套利，因为它们不愿意改变自己国家支持这种套利的政治结构。政治精英们利用现存的政治结构，通过默许美国的金融套利中饱私囊，而将潜在损失社会化，按他们自身的利益回收美元。因此，尽管美国经济增长从

下降的美国财政赤字
廉价的亚洲进口商品 ——→ 低利率

全球通货膨胀 ——→ 住房
金融
体系 ——→ 美国差别增长
（高于 OECD 平均
水平的美国增长）——→ 美国全球经济实力可以
理解为：
• 美国 MNCs 的扩张
• 美元的储备货币地位

美元由主要储备
货币变为协商储
备货币？

贸易盈余循环

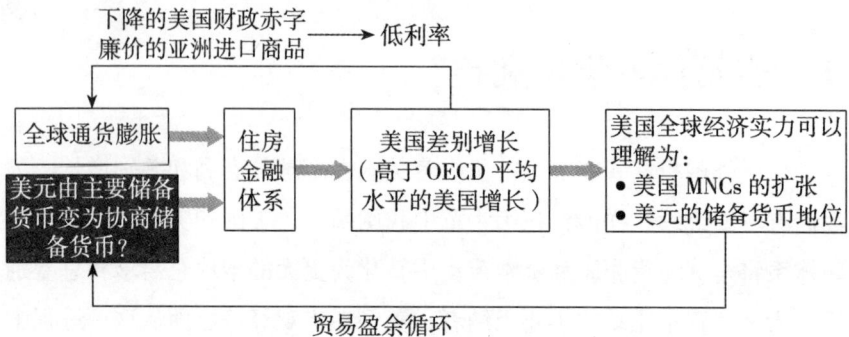

图 6.1 美元由主要储备货币变为协商储备货币

2007 年开始已经放缓，外国精英仍支持美元作为协商货币。回想一下，谈判并不意味着会有一个明确的政治交易。与狭隘的经济因素相比，美元的吸引力相对更多源自政治因素。而且，尽管 2007 年和 2008 年年初的美元汇率下跌造成了资本损失，针对美元的决策具有政治性的这一事实，使得依然会有足够多的国家将共同支持美元。因而这种默许与 Lloyd Gruber 描述的有关贸易协定的勉强默许很相似。在本章中，我就此闭合了在第 1 章中展开的循环机制，将前面两章对差别增长的论证与美国贸易赤字循环再进入美国金融套利的论证连接起来。本章有两个任务。第一，指出为什么个别国家不想抛售其持有的美元而让其他国家承担风险与负担（因为美国融资和全球总需求融资是集体利益）。第二，阐述投资者们即便面对 2008 年的金融危机，仍然无视经济原理而形成默许状态的政治理由。

可以这样理解，这些问题相当于金融界的增长与贸易脱钩争论，其核心问题是欧洲——小范围讲则仅是亚洲，能否在美国经济未持续增长的情况下成长。在亚洲（日本除外），投资在 1996 年至 2004 年间的跌幅为 GDP 的 9%，而在拉丁美洲，投资跌幅为 GDP 的 3%，显然在这些区域美元回收和出口增长是国内经济增长的替代品。这些国家选择支持美国的需求，而不是在本国内投资。德国在 2007 年，经常账户盈余达到 GDP 的 7.6%，出口增长速度是当年 GDP 增长速度的三倍，而且在整个 21 世纪初，除了出口，GDP 增长普遍都是负增长。这表明，经济不能仅依靠自身成长。由于美国经济停滞，中国经济放缓，德国到了 2008 年第二季度 GDP 呈现出负增长的态势。同样说明问题的是，全球股市在 2008 年秋季跟随美国股市一同下跌。

对美元回收的政治支持也触及到问题的核心。20 世纪 90 年代长期，在"房地产机器"撞到次贷违约的"南墙"上之前，持续运作拉动了美国的差别积累。这台机器能在何种程度上掉头运行，对美国全球经济实力的持久性而言至关重要。房地产繁荣的结束意味着美国经济增长将放缓。然而证明美国实力的关键在于，美国经济增长相对亚洲和欧洲放缓了多少，而不是它绝对放缓了多少。简单来讲，如果欧洲和亚洲不能与美国脱钩（即，不依赖于向美国出口而靠自身成长），那么把继续默许美国的全球套利作为次佳的选择是有道理的。

回顾自 2007 年以来的经济局势，Morgan Stanley 估计，如果美国经济增长降低 1%，那么一年后将在亚洲经济体（日本除外）中转化为 1% ~ 7.2% 的经济增长下跌。亚洲和欧洲如果不能与美国脱钩，那么美国经济增长放缓将受到削弱，但不会完全消除美国在 20 世纪 90 年代长期的相对收益。如果亚洲和欧洲可以脱身出来，那么美国在 20 世纪 90 年代长期的差别收益终将消失，因为这些地区的许多国家的经济增长潜力远胜过仍在房地产市场过热的危机余波中步履蹒跚的美国。即使到 2009 年，与美国脱钩似乎都不大可能。在本章的第一部分，我认为作为一个实际问题，财务上脱钩是困难的甚至不可能的。而更重要的论据是，脱钩会带来令参与者难以承受的政治代价，这就是为什么我们几乎没看到过这种行为发生的原因。

在探索政治动机之前，请注意到，在 2006 年持有美国银行贷款净外债 20% 的外国跨国公司（即 FDIUS），无法承受退出世界最大的单一市场的压力。虽然美元有所贬值，这使得美国和欧洲之间的名义 GDP 之比向欧洲略微倾斜，但基于购买力平价理论，欧洲市场从根本上仍然与美国和北美市场不同，美国仍然是更大的那个市场。丰田、本田和日产全球利润的一半来自美国市场。从某种意义上来讲，由于要进口零部件或产品，在美国的外国跨国公司的成本不是以美元计价的，所以美元贬值将促使它们加紧采购美国产的元器件——这样将减少美国贸易赤字，并加强其在北美的投资——增加外国跨国公司对美元的需求。美元贬值促使一些重要的欧洲公司宣布在美新增或扩大生产。例如,在 2008 年,Volkswagen 宣布计划在田纳西州斥资 10 亿美元兴建一个新的工厂,在专为北美设计的中型轿车生产平台上生产车辆,并将主要使用北美产的零部件。

鉴于 FDIUS 的非流动性,证券投资者会脱逃吗?这当中的主要参与者大多是外国中央银行,完全是政治实体。尤其是日本和中国的中央银行,二者持有最多的美国证券(大约各为 12% 和 10%)和美国国债(26% 和 18%)。事实上,从 2006 年中期到 2007 年中期,没有新的净私人投资流入美国。

我们先将退路视作一个实际问题,然后转而研究套利的具体制度,由此开始审视支持美国套利进而支持美元回收的政治基础。我们还将通过探讨一桩未果的期望,也就是外国有价证券市场持续扩张之势未能出现,来揭示美国套利的历史。金融压制既抑制了被抑制的富国的实质增长,也抑制了金融市场的增长。在第一部分中我提出,这种压制造成了,并将继续使得非美元计价证券的供应难以扩大。如果没有危机,只会出现证券池的增量扩张。在第二部分中,我考察了特定国家的精英们的动机,阐明了非美元计价证券供应扩大或价格上涨的主要障碍,本质上都是政治性的。障碍来自精英们对自己国民的套利。这些精英们从限制工资增长和金融压制中受益,而这又造成他们所在的经济体在 20 世纪 90 年代长期要依赖出口方能取得增长。精英们会增加自己的成本来避免大众的资金损失吗?我认为美国的三个主要债权人——被抑制的富国、日本和中国,都涉及围绕美元和其国内政治结构的集体行为问题。第 8 章对 SWFs 的讨论将涉及石油输出国的封闭经济体。从 2006 年起,石油工业开始做大,当时每桶原油价格从 60 美元蹿升到 150 美元。但是,在 20 世纪 90 年代和 21 世纪初,欧洲和亚洲仍占美元回收的大头。事实上,即使在 2006 年至 2007 年,亚洲的美元回收也达到了全部石油输出国总和的三倍。2008 年以后油价下跌,石油输出国就变得相对不那么重要了。美国化富国,正如我们在第 4 章中证实的,与美国有着互惠互利的经济关系,已经有些接近美国的金融化水平。

6.2 没有退路？

简而言之，持续的金融压制，既刺激了20世纪90年代长期的出口导向，又在美国繁荣不再时限制了替代投资工具的供应。这使得并将继续令大规模资金逃离美元和以美元计价的资产变得困难。在本节中我将着眼于探讨，当美国经济增长开始放缓时，退出渠道的缺失，而且我也将阐述在20世纪90年代长期美国经济方兴未艾时退出渠道受到的限制。在此，我要分析造成这种局面的长期的体制与政治基础。考虑到美国股票和有价债券从价值上约占投资工具全球供应量的2/5，在美国的外国投资者几乎没有退出的渠道。这里使用的数据主要来自2006年，是写作本书时所能获取的最佳数据。2008年全球股市同时崩溃仅改变了数据中的绝对数额，而不是相对比例。图6.2描绘的是2006年年底全球股票市值中51万亿美元的相关区域股。图6.3描绘的是，截至2006年年底，公共和私人债务证券的69万亿美元相关区域股。自2007年起，外国投资者持有超过8万亿美元的美国证券，占流通证券全球总量的大约7%，这表明任何大规模资金的脱逃都会导致巨额损失。事实上，两组数据已反映出2002年以后美元相对价值滑落的部分；在2001年年底最后一个美元汇率的高峰期，美国股市占全球股市总额的50%，而美国的债务证券占全球债券证券总额的45%。除非美元彻底崩溃，从中期来看，这些数字意味着美元计价证券在全球证券市场的份额已达到了最低值。它们也反映了过去十年间外国投资者对美国证券的积累。

尽管从数学的角度来讲，目前替代投资工具的供应量太小，确实难以承担来自美国证券的投资转移，但这不代表其将来也不能承担。这当中既有供应要素也有价格要素的影响。资产市场本身具有弹性，因为价格会伴随需求上涨。然而，鉴于目前流动性资产的供应有限，如果持有人从以美元计价的资产中转出，非美元资产的价格会迅速上升，给政治上带来危害。又或者，被抑制的富国可能会形成更多的资产，使投资者可以多样化地抛售美国资产

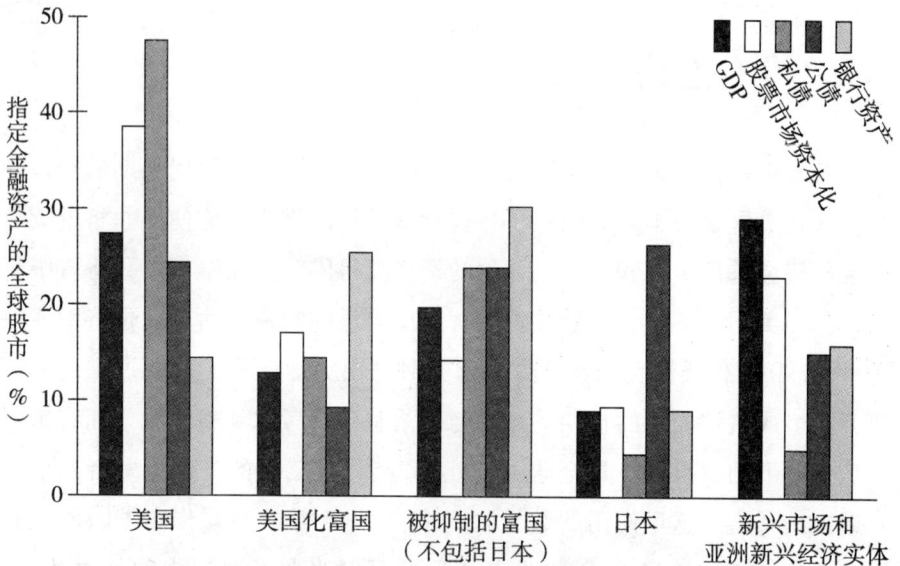

图 6.2　按区域划分的全球股市资本化份额（2006 年）

注：新兴市场和亚洲新兴经济实体＝中国香港、韩国、新加坡和中国台湾地区加上以色列和中低收入发展中国家。

资料来源　国际货币基金组织：《全球金融稳定报告》，2007 年 9 月，世界交易所联合会网站，http：//www. world-exchanges. org/statistics；Statistics Australia，http：//www. abs. gov. au/；Reserve Bank of New Zealand website，http：//www. rbnz. govt. nz/statistics/。

而不至造成现有资产价格过分增加。而事实上，它们在全球股市和私人债务市场的微薄份额（参见图 6.2 和图 6.3）也表明仍有足够的扩展空间。但这真能实现吗？为了支持接下来有关政治障碍的论点，我们需要以解析在美投资的方式来解析全球证券市场。

　　表 6.1 通过把公共及私人的债务证券和银行贷款合计到一起，从而使我们对主要经济体金融资产总额的大小进行了比较，并将这一总额与 GDP 比较。鉴于 Giovanni Arrighi 这样的分析家们对美国经济的金融化已有诸多研究（见第 5 章），乍一看，这种比较似乎揭示出了惊人的发现。出人意料的是，美国是金融化程度最低的发达国家之一，至少在金融资产总额占 GDP 的比例方面是这样的。美国化富国则是金融化程度最高的，主要因为英国在

新兴市场和
亚洲新兴经济实体
9.1%

澳大利亚、加拿大和新西兰
2.7%

英国、丹麦、
瑞典、荷兰
9.2%

日本
13.1%

美国
40.2%

被抑制的富国
（不包括日本）
25.7%

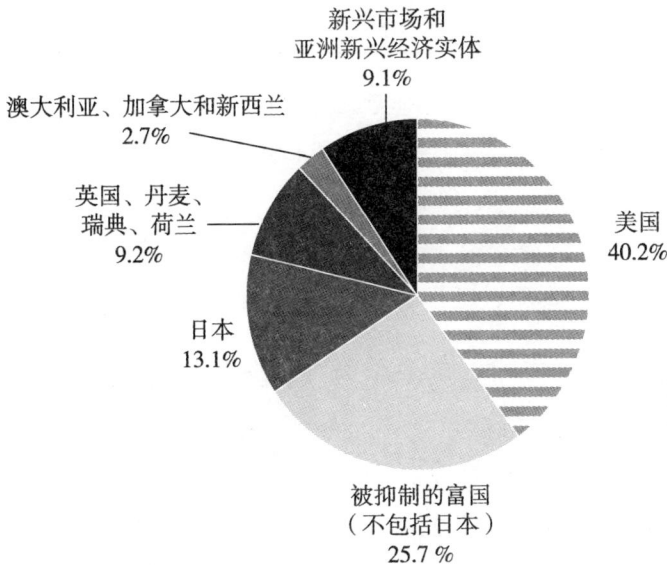

图6.3　按区域划分的全球公、私债券市场份额（2006年）

注：新兴市场和亚洲新兴经济实体＝中国香港、韩国、新加坡和中国台湾地区加上以色列和中低收入发展中国家。

资料来源　国际货币基金组织：《全球金融稳定报告》，2007年9月，世界交易所联合会网站，http：//www.world-exchanges.org/statistics；Statistics Australia，http：//www.abs.gov.au/；Reserve Bank of New Zealand website，http：//www.rbnz.govt.nz/statistics/。

其中占了很大比重。而被抑制的富国也比美国金融化程度更高一些。尽管如此，所有的发达国家都接近Fernand Braudel所定的标准，他曾说，资本存量占GDP的比例为1/4是发达经济体的典型特征。然而，当我们就流动资产而言考虑金融化程度时，差异出现了。在欧元区，更确切地说，在被抑制的富国，流动性不足的银行贷款构成金融资产的一大半。相比之下，在美国化富国和美国，流动资产构成了金融资产的绝大多数，其中股票的分量最重。此外，被抑制的富国的流动性金融资产大多侧重于公共债务，使流动性债务证券的新问题变得更加复杂。

表 6.1　　　　　　选定国家金融总资产与 GDP 之比（2006 年）

	GDP （10 亿美元）	资产 （10 亿美元）	资产与 GDP 之比
美国	13 194.7	56 509.4	4.28
美国化富国	6 244.4	35 335.2	5.66
被抑制的富国	9 493.2	45 138.5	4.75
日本	4 366.2	19 930.5	4.56
新兴市场和亚洲新兴经济实体	14 078.5	29 020.1	2.06
备忘：全球总数	48 204.4	190 422	3.95

资料来源　国际货币基金组织：《全球金融稳定报告》，2007 年 9 月，世界交易所联合会网站，http：//www.world-exchanges.org/statistics；Statistics Australia, http：//www.abs.gov.au/；Reserve Bank of New Zealand website, http：//www.rbnz.govt.nz/statistics/。

图 6.4 按类别和地区给出了一个金融资产分配的分类图。图中显示，美国金融市场由不成比例的股票和私人债券组成，这就是为什么美国占全球股票市场，特别是私人债务市场的份额超过美国占全球 GDP 份额的原因。美国的公共债务比重低，银行资产（即贷款）更是如此。这反映了多年来银行贷款，特别是抵押贷款的证券化的程度。美国化富国同样也是股票过多而公共债务过少，这反映了几十年来澳大利亚和新西兰以及近年来英国的审慎理财原则。此外，英国和荷兰银行的集中，使得美国化富国的银行资产比率偏高，但也反映出其证券化程度低于美国。相比之下，被抑制的富国则呈现出相反的格局，金融资产以银行资产和公共债务为主，两者的比重都高于它们在全球 GDP 中所占的份额。日本的公共债务更是突出，反映出其经济泡沫破灭后近二十年的财政赤字情况。美国的紧急财政援助有可能改变这种

状况。

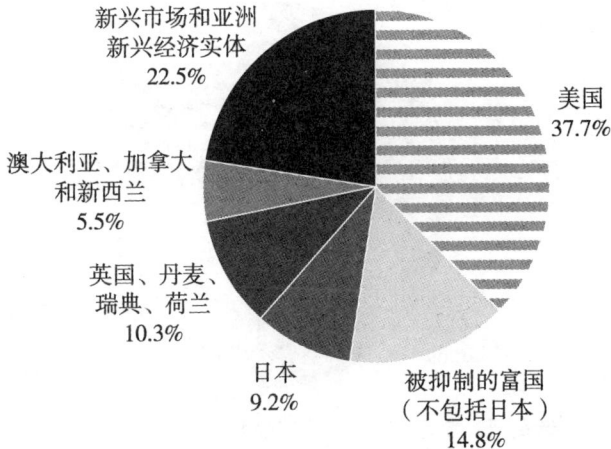

图 6.4　选定国家的金融资产，占全球总金融资产的百分比（2006 年）

注：新兴市场和亚洲新兴经济实体＝中国香港、韩国、新加坡和中国台湾加上以色列和中低收入发展中国家。

资料来源　国际货币基金组织：《全球金融稳定报告》，2007 年 9 月，世界交易所联合会网站，http：//www. world-exchanges. org/statistics；Statistics Australia，http：//www. abs. gov. au/；Reserve Bank of New Zealand website，http：//www. rbnz. govt. nz/statistics/。

图 6.5 进一步显示，就 43 万亿美元的全球公共债务市场而言，日本和被抑制的富国所占的比例过大。而美国的全球公共债务证券份额稍小于其占全球 GDP 的份额，日本以及除英国、丹麦、瑞典和荷兰之外的欧元区，均有着绝对超过美国的公共债务份额。美国的公共债务理论上包含部分涉及美国公共养老金的或有负债（因为联邦社会安全退休金方案，信托基金持有大约 2 万亿美元的美国公共债务证券），而大多数欧元区的公共债务并非如此。在被抑制的富国，把计入公共养老金的或有负债包含在内，将大大增加它们在越来越大的全球公共债务总额中所占的份额。

最后，在被抑制的富国，尤其是欧洲被抑制的富国，全球银行贷款权重较大。图 6.6 展示了 2006 年 12 月全球银行资产的区域份额，包含国内贷款。这也包括了世界其他地区，因为其他国家也有着显著的份额。在图 6.6

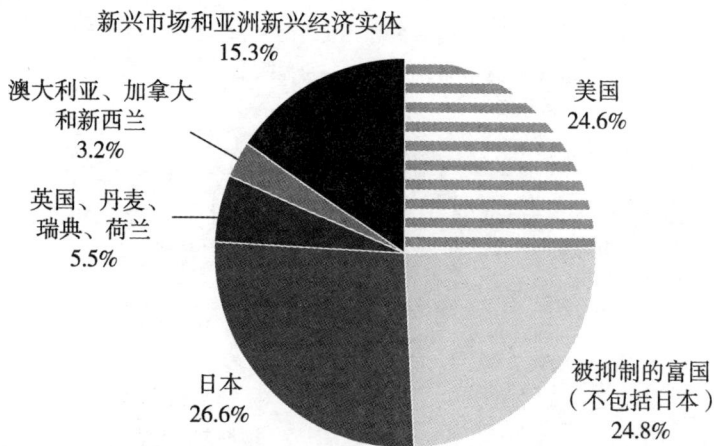

图6.5 选定国家按地区划分的全球公共债券市场份额（2006 年）

注：新兴市场和亚洲新兴经济实体=中国香港、韩国、新加坡和中国台湾加上以色列和中低收入发展中国家。

资料来源 国际货币基金组织：《全球金融稳定报告》，2007 年 9 月，世界交易所联合会网站，http：//www. world-exchanges. org/statistics；Statistics Australia, http：//www. abs. gov. au/；Reserve Bank of New Zealand website，http：//www. rbnz. govt. nz/statistics/。

中美国的市场份额相对较小是显而易见的，同样显见的是不包括日本在内的被抑制的富国的市场份额较大。虽然美国 GDP 占全球 GDP 的 27.4%，但是银行资产只占全球银行贷款的 14.4%；被抑制的富国 GDP 占全球 GDP 的 28.8%，而银行贷款却占 39.4%。总之，被抑制的富国的公共债务和银行贷款都相当低，而私人债务相当高，股市更是如此。

全球证券市场的结构反映了，长期的金融压制使得以美元计价证券的大股东们难以转向替代投资工具。被抑制的富国，尤其是日本，致力于其公共债务的减少而不是扩大，无力接纳逃离美元的资金。这些国家的政府面临着前所未有的人口变化，这种变化将在未来 20 年为其增添大规模的财政负担，使其负担大大超过美国。值得怀疑的是，它们是否现在就会通过扩大赤字开支来增加那些负担。此外，SGP（欧盟稳定与增长公约）也禁止任何公共债务的扩张。SGP 理论上保护银行和北欧各

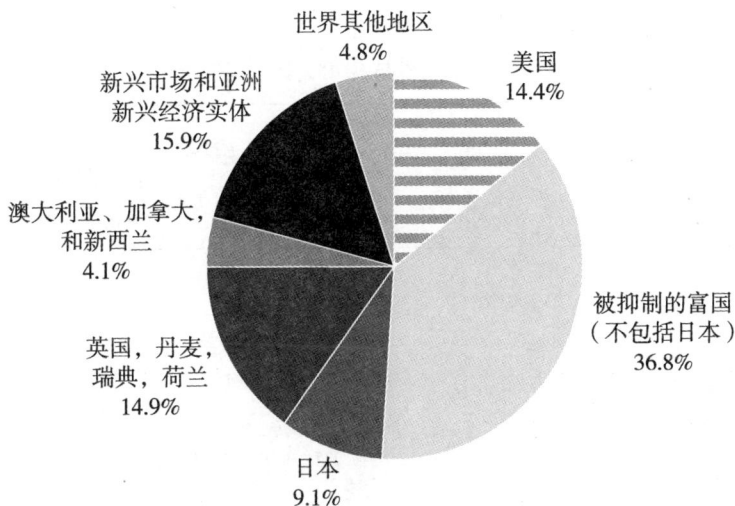

图6.6 按地区划分的全球银行资产池份额（2006 年）

注：新兴市场和亚洲新兴经济实体＝中国香港、韩国、新加坡和中国台湾加上以色列和中低收入发展中国家。

资料来源 国际货币基金组织：《全球金融稳定报告》，2007 年 9 月，世界交易所联合会网站 http：www. world－exchanges. org/statistics；Statistics Australia，http：//www. abs. gov. au/；Reserve Bank of New Zealand website，http：//www. rbnz. govt. nz/statistics/。

国政府免受轻率鲁莽的地中海各国政府的拖累，然而现实中的第一次违规却是来自寒冷国家的过热支出。尽管如此，SGP 使得任何财政赤字也就是公共债务的迅速扩张变得困难。欧盟内部公共债务快速而不均匀地扩张可能会危及欧元的稳定，推动投资者掉头回到持有以美元计价的证券的局面。

扩大股票和私人债务的供应会如何呢？表6.2 中关于股票和债务市场规模的数据显示，在流动性比例这个意义上，美国的金融化程度远远超过了其他国家，其适销对路的金融资产占 GDP 的比例高于任何其他国家或国家集团（荷兰除外）。这反映了一个事实，美国金融工程将美国的收入转换为流动资产的量比任何其他大国的这种转化都更大。除了抵押贷款，证券化债务池还包括了商业应收款、信用卡应收款、购车贷款和教育贷款。

表6.2   选定国家流动证券与 GDP 之比（2006 年）

	GDP （10 亿美元）	股票市场 资本化 （10 亿美元）	总债务 （10 亿美元）	股票上限 与总债务 （10 亿美元）	证券与 GDP 之比
美国	13 195	19 569	26 736	46 305	351
美国化富国（总的）	6 244	8 689	8 595	17 284	277
英国	2 395	3 794	3 298	7 092	296
荷兰	667	725	1 700	2 425	364
被抑制的富国（总的）	9 493	7 221	16 424	23 645	249
法国	2 252	2 313	3 495	5 808	258
德国	2 899	1 638	4 851	6 489	224
日本	4 366	4 796	8 719	13 515	310
新兴市场和亚洲新兴经济实体	14 079	11 692	6 056	17 749	126
备忘：全球总数	48 204	50 827	68 734	119 561	248

资料来源 国际货币基金组织：《全球金融稳定报告》，2007 年 9 月，世界交易所联合会网站，http：//www. world-exchanges. org/statistics；Statistics Australia，http：//www. abs. gov. au/；Reserve Bank of New Zealand website，http：//www. rbnz. govt. nz/statistics/。

表6.2 还揭示了被抑制的富国资产池中银行贷款的显著特性。表6.2 与表6.1 不同，在后者中被抑制的富国似乎比美国金融化程度更高，而在前者中，被抑制的富国金融化程度突然下降，远低于美国，更不必说英国和荷兰。美国在全球私人债务及股票市场中大到不成比例的份额，反映了先前银行流动贷款通过抵押贷款和其他应收款的证券化转移到了流动债券上。被抑制的富国拥有大量银行贷款和公共债务。但银行资产不能出售，除非将它们证券化，而在可预见的未来，除了以最显而易见的形式将其证券化以外，2008 年的金融危机将阻碍所有资产证券化。然而，即使在金融形势良好时，

被抑制的富国的银行贷款证券化或股市扩张也都将造成政治和经济上的困难，就像我们接下来将要讨论到的那样。

另一方面，新兴市场中所有形式的金融资产比重都很低，特别是私人债务。这里也是一样，大规模转换为地方公债将造成政治和经济上的困难。大多数新兴市场是否具备能给大多数投资者渐渐注入信心的法人治理结构呢？先抛开这种顾虑，这些问题虽然真实存在，但与从美元资产向本地货币资产转换的直接后果相比就相形见绌了，本地货币升值会使出口价格上涨而被迫退出美国市场，并可能引发严重的通货紧缩。

总结到目前为止的问题，几十年的金融压制限制了想要抛售美国证券的难民们退出的渠道。交易对象的证券供应量和组合使得退出十分困难。欧洲被抑制的富国拥有流动性不足的银行贷款，而缺乏短期股票和私人债务。日本，除了作为市场实在太小以外，同样是富于银行贷款和低产公共债务的。虽然美国化富国确实有大量股票和私人债务的供应，但它们（如日本）很少以至于不足以吸纳大量逃离美元计价证券的资本。打破这一平衡的唯一方法是，一次性改变欧元区、日本和主要新兴市场的证券市场供应量与构成。这将降低脱离以美元计价证券的成本。但政治成本，而不是经济成本，会抑制这种结果的出现。不同市场的证券组成，反映了双方的政治选择和国内套利的模式，最终都将协助维持更大的美国全球套利。尽管如此，为了分析原因，让我们暂时抛开国内政治动机的问题。如果我们这样做，美国证券的外国持有者显然面临着一个基于典型囚徒困境的集体行为问题。我们会看到投资者竞相退出，以避免资本损失。理性地讲，每个国家都应该寻求摆脱持股，然而退出却会造成它们设法避免的损失。为什么我们没有看到大规模的退出呢？接下来，我们考虑投资者的集体行为问题。

6.3 投资者的集体行为问题

回顾 Dooley，Folkerts-Landau，Garber（DFG）的布雷顿森林体系 Ⅱ 理论，为了获得由此产生的增长收益，发展中国家将继续收购以美元计价的证券。尽管任何特定的外围国家都有动机叛离并出售其美元储备，以避免美元贬值造成的损失。但依照布雷顿森林体系Ⅱ理论，外围国家持有美元是为了使出口带动经济增长。维持对美元的汇率符合公共利益，只不过它是外围国家的集体利益，即外围国家通过积累美元储备维持经济增长。这表明，持有美元获得的收益总体上抵消了外围国家的损失。有一些证据支持这样一种看法，即外围国家共同持有美元。在20世纪90年代，美元成为首席货币，主要由分散的私人参与者持有。但是，2004年以后，以美元计价的资产变得更加集中到国家手中，以及集中到如中央银行和SWFs这样的政治参与者的手中；美元成为了协商货币。

Barry Eichengreen 认为，美元的持有者面临着一个典型的集体行为问题——是否要打破布雷顿森林体系Ⅱ理论。外围国家的美元储备已经将数十亿美元的资本损失强加给其央行们，如果美元汇价进一步下跌，这些银行将面临着数十亿美元的潜在资本损失。为什么没有国家逃避提供这种公共福利呢？

实际上，遵循布雷顿森林体系Ⅱ理论不是一个典型的集体行为问题，因为在集体行为中，每个个体在维护集体利益上都有平等的股权。在相反的情况下，持股不均产生了 Russell Hardin 所谓的特权（或 K）组的核心小组，它们从公共利益中获利极大以至于不在乎小参与者搭顺风车。截至2007年中期，以美元计价的投资组合分配揭示出了这种特权组的存在，因为是当下控股量而非前面章节中使用的平均值，定义了相关的参与者。截至2007年中期，四个参与者控制了大部分美国海外投资组合债务：日本（12.2%）、中国（官方统计值是10.3%，但实际上肯定更多），特定的欧洲经济体和石油输出国（也一样，官方数据为3.2%，但肯定被低估了，并将迅速上升）。任何个体经济坚持美元回收的理由在此需要一个地方性说明，而不是一个总体说明，更不是只考虑特权K组成员的说明。总之，说明需要基于对私人利益的考虑，这种私人利益隐藏在维护美元作为储备货币和持有美元作为储备的公共利益背后。这里谈到的私人利益，不仅等同于维护美元持有者经济增长的公共利益，也等同于精英们保持赋予它们特权的政治结构完好的欲望。与美元脱钩将迫使那些当地的政治结构瓦解。

外国精英们获益于私人利益——国内套利体系，这种体系嵌套在美国全球
金融套利的大结构中。美元崩溃以及放弃对全球金融市场的开放，上述体系通
过把这二者产生的潜在损失社会化令精英们获利，而精英们将那些进入全球金
融和商品市场后获得的收益私有化。现有的套利系统都需要一定程度的金融压
制，而这反过来又限制了可用证券的数量。因此，想要建立合理的退出渠道需
要政治精英们废除大部分自己的现有权力和套利系统。脱离还是吸收美元，做
出决定所依赖的政治基础与经济基础是对等的。政治上的顾虑限制了非美元计
价证券的形成，继而，限制了退出渠道。现在让我们考虑重要的参与者们。

6.4　退出的政治壁垒　欧洲被抑制的富国

大宗控股和社会保障　早些时候我们发现，在被抑制的富国经济体中，
可用资产大部分由银行贷款构成。我们从美国经济中了解到，银行贷款可以
证券化。然而考虑到欧洲法律的不统一，集中来自各国的收入很成问题，因
此，显然不是技术壁垒阻止了证券化。那么是何种政治与经济的壁垒阻碍了
证券化或是股票供应量的扩大呢？是什么阻碍了将欧元用作储备货币以及以
此作为与美国脱钩的一个步骤呢？欧洲大陆生产系统有赖于两个相互支撑的
支柱：社团中介（见第4章）和金融压制。这些支柱帮助欧洲大陆企业产
生出口竞争力，同时抑制了流动证券池的扩大或将欧元用作真正的国际储备
货币。简而言之，改变金融体系会削弱政治势力强大的行业的出口竞争力，
这些行业的特征是差异化的品质生产。

考虑一下资本主义多样性学说对欧洲资本主义的分析。多样性学说认
为，欧洲大陆的CMEs（协调的市场经济）需要金融压制来让它们的经济运
作。与盈利性生产相关的五个关键协调问题是：公司治理或企业的持续资本
化、技能形成、与供应商和买家的关系、工资谈判、与员工的关系。金融压
制是对机构解决方案的重要补充。CMEs的战略参与者要解决这些问题，一
般是通过协商而不是分级，或者按LME（自由市场经济）的类型，通过市
场来解决。多样性学说认为，这些问题的制度性解决方案不能有一个算一

个，而是需要形成一个有机的整体来有效运作。从长远来看，制度一致性使得企业更具竞争力，但破坏一项功能即会削弱所有功能的运作。

我们最关注的体制功能，是用金融压制来解决公司治理的问题以及运行中企业资本化的相关问题。关系型银行业务揭示了 CMEs 的特征，这种业务是指，由单一或少数银行作出的资助企业长期投资的承诺。关系型银行业务通过匹配期限和降低银行信贷风险来运作。企业需要长期资金来资助成熟期长的投资项目，以及在经济衰退期保留住其熟练劳动力。由于资金来自银行而不是资本市场，企业可以免受短期市场的盈利压力，特别是在经济衰退期。对于银行来说，它们关心的只是从破产中挽救贷款。而持续关注能比破产接收提供更好的贷款保护。银行通过在董事会设置银行代理，以此来监控企业的表现和长远发展。银行通过确保企业的信用，来监控这些企业以防止信用担保带来的不可避免的道德风险，但这可以降低信贷风险。与此同时，企业以长期持有贷款来减少随市值调整的会计风险。

Peter Hall 从经验而不是理论出发谈到德国时指出："广泛的交叉持股使企业免遭恶意收购，令德国企业获得特权投资收益，而强大的雇主协会提升了企业之间的密切联系以促进合作研究和发展。"他还指出："德国企业虽然比英国企业在更大程度上依赖于银行主导型融资，但在德国和瑞典，恶意收购的频度比英国更低。"在这种情况下，由国家制定的与此类似的长期资本规则，直到 20 世纪 90 年代一直是法国的特征。那之后，国家通常利用控股权以及与连锁企业所有权类似的制度，来保护企业免遭恶意收购，尤其是避免这样的外国投资者的收购，它们被动持有四十个最大的构成 CAC40 指数的企业的股票份额。相对于资本公开运作的企业，连锁大型企业和中小型家族企业则是意大利的特色。

相比之下，开放资本市场是多样性学说中的 LMEs 的特征。这些资本市场通过 IPOs（首次公开募股）资助新企业，并通过允许希望取得管理控制权的参与者在公开市场购买股票来控制老企业。在利润方面表现不佳的公司股价下跌，使得这些公司会被任何有足够资金买下大宗控股份额的参与者收购。因此，与 CMEs 的银行不同，资本市场的参与者不断受到压力，必须产生高于平均水平的收益，并将它们的股份保持在一个足以阻止收购的水平上。机构投资者（管理大部分的股权，其表现总是受到监控，因为法规要求它们逐日结算）愿意为它们投资的企业高于平均水平的表现支付约20%的股价溢价，以突出表现优与劣的企业间股票价格的差距。同时，银行可以按账面价值发放贷款，只需要债务人按期支付利息即可。

这个经典的公司治理封闭体制，在20世纪90年代逐渐衰落。然而，即使在我们这一时期末，大多数CMEs在争夺企业的控制权上还是不如LMEs有市场。表6.3显示，德国只有最大的那些企业拥有相对较小的大宗控股份额，然而这些还是比英国或美国企业相应的大宗控股份额要大。这与Martin Hopner和Lothar Krempel近来的研究一致，这表明，在本世纪初，德国企业之间的紧密联系已经松动，但并没有消失。社会民主党政府通过公司治理改革法案，削弱了对大股东的保护，消除了银行在20世纪90年代末销售其持有的工业股票获得的资本收益，松动即发生在这之后。

表6.3　　　　美国和主要欧洲经济体大宗控股份额（1999年）

国家	上市公司数量	最大表决权大宗中值	最大表决权大宗均值	大宗控股达到20%的中型企业比例
澳大利亚	50	52	54.1	100
比利时	121	50.6	42.1	80
Bel20	20	45.1	38.3	n/a
德国	374	52.1	49.1	90
Dax30	30	11	17.3	n/a
西班牙	193	34.2	40.1	n/a
法国				
CAC40	40	20	29.4	100
意大利	216	54.5	48	100
荷兰	137	43.5	42.3	90
英国	250	9.9	14.4	40
美国				
NYSE	1 309	>5% 披露门槛	3.6	n/a
NASDAQ	2 831	>5% 披露门槛	3.4	10

资料来源　第2~4列：Maria Maher and Thonas Andersson：《公司治理：对公司业绩和经济增长的影响》巴黎，OECD，1999，15页；第5列：Mark Roe：《公司治理的政治因素》，纽约，牛津大学出版社，2003，19页。

表 6.3 主要列出的是比较大的企业。规模较小的企业的大宗控股份额与此相似或者更大。Mark Roe 从欧洲国家和美国选取了资本化总额略高于 500 万美元的前二十家上市企业作为样本，以确定大宗控股份额至少达到 20% 的企业的比例。与美国化富国的平均值 69% 相比，在一般的被抑制的富国经济体中，83% 的样本企业都有如此比例的大宗控股份额。这是一个显著的差别，考虑到大多数美国化富国都是相对较小的经济体，中等规模的公司在其当地范围内即是大企业。在同等条件下，我们原本预计当地最大的企业拥有最多的上市股份。

按照 Roe 的说法，大宗控股使企业远离了资本市场的压力。如果多样性学说的观点是正确的，那么，让私营企业上市，或向自由资金开放大宗股权，或将银行贷款证券化来增加私人有价证券的数量，这些会使欧洲大陆企业暴露于市场压力之中，而且还会损害它们的生产模式。这些资本市场的压力，会削弱它们培养与保留企业特有的具有某些技能的劳动力的能力。出口企业和相关工会将抵制任何此类发展。

银行导向型融资还通过不同的渠道导致了有价证券和股票的缺乏。锁定了固定利率长期贷款的银行特别容易受到通货膨胀的冲击。这使得它们倾向于支持谨慎的货币政策，并将此作为对债务人积极监督的补充，以减少信贷风险。此外，David Soskice 认为，CMEs 需要一个规范的中央银行，以防止相对集中的劳资谈判引发通货膨胀。ECB（欧洲央行）及其历史上的前身——德意志联邦银行，都表现出这种强烈的反通胀倾向。事实上，2008 年金融危机展开时，ECB 确实提高了利率。增加有价证券的供给呈现出对这种反通货膨胀偏见的双重威胁。

首先，有价证券数量的增加，使非银行企业可以通过创造基于这些证券的衍生工具来创造信誉。有价证券使货币供应量扩大和未经 ECB 批准的资金加速有了可能。相反，德意志联邦银行和 ECB 都十分愿意把限制工资作为获得更高利润的途径。

其次，在危机情况下，投资者抛售美元计价证券，转投欧元计价证券，这意味着投资者会哄抬这些证券的价格，ECB 领域的实际利率将下降。通过财富效应，更高的证券价格将引来更多的消费。ECB 最有可能的反应会是重复施行德意志联邦银行严厉的统一加息政策。这将使欧元甚至比美元更贵，从而打击处于 CME 复杂体制核心的出口产业。因而，欧洲央行的反通胀倾向不利于创造太多的新资产。

类似的动态限制了欧元的使用。要成为国际储备货币，这种货币必须流通。这意味着，欧元区作为一个整体很可能出现贸易赤字。然而，如果限制社团工资仍然是欧元区政治的支柱之一，那么贸易赤字意味着失业。2004 年至 2007 年欧元区经济复苏失败，绝对要归咎于中国出口由经济放缓的美国转向了欧洲，造成其货币对人民币大幅上涨。2002 年，当美元对欧元开始下跌时，中国和欧元区贸易大体持平。到 2007 年，人民币对欧元下跌了大约 40%，中国与欧洲的贸易盈余为 160 亿欧元，即 2 300 亿美元，比其与美国的顺差稍大。虽然 2006 至 2008 年欧盟增加的 1 700 亿美元的当前账户赤字，与美国减少的 1 250 亿美元当前账户赤字大致相当，但欧盟甚至连美国正常运行时的 400 亿美元赤字都不大可能容忍，更遑论 2006 年 8 000 亿美元的峰值赤字了。

套利　我们为什么会认为来自银行贷款的融资与大宗控股的组合是套利系统呢？Mark Roe 认为，更大的经济环境决定了大宗控股是具有积极的还是消极的影响。如果我们假设某一公司的管理是机会主义的——通常是由美国经验验证了的假设——那么大股东可以以小股东无法做到的方式来检查管理者的机会主义行为和寻租行为。在寡头垄断市场中，这种检查可以防止效率低下、假公济私的行为。但在当今竞争日益激烈的全球市场，大宗控股没有提供更特殊的优势。正相反，按照讨论过的 LME 案例的线索来看，是市场约束了管理者。我们对美国跨国公司先进的 IT 管理（见第 5 章）的探讨显示，竞争的资本市场和产品市场可以共同加强管理以减少松懈。相比之下，正如 19 世纪英国的经验显示，大股东，尤其是以家族为单位的大股东，不太可能采取严格的管理实践。

为什么我最终将这些做法定性为政治性的呢？多样性学说认为，即使在竞争激烈的市场，大宗控股也允许囤积熟练劳动力。但这种说法也意味着局内人—局外人劳动力市场理论的产生（因为熟练劳动力不存在流通而且入门级的职位也不存在），以及对是否进入新市场的迟疑（因为银行不能转移涉及创业活动的信贷风险，而管理部门由管理者而不是企业家组成）。大宗控股因其对就业、收入和所有权分配的影响而具有政治影响。

欧洲被抑制的富国从三个方面体验到这些影响。

第一，在追求宏观经济平衡过程中，限制工资保持了低水平的需求，并减慢了经济增长（见第4章）。无情的工资限制确保了欧洲被抑制的富国工资占GDP的份额，比美国和美国化富国的总体水平都低。1991年至2005年，德国、奥地利和意大利，劳动报酬占GDP的份额都下降了约4.4%，而在美国、英国、澳大利亚，仅降低了1.5%。OECD平均降低了2.6%。虽然金融压制为局内人提供了稳定的就业和社会保险，但是没给局外人增加就业的机会。例如，虽然低于美国水平，但德国制造企业拥有一贯良好的生产率增长水平（见表5.2）。然而，总需求没有增长，德国的生产率增长不能创造就业机会。尽管金融压制可以确保公司的盈利能力和银行的安全性，但份额不断上升的经营盈余总额，似乎没有转化为国内投资或是就业的增长。欧洲被抑制的富国的GFCF相对GDP实际是在下降，尤其是在德国。限制工资实际上抑制了欧洲经济的增长，增加了对外部需求的依赖——特别是来自高收入的美国人的需求，并鼓励被抑制的富国的银行去投资美国证券。

对住房金融市场的分析结果印证了这一点。被抑制的富国对大额首付和快速摊销按揭贷款的要求，诱使那些希望购买住房者提高了个人储蓄水平。接着，银行将这些资金输送给当地企业。但考虑到银行要规避风险，因而创业公司几乎得不到这些资金。此外，尽管欧洲银行在其国内市场安全稳定，但它们的利润相对较低。在20世纪90年代和21世纪初，欧洲银行从姗姗来迟的各种繁荣中得到了更大的回报。与我们基于地理位置或出口市场所做的期望相反，欧洲银行，而不是日本亦或是美国银行，最大程度地暴露在了1997年的亚洲金融危机当中，而后它们又令人惊讶地再次暴露在次贷危机之中。

第二，传统观点和多样性学说对旧欧洲模式的家族银行和家族企业大加赞赏，尤其是对中小型企业。在美国，NASDAQ股票交易所和充满活力的风险投资基础设施，已允许并推动了IPOs，这使得业主有可能兑现其收益的一部分，同时还可聘请到专业管理者；与此不同，贷款留存和家族共有的组合则意味着，管理者常常来自家族内部。欧洲大陆肤浅的股市使得家族成员很难像在美国那样兑现其收益。有趣的是，Porsche 的经验可能会说服我们，家族所有权和管理模式并不一定不利于长期业绩。毕竟，在欧盟裁定 Volkswagen 失衡的投票结构违法后，Porsche 这个小卒吃掉了Volkswagen 这头大象。但更系统的数据表明，家族式管理很大程度上造成了欧洲企业和美国企业之间的业绩差距，部分原因可能在于家族企业占欧洲企业的 30% 而只占美国企业的 10%。非专业管理的家族企业通常管理实践效率低下。

第三，在欧洲被抑制的富国，社团谈判的核心曾经是将限制工资交换成投资，后来变成将现发工资换成广义社会工资的递延工资、对提前退休的补偿承诺（如果有必要的话）和高额的公共养老金。但证券化了的银行贷款，将造成大量长期债务，其唯一显而易见的着陆点就是私人养老金公司。被抑制的欧洲富国的银行，通过接受这些远期资产在借款公司的董事会换得一席之地，来施行期限错配。相比之下，养老基金当然有兴趣把长期负债与拥有长期成熟资产并可以投资那些负债的客户搭配到一起。

相比之下，美国化富国的私人养老基金（通常是互惠基金或单位信托基金）构成了一些证券化资产和股票的最大持有者。事实上，美国的一些私人养老基金与一些欧洲国家的公共养老基金规模一样大。2007 年，控制了 3 780 亿美元资产的美国 5 个最大的私人养老基金——General Motors（通用汽车）、IBM、General Electric（通用电气）、Boeing 和 ATT（美国电话电报公司），都在世界前 30 个最大的离散养老基金之列。它们中的任何一个都比新加坡中央公积金还要大，美国排名前 300 位的养老基金加在一起是德国所有基金总和的两倍那么大。到 2006 年年底，美国排名前 300 位的养老基金掌控了 10.4 万亿美元资金，占全球养老金市场的 40%，占全球流动性证券的9%，美国、荷兰、英国和加拿大的养老基金占这些资产的61%，其中仅美国就占43%。相比之下，欧洲被抑制的富国的养老基金占这些资产总额的7%，其中德国占了1.5%。

在欧洲被抑制的富国不是没有养老金，恰恰相反，它们大多是公募的，大都量入而出而未被资本化。这种养老金产权的不同结构对我们的论证很重要。如果银行通过贷款证券化扩大欧洲债券市场，那么这笔债务自然要选中养老基金。然而，正如20世纪70年代瑞典ATP基金的残酷厮杀所表明的，企业不愿创造并面对控制巨额企业债务和股票的大型国营机构。另一方面，在英国，国营的国家收入相关养老金计划（SERPS）变为私人计划后，那些私人经营疏于监管的养老基金滥用了它们客户的资金，工会理应对这类情况感到担心。最终，欧洲被抑制的富国的广大公众不可能容忍对其公共退休金权利的直接侵犯。尽管近来对公共养老金持续的担忧引起了储蓄回潮，但由于第一级和第二级退休金历来靠税收资助和公募，因而很少有人为退休存钱。与失败的美国社会保障养老退休金私有化提案相比，欧洲的过渡性双重支付问题会更严重。而2008年金融危机后，欧洲公众不可能同意养老金进一步私有化。

政府对维持一个有效运行的生产模式的偏好，以及大众对维护公共养老金权益的关注，给欧洲被抑制的富国银行贷款证券化造成了巨大障碍。为应对涌入的逃离美元计价证券的资金，证券化是欧洲被抑制的富国扩大证券供应的唯一途径。然而，消除金融压制会破坏诱导企业形成特殊技能劳动力的管理策略。它会使管理屈服于来自资本市场和产品市场的压力，使得公司内的管理者和工人之间更难分享租金。因此，欧洲被抑制的富国的参与者不可能推动证券化。如果它们这样做，将会打破赋予在位企业及其雇员特权的局内人—局外人壁垒；降低雇主组织和工会通过集体谈判来确定工资的能力，从而削弱它们的政治权力；当公司面对增长的竞争压力寻求降低成本时，必将给市场更加自由化增加压力。同时，就业增长停滞的成本将通过国家福利开支转嫁到国库和公众身上。

6.5　日本

　　大宗控股和社会保障　如果欧洲被抑制的富国无法在不破坏其经济竞争力的来源以及不扰乱政治精英立场的前提下，形成自己的证券或放弃美元计价证券，那么日本又会是什么情形呢？欧洲被抑制的富国和中国均缺乏信心抵制对美元的回收，日本则兼有上述两种原因。随着中国经济增长而日本人口老龄化的加剧，日本也面临着越来越危险的国家安全环境。曾有一大堆激昂的著作声称，日本作为一个超级经济大国，其货币已经取代美元。日元在1991年登上作为储备货币的巅峰，而日元对美元的汇率在1995年达到顶峰。然而在金融危机后，当时的日本同美国目前的状况很相似，随着其巨大的股市和财产财富池在几十年的停滞中逐渐干涸，日本的金融实力衰退了。

　　与欧洲被抑制的富国相同，也许更甚，日本的经济成功取决于由政治精英们掌控的金融压制体系和对制造业的青睐。与欧洲被抑制的富国限制工资一样，日本社会保障制度压缩了国内需求，使得日本经济增长依赖于外部需求。但是，从政治上讲，以增加实际收入为名义对社会保障制度发起直接攻击，在过去和将来都是不可能的，因为执政的自由民主党（LDP）是接受低效产业资助，并由享受一系列直接和间接补贴的选民们选出来的。因此，日本政府做了毫无疑问是次佳的选择，积累以美元计价的证券，来保障日元的汇率能维持足够的出口，以使经济不至陷入衰退。

　　与许多后发展起来的国家一样，日本政府结合有针对性的金融和贸易保护，试图促进和扩大其横向比较下几乎没有明显优势的新型产业。政府用税法促使私人储蓄流进邮政储蓄系统，然后引导这些资金通过各种财政投资贷款计划（FILPs）流向受青睐的产业和项目。财政部直接控制这些非预算的工具，其现金流量达到官方预算的一半。银行贷款遵循公共和私人的信号——行政指导，确定哪些部门的扩张受到了官方的正式许可。因为最重要的银行位于工业企业松散的附属网络（企业集团）的中心，所以选择金融方向至关重要。直到20世纪80年代，工业企业的多数融资来自银行贷款，而不是资本市场。在欧洲被抑制的富国，银行可以参与董事会会议监督企业的行为，将企业集团高管每月的例会作为信息渠道，依靠密集的企业交叉持股网络来纠正管理上的错误。但竞争迫使每个企业集团进入任何新兴的行业，且令它们倾向于创造过剩产能，于是银行资金被困在了低收益的企业中。

这个产业政策是成功的，但这种盲目的观察有可能高估了它们自己的情况。然而毫无疑问，一些分析家所谓的跟风资本主义正是日本经济和政治的特点。日本的跟风资本主义，结合了许多与欧洲被抑制的富国的协调市场经济相同的元素，但在特定领域的国家或私人调控上侧重点却不同。欧洲CMEs运用公共福利对企业特殊技能进行风险投资，确保了工人的遵从。尽管在20世纪90年代曾立法引入更多的元素，但日本CME主要还是运用私有的职业福利（kaisha-shugi）。工资稳步上升的终身就业模式，保证了私营行业工人依靠技能获得稳定的回报。此外，企业还提供住房、医疗保健、退休后的就业以及核心男性员工的娱乐活动。在这些行业中，有针对性的融资和员工的忠诚度造就了世界一流的企业，其生产力水平远远高于仅次于自己的竞争对手。

但在其他行业，保护政策以及企业集团的交叉补贴，政府补贴和腐败结合成的复杂网络，带给企业远逊于世界一流的生产力水平。虽然日本有一套正式的公共福利政策，但公共社会政策实际上更多通过贸易保护来运作，即庇护低效的日本小企业和农场。如果我们按工业将美国的生产力水平指数定在100，那么1987年，日本造船业的生产力水平为135、汽车制造业为95.1（但丰田和本田各为125）、橡胶制品行业为109。相比之下，日本食品加工业的生产力水平是32、服装业是46、家具业是21。在不断增加的进口产品中，美国人自然地只看到了最好的日本制造商，然而落后的日本产业将制造业整体平均水平拖到只有美国水平的66%。保护造成农业和服务业的生产力水平也低于世界基准。

世界标准的企业与远远低于这个水平的企业的尴尬组合，为日本灾难性的20世纪90年代埋下了祸根。领先行业有针对性的融资和巨大的生产力增长导致产出剧增，而与此同时，农业、服务业和一些本地制造商的高生产成本耗尽了消费者的购买力。由于国内需求不足，过多的产出通过出口流向海外，主要是美国。由于出口成功累积了庞大的美元储备，日本面临着与今天的中国相似的困境——让这些出口收入流入当地经济会导致日元升值而损害出口企业的政治实力；通过购买以美元计价的证券回收这些盈余可以保持日元被低估的状态，但一旦日元对美元升值，将出现资本损失的巨大风险。

套利 走出这种两难困境的方法之一，是逐步开放落后行业，不仅使它们更接近世界的标准，而且同时也释放了国内购买力。美国放开服务业，通过使贸易企业与非贸易行业竞争，在欧洲和澳大利亚引发了类似的自由化。1986年的前川报告曾建议日本进行类似的改革。虽然在20世纪90年代电信和交通运输明显放松了管制，但前川报告和类似的报告最后均胎死腹中。相反，日本出口商选择通过FDI逃离日本，而不是在国内为争取高成本非贸易生产者的改革而奋斗。在20世纪80年代末和90年代期间，出口导向型的日本企业在北美和东南亚创造了新的产能。与此同时，落后的企业觉得，如果自己的投资失败将会获得救援，于是也在国内展开多种经营，并过度投资。例如关键的半导体产业创造的新的国内产能，超出了20世纪90年代初预计需求的30%~50%。

1986年以后日元突然升值，这也是日本20世纪90年代后经济停滞的另一原因。由于进口价格下跌，消费者突然发现手头十分宽裕，而企业在出口中获利犹如潮涌。这两个因素导致土地和股票快速升值。日本股市曾短暂经历过市盈率超过70%的情形，东京皇宫的地皮的理论估值超过了加利福尼亚州所有的土地价值之和。但两者的泡沫都未长久，因为它们阻止了能够抑制需求的潜在结构性因素的任何变化。事实上，它们也加剧了这两个行业的企业的过度投资。当日本央行通过提高利率应对双重泡沫时，日本经济增长放缓到了第4章中提到的不易察觉的水平。

如同20世纪30年代的美国大萧条一样，日本就此陷入了债务通缩陷阱。企业以膨胀的土地价值作为抵押借入了太多钱，创造了太多产能；银行相信土地价格不会下跌，借出了太多钱。结果双方都错了。地价和物价下跌将公司和银行困在不良贷款中。而作为抵押品的土地，其现在的价值低于其在20世纪90年代市场水平的30%~40%，但银行无法切断"僵尸"企业的贷款，因为这可能会导致全部贷款丧失而迫使银行本身破产。在产能过剩的情况下企业不再投资，而工人选择不花钱。这可以理解，他们对经济缺乏保障和国家财政潜在危机的感知都徒然增长。大型制造企业将就业转移到离岸，并雇佣更多的临时工人（不享受职业福利待遇），这样一来更进一步压抑了本地需求，使得缺乏安全感的公众消费得更少。

在这种情况下，仅剩下两种来源的增长：政府出资的建设，其中自民党获得大量回扣作为额外的政治利益，以及出口。出口依赖于被低估的日元，这又意味日本银行和财政部需要对外汇市场进行系统干预。因此，像R. Taggart Murphy指出的："日本政府在美国银行系统不断积聚美元（日本持有）来确保自己的生存"，因为"事实上，日本当权者根本不会把经济控制放权给它们不信任的市场，这样无疑于在政治上选择自杀。"

像20世纪90年代的德国一样，改革改变了日本跟风资本主义背后法人治理结构的某些部分。到2003年银行将持有的公司股票减少到大约6%，与外国投资者调换了位置，后者增持至20%以上。外国人获许接手日本公司，其中包括日本长期信贷银行、日兴证券以及日产汽车等主要企业。但是，这一切与日本积累的毫无回报的美国国债和机构证券相比不算什么。1989年，日本持有150亿美元的美国长期国债和机构债券；2006年持有720亿美元。增量大致相当于日本这些年累积的对美商品和服务的贸易盈余。虽然中国近来在这两个方向上成为日本主要的贸易伙伴，但日本向中国出口的工业机械大多相当于与美国的间接贸易，因为日本品牌在中国组装后出口到了美国。

日本从美国证券上撤资，会阻碍对美国和中国的出口，从而削弱日本经济增长的来源。它会破坏为出口企业培育熟练劳动力的企业连锁系统和终身雇佣制度。它也将强制劳动时间从制造业向新的服务行业进行了大规模的再分配，但这需要伴随日本社会保障制度的痛苦变革。像欧洲被抑制的富国一样，所有这些变革在政治上都是不可接受的。公众不可能组织起来攻击贸易保护。在其他方面，日本家庭主妇是套息交易（第2章所述）的主要现金来源，而当商店提供中国产廉价服装时，她们正是此类商品的主要消费者。

增加以日元计价的证券，会破坏部分的日本竞争力来源，与我们提到的欧洲被抑制的富国情形相同。尽管目前日本国内的投资组合，与欧洲被抑制的富国相比较少侧重于银行贷款而较多侧重于股市，但日本证券（34%）大多是公债。因为股市并未充溢企业债券，所以企业能够发行新债。但公司偿还债务的能力还有待商榷，许多企业仍然在清理泡沫经济时期的产能过剩。新的债务将服务于什么目的呢？与欧洲被抑制的富国一样，日本仍然被锁定在这样一个世界里：美国和中国的经济增长使得当地的政治格局和权力结构得以维持，政治精英们因而支持回收当地的贸易盈余，并转换成国家持有的美元计价证券。2002 年以来一切都未改变，那时 Akio Mikune 和 Taggart Murphy 曾写道："精英肯定无意以手中的权力冒险，来实行任何一种根本的结构变革，而广大公众对可能以经济和政治动荡为代价的、由既有权力安排的真正变革，几乎没有兴趣。"

6.6　中国

最后，中国的精英们同样有私人的原因，支持美元回收提供的公共利益，即使他们无力增加人民币计价证券的供应。中国的精英通过各种渠道将风险社会化，比欧洲和日本的同行更大程度地将收益私有化。中国为 DFG 的布雷顿森林体系 II 理论提供了纯粹的例子。DFG 认为，中国作为一个实体从事与美国的政治交易。作为收购美国国债的回报（相当于美国消费补贴），中国保持向美国市场出口，从而保证持续的就业增长和国内政治稳定。中国社会科学院认为，美国经济增长 1% 的改变，会引起中国经济增长类似的改变。中国每年需要产生大约 20 万～24 万的新就业机会，吸收目前 200 万左右的农业剩余劳动力，以及新就业者。

DFG 明确指出，它们的程式化模型只假定政府有此目标，即消除就业不足和创造出能在竞争激烈的市价中求生存的资本存量。从中国人口的角度来看，二者都是公共利益。但我们需要辨别这些公共利益背后的私人利益，因为中国有价值超过 1 万亿美元左右的美国证券积累，使得这种政治交换存在经济上的危险。此外，过去的三、四年间，中国就业增长的格局已远离经典布雷顿森林体系 II 年代（1991—2003/2004）的就业增长格局。相反，中国正处在一个依赖出口、就业停滞的成长轨迹上，包括不可持续的美元资产积累。

为什么呢？中国工业化的成功，最终必然导致人民币对美元升值。中国生产力上升应当引起工资上涨，而相应的，中国制造的商品相对美国商品成本在不断上升。与此同时，中国工业化的成功，造成对以美元计价的全球商品的巨大需求，这也将增加中国商品的成本，除非人民币对美元升值。另一方面，升值的人民币使中国可以购买美国新近降价的商品，降低总的生产成本。从 2005 年中期到 2008 年中期，人民币对美元升值了 21%，这给中国以美元计价债务的储备造成相当大的资本损失，威胁到 PBOC 的稳定。当时，中国将其 GDP 的约 1/8 用于购买各类外国债券。Ronald McKinnon 认为，人民币快速升值，也可能令中国陷入日本式的通货紧缩。是什么使这些风险在经济层面显得合理呢？

DFG 的论点是基于一个简单的思想实验。假设出口直接或者通过乘数效应产生了中国 9% 的年均增长的一半，鉴于出口由 2000 年占 GDP 的 20% 激增至 2006 年占 GDP 的 35%，这是一个合理的假设。在 21 世纪初的后期，即使剔除进口部分，出口还占 GDP 的 17% ~ 18%。进一步假设，二十年（1999—2019）间累积达到 4 万亿美元的美国证券需要人民币稳定维持在这个出口水平上。假设美元对人民币汇率保持不变，二十年间，中国 GDP 将从大约 1.35 万亿美元扩大至 8 万亿美元。相反，如果美元相对人民币下跌 50%，那么中国将一次性失去价值为 2.5 万亿美元的财富积累，作为多创造出 3.3 万亿美元定量流动（GDP）的代价。DFG 设想背后的分析，中国领导人比较注重经济增长。之前十年的经验部分支持这一思想实验——1997 年至 2006 年，中国的名义 GDP 翻了近三番，同时，国际储备从 GDP 的 15% 上升至 41%。

尽管中国毫无疑问重视稳定，但有理由怀疑眼下的增长模式是否真有助于目前这种程度的长期稳定，因为这种稳定需要劳动力市场不断吸纳新就业者。这就是为什么辨别针对中国储备决定的 DFG 式解释背后的私人利益十分重要的原因。虽然精英们重视稳定，但经济增长和稳定之间的关系并非既定事实，也不是正确的假设，而假定精英们有确保增长的妙方也不合适。这里出现了两个问题：收入不平等扩大和资本密集型增长。

中国的快速增长无疑引发了国内处处可见的收入增加。即使是增长最慢的省——湖北省，1997 年至 2007 年间的增长也接近其人均 GDP 的一倍。但增长的分布极不均衡。中国现在城乡之间和各省之间的收入存在极大的差距。三个直辖市——北京、上海、天津，人均收入都达到全国平均水平的三倍，是生活在十四个最贫穷省份的近 1.5 亿人平均收入的五倍。人均收入前三位的非直辖市省份，人口约占全国的 1/6 但却创造了超过全国 1/4 的 GDP。将三个直辖市算在内，其占 GDP 的比重增加到 40%，对应的人口比重是 20%。而这些都是官方数字。同时，中央缺乏再分配直接收入的财政能力，反而依靠省级财政征税支撑日益破碎的社会安全网。这些收入差距激发了数以百万计的人非法搬迁以获取城镇居民的身份，借此获得挣更多钱的机会。但是，省内的不平等可能与跨省的不平等一样严重，造成社会环境的紧张。有关社会革命的文献显示，相较于收入水平过低，动乱往往与收入水平的变化关系更显著。

第二个问题是，出口增长与就业增长之间正逐渐脱钩。20 世纪 90 年代初，中国主要出口劳动密集型、低附加值的产品，并且是种类繁多的产品的加工中心（其中包括经典的纺织/服装、玩具/家居用品，以及廉价的电子出口产品）。前者一般是整体制造，而后者通常是加工出口。服装和玩具出口通常使用本地的物资。电子产品出口通常使用本地劳动力将进口零部件加工成最终商品。直到 1997 年，纺织品/服装仍占中国出口产品的 28%，而玩具/家居用品和光电子设备各另占 10%。总体而言，到 2006 年加工产品所占出口的比例从 30% 下降到了 10%。两股出口流吸纳了中国农村的大量劳动力。1990 年至 2005 年，初级生产的劳动力在总就业人数中所占的份额下降了 15 个百分点，同时，初级生产占 GDP 的份额也下降了 10 个百分点。

同时，次级生产占 GDP 的比重增加了 12 个百分点。但到 2005 年至 2007
年，中国的出口构成变化很大，加工贸易显著减少，而生产的复杂度和资本
密集度显著增加。到 2005 年，类别已经换位，电子产品占出口的 35%（其
中自动数据处理——ADP 设备占 10%），纺织品/服装和玩具/家居用品仅分
别占 18% 和 11%。同时，出口商品原料的进口程度大幅度下降，增添了更
多本地产品的附加值。这无疑是一个成功发展的例子，但它也给 DFG 布雷
顿森林体系 II 的逻辑罩上了两大阴影。

首先，出口创造就业的能力正在下降，部分原因在于美元回收。Eswar
Prasad 认为过于廉价的资本和土地已经扭曲了中国在资本密集型产业方面的
投资。回收与美国的贸易顺差，压低了中国企业的借贷成本，诱使它们以资
本替代人力。由于央行以人民币买进过剩的美元，扩大了货币供应量。相应
的，更大的货币供应量增加了通货膨胀，并进一步降低了资本相对劳动力的
成本。更多的资金每年约增加 21% 的生产力。

Prasad 指出，现在非农输出比非农就业的增长快三倍。但这些生产率的
提高是以牺牲就业为代价的。1995 年至 2004 年，制造业的绝对就业人数减
少了 1 700 万人次，这是从 1978 年至 2001 年的总就业数据来看的。

其次，中国的出口增加了更多的本地成分，这意味着美国和中国之外的
亚洲将越来越难以平衡与中国间的账户。这使得中国受到更大压力，不得不
继续回收美元以保持出口。由于出口商品原料的进口强度下降，中国在
2005 年至 2007 年的贸易顺差越积越大，而美元也越攒越多。中国与美国间
巨大的贸易缺口是众所周知的，而从 2004 年以后，中国与亚洲其他国家或
地区的贸易赤字相较 GDP 也有所下降。从这个意义上讲，中国的出口表现
已达到极限。正如美国抵押贷款的繁荣耗尽了信誉良好的借款人，中国已耗
尽了其在美国的政治庇护，而正在经历出口成功带来的意想不到的后果。出
口收入不再能轻易地通过购入被动资产而被回收，相反，出口收入需要伴随
所有明显的潜在政治摩擦更主动地用于投资。因此，即便 DFG 布雷顿森林
体系 II 理论曾经说得通，但到 2007 年它的必要先决条件已经不存在了。如
果中国的精英作为统一的政治参与者，其目标是最大化就业，最大限度地稳

定这样的公共利益，我们本可预计2004年至2005年后一段时间的政策调整。但是，这种调整并不明显，为什么呢？

人民币紧盯美元有助出口保持强劲，甚至在2006年和2007年美元对其他货币贬值时，出口仍有增长，因为其时出口转向了欧洲。到2008年，中国对欧洲的贸易盈余（以美元计算）多于对美国的。尽管欧洲和美国吸收的来自亚洲的出口量大致相当，欧洲经济增长依然受制于美国的经济增长。

最后，依照布雷顿森林体系II理论，中国公共利益背后的第三种私人利益解释了为什么央行已经对这种美元积累有些漠不关心。PBOC，毕竟是受过专业训练的大官僚机构，其经济学家一定了解不断扩大的美元外汇储备所固有的危险。PBOC为什么接受来自党内的压力，继续收购美元？直到2008年，PBOC一直从事对中国地产和银行的巨额套利。PBOC在中国市场的优越地位确保了这些获利。然而到2008年，利率对央行转移，金融危机使得资本保值和经济问题对央行来说比套利更迫切。恢复常态也将恢复套利。

为使人民币紧盯美元，PBOC用人民币大量收购出口商的外汇收入以封存中国的贸易盈余，然后使用新债券试图击退流动性增加。PBOC从而一边累积以美元计价资产——引起美元汇率风险，一边又造成以人民币计价的负债。PBOC将美元投资于美国国债和机构债券，但是以偿付比其自身负债更高的名义利率为代价。因为中国的通货膨胀率也可能比美国通胀率高一些，负债的资产收支之间的实际差距越来越大。正如《经济学人》指出的，PBOC"去年外汇储备收入估计为343亿元人民币。分类账的另一边，它不得不为金融机构在央行的存款准备金以及为收购过剩流动性发行的票据（主要是由外汇储备激增所致），支付90亿元人民币的利息。"《经济学人》称，2006年PBOC的利润超过了花旗银行，达到29亿美元。PBOC在2007年和2008年稳步增加金融机构的存款储备金，遏制流动性过剩。存款准备金将金融机构2/3的利润转移给了PBOC，因为事实上，金融机构相当于以大约2%的利率，将1万亿美元借给了央行。

中国储户为什么不回避这个套利？因为中国仍存在货币和资本管制，因为人均可用金融工具的范围大大有限，中国政府可以迫使家庭储蓄以较低利率进入银行。这些储蓄之后，要么再贷给企业界，要么用来收购 PBOC 为封存资金发行的债券。中国家庭的储蓄行为是高度理性的，因为他们仅能利用有限的储蓄工具，并且不信任国家提供的社会保障。家庭将他们收入的很大比例用于储蓄，总额约占 GDP 的 14%，或国内储蓄的大约 40%；中国的储蓄总额占 GDP 的比例高于预期大约 10 个百分点，主要原因就是高额家庭储蓄。这些家庭储蓄的 90% 最终进入银行。完成 80% 信用中介的中国银行业，将这些储蓄重新定向到与政治有关系的中国企业，这占其所有投资基金的一半（留存收益占另一半）。但银行为家庭储蓄支付非常低的利率——高额储蓄的另一个很矛盾的诱因，因为人们试图积累足够的积蓄以应对可预见的紧急情况，而又没有其他信贷渠道。名义利率范围由活期存款的不到 1% 到一年期定存的约 3.5%（即美国的存款证明——CD）。

企业使用应计利润对扩张进行自我融资，而非支付股息。2000 年至 2006 年，企业的国内储蓄占 GDP 比重上升了 7 个百分点。这会抑制国内消费，并意味着股票市场没有作为储蓄的替代工具，而是成了投机者们的赌场。摇摇欲坠的企业治理结构加剧了这种情形。所有的积蓄不可避免地流入企业，而企业则利用这些资金创造新的生产能力。就像在日本，由此产生的过剩产能只有流向海外，从中期来看这将产生日益增加的贸易盈余，并且由于出口收入流入央行，将产生更多的货币扩张。

PBOC 从而发现自己被困在经典的 Mundell-Fleming 三角的两边之间。PBOC 可以集中精力遏制通胀或维持（或逐渐解除）人民币紧盯美元。PBOC 可以大幅升值人民币以抑制通胀；这会降低进口，减少出口收入，并阻止过度投资。但人民币升值也将导致其约为 14 万亿美元的外币储备资产的大规模资本损失。此外，McKinnon 认为，这可能会引发深刻的通货紧缩，因为公司试图找到一个价格点，让内需承受制造业产生的过剩产能。汇率紧盯美元将继续维持现状，并以货币供应量和通胀压力持续增长为代价。这将导致更多的投机性投资，就像 20 世纪 90 年代东南亚金融危机那样。

6.7　没有退路

2002 年以后，美元对欧元贬值，欧洲和石油输出国持有的美元计价资产遭受了重大的未变现资本亏损，而中国自 2005 年中期以来，也不断遭受了人民币升值的压力。外国吸收以美元计价的资产，助长了差别积累的过程，这个过程中发达国家增长份额的绝大部分都由美国所占据，而且这一过程中美国享受到了其基本生产以外的额外消费。然而，即使在 2007 年年底美元汇率下跌，美国经济明显放缓时，外国央行仍然在加紧购买美元资产。这种现象在 2008 年秋天的危机中反复出现，即便是危机抬高了美元汇率。海外债权人——尤其是中国，首先通过停止购买机构债券，继而通过减持，促成了房利美和房地美（见第 7 章）的国有化。然而，没有退出的渠道意味着机构债券净销售额的减少只能依赖购买美国净国债作为替代。2008 年 7月，外国投资者售出 580 亿美元的机构债券，但在 2008 年 10 月又买入了 34亿美元的美国国债，而且中国宣布还将购买 200 亿美元的国债。为什么外国投资者积累以美元计价的资产？为什么美元下跌时他们没有放弃？为什么外国政府助长美国过度的经济增长和消费？为什么外国经济仍然挂靠美国经济？

经济政策的改变和不同的路线，需要美国海外债权人忍受政治结构上的变化。这些债权人实施不同形式的国内金融压制和工资限制，最终获益的是地方精英们。这种做法系统地降低了国内需求，从而使当地企业依赖于外部需求，来获得超出简单的人口增长或平稳增长的增长。20 世纪 90 年代长期，美国贡献了这种外部需求。即使在经济衰退时期，美国继续通过与中国的贸易逆差，直接和间接地为全球经济增长做出了巨大贡献。在 2008 年欧洲和中国的经济增长突然减速，以及美国经济增长停滞和石油价格暴跌时，上海和俄罗斯的股市崩盘，没有什么比这更能说明问题了。

金融压制令欧洲、日本和中国的特定商界精英获利。如果通过扩大当地货币计价证券的供应来减轻金融压制，将会削弱那些精英的政治权力，同时给那些精英带来更多的市场压力。同样地，地方性法规和操作的改变可能会增强消费需求，但也将降低精英以有利于自己的方式控制金融体系的能力。美国最大债权人中的精英们因而有理由继续积累以美元计价的证券。虽然不断积累会造成资本持续损失的可能，但那些损失主要会由局外人或公众承担。而与此同时，收益会落入到圈内人的手中。

由于对美元的持有越来越集中，这里探讨的个别经济体构成了特权组，或者说 K 组——提供美元回收这一集体利益。在 2008 年，中国持续和大量地积累以美元计价的资产，这是 K 组行为最好的证据，但即使是泰国和马来西亚这样很小的国家，本应是潜在的搭车者或美元池的叛逃者，它们的美元储备在 2007 年最后一个季度也增加了约 30 亿 ~ 40 亿美元。

这种模式还揭示了，美国以外的金融压制和美国境内的金融创新如何共生。美国无意中将中国、日本、欧洲被抑制的富国困在了一系列有利于美国的糟糕选择中。精英们只有接受对他们用以控制本国经济的杠杆做出同样巨大的改变，才有可能避免大规模的资本损失。另外，他们可以通过回收美元继续资助美国的消费，这就给美国经济兜了底，并维持了美国资产在世界市场上的核心作用；或者他们也可以增加对美采购的消费额，来挽救其持有的美元资产。最后两个选择明显会增强美国的长期差别积累，但第一种选择也有可能造成这个结果，因为从中期看经济重组阶段将会使增长放缓。但所有的选择都不可能让美元回收戛然而止。

事实上，外国债权人对危机的反应，实际上增强了美国全球金融套利的某些方面。金融危机的前一年，外国实体购买了 205 亿美元的美国国债、285 亿美元的机构债券、750 亿美元的美国企业债券（包括私有的 MBSs）和股票。危机之后的一年（2007 年 7 月至 2008 年 7 月），外国投资者购买 475 亿美元美国国债、150 亿美元机构债券、265 亿元企业债券和股票。消失的部分流入了美国股市——因其有较高的长期潜在回报和公司债券——因其利率较高。因此，虽然外国投资者确实减少了净持，迫使美国利率上升，但他们加剧了美国与外国资产和负债（见第 3 章）之间回报的结构性失衡。

本章探讨了，为什么即使房地产泡沫破灭，债权人仍会继续他们的美元回收。从这方面来看，本章考虑了第 1 章中提出的以住房为主导的差别增长理论的最后一步，具有双重意义。由差别增长作为结果到差别增长作为来源，循环闭合，而这也意味着最后的步骤——美元回收的问题。

由此，我们现在将重心完全转向房市危机。本书的最后两章将论述美国房地产危机和金融危机，并将探讨本章忽略了的石油输出国。如这些章节所示，尽管回收还在继续，但即使差别增长未必结束，美国以住房主导的差别增长也已经结束。在 20 世纪 90 年代长期获得成功的以住房为主导的全球经济增长，也耗尽了其赖以成功的基础。

7

繁荣到衰退——美国的房地产、政治以及金融危机

"至少从我的视角中，在看似平静的表面下，确实是隐藏着许多令人担忧的隐患：巨大失衡、经济失调、风险等等——随你怎么叫都好。在我看来，这些情况汇总到一起是我印象中最危险最棘手的问题。"

——保罗·沃尔克，斯坦福大学，2005年2月16日

"无论什么时候都是最佳的购买时机。"

——基兰·奎因，抵押贷款银行家协会主席，2008年4月5日

"市场这种不合理的状态持续时间会比你保持有偿还能力的时间要长得多。"

——约翰·梅纳德·凯恩斯

提问财政部长亨利·保尔森的一个问题："最坏的状况已经过去了吗?"

保尔森回答:"最坏的状况才刚刚开始。"在宣布工程生命线的记者会上,2008 年 2 月 12 日。

哪个环节出了错?什么原因导致了次贷危机的发生?在这一章中,我们讨论除了动态的因素之外,次贷危机自身是如何产生并发展的。约瑟夫·熊彼特提出所有的经济繁荣都需要一些廉价的"原材料"去拉动经济增长:新的生产过程中的廉价劳动力或资金成本、低价的能源、低廉的运输成本,或者丰富的初级产品。在之前的章节中,我认为低廉的原材料拉动房地产市场的繁荣就像是通货紧缩和套利一样。在 20 世纪 90 年代,美国跨国公司和零售公司越来越多地将劳动密集型产业外包给成本低廉的亚洲国家,生产出了一大批低价的非耐用品。这种情况降低了官方的通货膨胀率,因此也降低了同期的抵押贷款利率。与此同时,欧洲和亚洲循环的贸易顺差使美国在国际金融市场上套利,这点也导致了抵押贷款利率的降低。美国的住宅信贷融资机器将这些投入转化成了额外的总需求也因此转化成了差别成长。

但是宏观经济现象本身既没有利益所得也没有对其产生影响。在这一章中,我将调查这个增长机器的运作者——购房者和金融公司,以解释为什么泡沫会破灭以及随之而来的政治和经济冲突。利率的下降既不会产生也不会中止繁荣。正如已经注意到的,美国的住宅信贷系统趋向于将降息转为比其他系统更能迅速且大幅增加总需求的工具。这个进程就需要在房地产市场底层有一支稳定的购房团。房地产市场阶梯最底层的购房者买房后,新进入房地产市场的购买者购买前人的房产,如此便使得那些购买者继续构建房地产市场的阶梯。这样对现任的私有屋主就产生了数万亿美元的虚拟资本收益。金融公司研究出了一个相对简单的方法来从这个行为中获利。它们在一开始默认数万亿美元的新房屋抵押是私有屋主的资本收益,然后建立一个表面看起来简单的利差交易,因此它们认为这样会使它们的资产获得巨大的收益。

美国差别增长的成功耗尽了经济增长所需的资源。

首先，房屋机器需要在通货紧缩的环境下运行，而拉动通货紧缩的最重要手段之一是将劳动密集型产业外包到亚洲国家用以削减非耐用消费品的价格。但是，新的购房者大多是那些低收入、低劳动技能的工人，由于利率降低使得他们购房变为可能。劳动密集型产品越多地外包到海外，潜在的房地产市场新进入者就越少，而底部的购房者收入就会停滞。起初，那些非技术工作要消费相对高比例的非耐用品，这样就抵消了他们实际工资的下降。然而最后我们终究要面对低工资和高房价所形成的剪刀差，这也是打破房地产繁荣的导火索，尽管如此还是存在着压制工资上涨的强大的力量。

其次，成功将产业外包给中国或其他发展中国家会产生乘数效应，拉动经济增长的同时也会带来新一轮通货膨胀的压力。考虑到这些国家初期生产力发展水平较低，经济增长必然会越来越依赖于全球的原料供应，而其中最重要的部分就是石油。发展意味着要建立一系列完整的新的基础设施——公路、建筑、发电站和通信设备等，因此会投入大量的水泥、钢材、铜和能源。例如，1996 年中国铁矿石的进口量相当于巴西一年出口总量的一半，而到 2006 年就上升为巴西出口总量的三倍。总体来看，中国在 2008 年一年进口石油、大豆和铜的数量大约是 1995 年进口量的三十倍。发展中国家对世界原料的需求逆转了 20 世纪 90 年代的通货紧缩，刺激了发达国家的中央银行在 2005 年开始加息。

再次，房地产和信贷市场本身的性质决定了最后进入市场的人信用程度是最低的，这样也就提升了贷款给他们的风险。从 1995 年到 2005 年，美国私有房屋率大概增长了五个百分点，这将私有房主的信用度推向了一个未知的领域。2004—2006 年发生的大部分贷款都是次级贷款或次优级的，数据表明有的借款人缺少首付款，有的借款人信用有问题或支付房款过高等。这些贷款大多都是发生在高的浮动利率的情况下，使得债务人经受不起利率的一点点上升。因此，他们想在几年之后房价上升时能够通过低的固定利率的贷款来融通资金。

最后，被称作抵押物的大量美元集中在中央银行，而这些美元开始刺激那些银行以寻求更高的回报。虽然主要的石油出口公司已经募集了主权财富基金，但是直到 2007 年，其他一些国家才开始建立主权财富基金。至今为止，主权财富基金仅足以引起人们对美国金融套汇危机的注意。（详细解释可参见第 8 章）。简而言之，截止到 2006 年，房地产繁荣已经将其购房者和财政紧缩的投入都消耗殆尽了，并且套汇也开始渐渐消失。房地产市场引导的差别化成长机器开始失灵，放慢了美国经济发展的脚步。表面看起来这很简单，但实际上非常冒险，意味着金融体系操作的套利系统开始步入危机。通货膨胀的增长使得购房者支付贷款变得愈加困难。利息的增加抵制甚至逆转了房价的增值。次级贷款和次优级贷款的债务人开始违约。截止到 2008 年中期，所有抵押贷款人的违约率较 2005 年提高了三倍，2007 年的次级抵押贷款违约率为 15%，次优级抵押贷款违约率为 7%，优级抵押贷款违约率为 1%。15 600 亿美元未偿还的次级贷款和次优级贷款使得利用高度杠杆作用的金融公司进入到了它们自己制造的危机中。

在这一章，我调查了房地产泡沫破碎和随之而来的美国差别化积累时代的结束。因为通货紧缩是经济繁荣的主要推动力量，所以通货膨胀已经成为了后期繁荣政策注意的焦点。因此我将重点放到了通货膨胀期间债务人和债权人之间关键而又意外的划分上。一般来说，债务人在通货膨胀时受益，债权人在通货紧缩时受益。然而当前的紧要事件已经转变为与短期偏好有关的模式。由于来源的某种混淆，我再重复一下：是短期偏好。在第一节，我研究了债务人的情况以此来解释房地产市场新进入者的耗尽和低通货膨胀时期现任房主面对重置利率时的短期偏好。在第二节，我将视角转向研究债权人的情况以解释他们对流动资产的偏好以及通货膨胀率的提高。在第三节，我研究了美国政府针对经济危机做出的政策以解释第二次逆转，抵押物重归国有有效地结束了任意放宽管制和私有化的时代。（可参见图 7.1）我在第 8 章分别探讨了外国的债权人和基金（民营化或国有化的第二种资源）。

中国经济的过快增长 ——➤ 大宗商品通胀

```
┌──────────┐
│ 全球经济  │
│ 紧缩停止  │ ──➤  ┌──────┐      ┌──────────────┐      ┌─────────────────────┐
├──────────┤      │ 住房  │      │ 美国的差别增长  │      │ 美国全球经济实力可以   │
│ 美国套汇/ │ ──➤  │ 金融  │ ──➤ │（高于 OECD 平均 │ ──➤ │ 理解为：             │
│ 美元循环  │      │ 体系  │      │ 水平的美国增长）│      │ • 美国 MNCs 的扩张   │
│ 政治化    │      └──────┘      └──────────────┘      │ • 美元的储备货币地位  │
└──────────┘                                           └─────────────────────┘
```

美国贸易逆差过大 ——➤ 新的主权财富基金

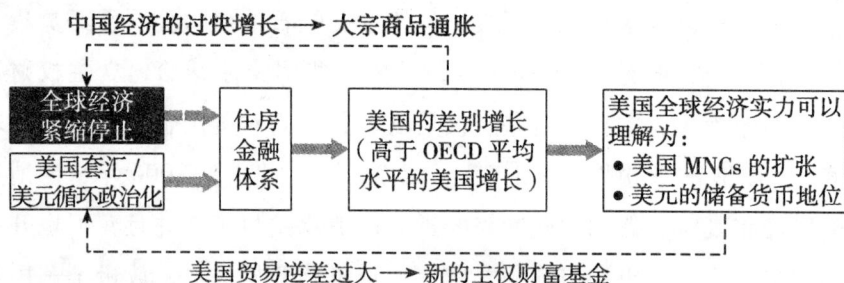

图 7.1   分析重点

7.1   房屋自有政策的新旧对比

美国房地产的泡沫和不仅仅是房地产的金融危机已经形成了两股势均力敌的、与通货膨胀和流动资产有关的政治力量，在危机中蒙受损失的人与其进行了抗争。潜在的损失是巨大的——粗略估计，仅次级和次优级抵押贷款在 2007 年年初总额就达到了 15 600 亿美元，而不良贷款交易和破产所造成的附带损失就更大了。这些压力反映了一种典型的债权人和债务人利益之间不寻常的转换。一方面，房主的负债使其在低通货膨胀的情况下，在短期和中期获利。简单地说，这些家庭几乎没有足够的现金流来支付贷款，所以任何一点由于物价上升而附加在他们预算上的压力都会严重增加他们丧失抵押品赎回权的风险。通货膨胀使得利率的上升表现为抵押利率重置或与昂贵的房屋无关花销的增加，特别是食物和燃料。另一方面，金融界通过更多的流动资产来获利，甚至在短期和中期承受高通货膨胀率的风险。高额的流动资产使得大量赌注压在房贷担保证券和其他证券化债务上，通过允许其不必与那些有欺骗性的证券挂钩来避免降低它们的市场价值。金融机构希望流动资产的增加会使它们有足够的时间来应对高通货膨胀带来的名义工资和名义房价的回落。总之，债权人希望在票面价值上赎回贷款并因此通过避免注销贷款来避免破产。而在第三方面，美国最关心的是财政部门已过多地参与了房地产市场，有效地将房地产金融市场重新收归国有。

这些压力代表了先前关于通货膨胀的政治选择权的撤销，正如我们已经看到的，这些都与住房增长机器有关。在20世纪80年代和90年代，由于低通货膨胀率以及全球化进程中央银行的独立，金融界和中产阶级组成了社会的中流砥柱，但这常常是以降低就业水平为代价的。这些阶层追求一种平行的财政政策以及放宽市场管制和财政紧缩的政策。相比之下，工会和低收入阶级则希望货币政策更加宽松，政府购买增加，金融市场管制增强并且抑制贸易。然而，至少在短期内，当前的危机扭转了这些倾向。低收入房主和近期房地产市场大量的新进入者在结构上更倾向于低通货膨胀率和低税收，反之金融界在金融市场和注入大量流动资金方面缺少足够的政府干预。怎样解释这种转变呢？

简单地说，利率推动了短期政策倾向的转变。一方面，历史上的低名义利率，高房屋所有率和2007—2008年受到侵蚀的高房价使得一些核心组织成员在美国公开投票，而且国家也倾向于偏好低通货膨胀率和低税收。房主们现在害怕丧失抵押品赎回权会使通货膨胀率升高从而导致更高的名义利率，从此抵押贷款会更高且支付不起。考虑到收入的停滞，食物和能源价格的上涨伴随着更高的房产税削弱了房主支付他们抵押贷款的能力。最终，房主们害怕资产的损失会使他们在多重市场衰退下被迫清算房产。因此，当其他的条件都平等时，这些团体有理由倾向于保守政策。并不是所有的房主都会有这些偏好。在当前的紧要关头，只有那些更容易受到利率升高侵害和房屋净值容易下降的房主才会改变他们的偏好。但是仅仅有5%～10%的选举者能果断将其偏好的改变体现在选举中，截止到2008年年底，1/6的美国房主的资产是负的。

另一方面，金融界尤其是基金公司、银行、私募和对冲基金发现它们自身陷入了无流动资金及资产难以估价的危机中，它们在次级房贷和相关的债务抵押债券中下错了赌注。这些机构需要更多的流动资产并愿意支持通货膨胀的产生和更高的利率来避免现在的损失和破产。它们希望在房地产市场寻求社会的救助，即使这样做会引起赤字的增加并让整个经济体中最大的部门承受风险。它们同样也需要政府直接干预信贷市场来解决它们集体的信誉问题并建立一道防火墙来阻止恐慌抛售有价证券，这样市场价值可能会趋于稳定。其他的事件也是如此，正如第四章中论述的，高通货膨胀率会侵蚀美国的差别化增长。

鉴于如此详细论述的种种理由，高利率导致了房价的降低。房价下降消除了为抵押贷款作担保的名义资产，15%的房主会有负资产并且大量的抵押担保证券会违约。在次级房贷中最关键的问题就是由于价格下降而造成的损失恰好会使得谁陷入金融危机？房主？投资银行？对冲基金？国家？国外债权人？在2008年年末，掀起了取消抵押品赎回权的资产的热潮，已经从根本上削弱了房产净值并史无前例地促使联邦政府介入抵押品市场和金融市场。这场股权分配之战更给利率和之前描述的通货膨胀制造了压力。降低利率能够让当前无法支付贷款的买者再筹款或将房屋卖给信用好一些的买者，这样会有助于维持房价。但是，一旦中央银行提供了能使利率降低的足够的流动资金，它们就会承担长期通货膨胀的风险。举个例子，这也就是为什么欧洲中央银行直到2008年10月份一直都在抑制利率降低的原因。接下来，让我们先来看看房主的利益。

7.2　房屋所有者，通货膨胀和房地产市场

关于房地产的经典论点表明私有房产对于一个福利国家是不利的，因为房屋贷款会在一个家庭经济生命周期的早期挤出税收。吉姆和弗朗西斯都认为积累首付款和随后支付贷款的需要使得房主们倾向于反对为公共服务而征收的高额税赋。这个经典的论点主要出现在第二次世界大战之后的早期。因而我们必须用一个突出反映当今现实的事实来补充这些经典的论点，那就是一旦房价下降，将有许多财富和现金流失。截止到2007年年底，美国社会未偿还的房屋贷款总额达到了111 000亿美元，那时的市场价值意味着约有110 000亿美元的名义资产是与房主们的房产有关的。对于抵押品赎回权丧失和抵押资产净值消失的恐惧制造了有关利率和通货膨胀的压力。降低利率能够让当前无法支付贷款的买者将房屋卖给信用好一些的买者，这样会有助于维持房价。

为什么在通货膨胀中债务人的短期收益会降低？简单地说，不同收入水平的许多家庭都在价格的高点挤入了已扭曲的抵押贷款房屋的行列。这使得他们的现金流很少，因而难以应对食品价格和燃料价格的突然上涨，而这些物价的上涨会急剧增加他们丧失抵押品赎回权的风险。通货膨胀也使得选择浮动利率抵押贷款的购买者受到威胁，一旦他们的抵押贷款率重新设定，那么利率就要提高。在2007—2008年间有近10 000亿美元的次级和次优级浮动利率抵押贷款计划重置贷款利率。由于利率重置造成的丧失抵押贷款赎回权的级联反应也对后来的借款人通过其可变利率的房屋净值贷款产生了影响。

首先，考虑一下典型的次级贷款家庭。次级贷款借款人一般信用记录都不太好，并且与其负债相比他们的收入很低。这些家庭的典型借款人一般都是年纪在30岁出头，税后可支配收入约为37 000美元，并且他们成了从1994年开始直到2005年住房自有率上升5个百分点的主要推动者。后进入房地产市场的这些家庭，与其收入相比要支付很高的房价，平均每个家庭都要借款200 000美元，因为房价的上涨总是超过收入的增加。这种高的负债收入比率意味着房贷的绝大部分是浮动利率抵押贷款。浮动利率抵押贷款在20世纪90年代约占总房贷的20%。但是在房地产泡沫中次级贷款和次优级贷款份额从一开始2002年的2%跃升为2006年的20%，这其中有92%都是浮动利率抵押贷款。典型的次优级购买者信用良好但与其收入相比，他们的贷款数额极大，而且这些贷款的68%也是浮动利率抵押贷款。在2007年典型的浮动利率抵押贷款的年利率从7%～8%上升到10%～10.5%。

其次，现任借款人无力承受利率的重新调整。年龄在45～54岁之间房主的税后平均收入约为50 000～55 000美元，要比年龄在25～34岁之间的房主高约1/3。这些家庭基本都有房产并且是固定利率的贷款。但是这些人群恰好能运用预警系统将他们的现金从额度贷款或房屋贷款中抽出来。额度贷款实际上是房主现有资产的第二次担保贷款并常用作重修房屋，购买耐用品或偿还高额的信用卡借款。美国约有1/5的房主有额度贷款或类似的与房产相关的负债，总数额正好超过了10 000亿美元或者说是房屋抵押贷款总数的 10%。从 2001 年到 2007 年，额度贷款和其他形式的贷款约占可支配收入总数的 6%，大大超过了 2001 年以前 2% 的水平，因此也成为了美国消费增加和贸易赤字的主要推动力。

通货膨胀率的上升和税收的增加对这些负债家庭来说是双重打击。尽管通货膨胀使得他们房贷长期的实际支出减少，但这仅仅帮助了那些能在长期支付得起房贷的人。在短期，由于浮动利率抵押贷款的名义利率不断调整，通货膨胀一发生几乎立刻就增加了房贷的支出。2006 年（在食品和燃料价格真正暴涨之前），有 20% 的私有房主（注意是房主而不是家庭）将他们收入的一半甚至超过一半都花费在房子上。有超过 19% 的人将收入的 30% ~ 50% 都花费在房子上。总体看来，在住房上的消费超过了其总收入 30% 的人群占所有房主的 30%，占所有美国家庭包括租房者的 20%。

由于利率的上升，通货膨胀也间接地削减了房主的抵押资产净值。名义利率的上升压低了房价。这给负债的房主造成了威胁，因为他们房子的价值是由市场决定的。利率的上升压低了市场的房价，因为潜在购买者在任何一个既定的价位上都要面对高额的月供。截止到 2008 年 6 月，房价已从最高峰下降了 18%，但仍约有 13 000 000 户房主的资产是负数并且典型股权都在 2005 年和 2006 年的次级贷款和次优级贷款中损失掉了。从 2006 年开始，若想让房价回到原来的水平，需要房价收入比率水平或房价租金比率水平下降 30% ~ 35%，这会使得美国私有房主中近 30% 的人或 23 000 000 户家庭成为负资产持有者。

房屋净值的下降不仅因为家庭负资产的关系，更可能与取消抵押品赎回权有关。房屋净值的下降威胁了家庭的平均资产负债表。房屋净值在美国家庭平均的总资产中占 1/3 的比重。但在 10 个收入等级最下面的 6 个等级中，家庭资产净值的均值只有 38 000 美元，而且这几乎全部是房屋净值。这些家庭仅仅持有美国股权的 6%，然而十个收入等级中的 7 级和 8 级仅持有 11%。与此形成鲜明对比的是，收入最高的前 10% 的人在 2006 年拥有了所有股权的 58%。换句话说，收入等级最下面的 6 个等级在 2006 年净资产为 10 000 亿美元，但房价的下降几乎将整个这 10 000 亿美元全部带走了。

最后，房价的急剧高涨可能已经使我们难以承受税赋的加重。高房价意味着高额的房产税，高额的不动产税挤出了其他的税收来源。在美国，房产税从根本上来讲是地方税收的重要来源之一，用来支付教育、维持治安和一些社会服务。房产税约占地方政府税收收入的70%，占全国总税收收入的10%，在2000—2005年间的数值呈双倍增长。在2001—2004年间，美国房产税上涨了21%。截止到2007年，房产税占个人总收入的3.4%。由于房价上涨已经推动了房产税的增加，因此增加其他税负就变得很困难。在2006年和2007年市民的抗议下被迫转变，并且在某种情况下，房产税的增长水平和增长速度在美国20个州都有所增加。

这些动力逆转了正常情况下债务人对通货膨胀的偏爱。事实上，在20世纪60年代和70年代，购房者通常都希望通货膨胀率上升，因为名义房价的增加能迅速且明确地减少其实际的债务负担。20世纪60年代和70年代的购房者基本都使用固定利率长时间地分期偿还房贷（30年）并且没有额度贷款。他们基本都有适当稳定的工作且预期的工作时间比较长而且通货膨胀时工资也会相应调整。这些情况使得通货膨胀成为一种单向押注而且对债务人有利。想象一个典型的例子，有一个加利福尼亚人在1960年用1.75%的退役军人特许房屋固定贷款利率，购买了一栋价值20 000美元的地区性住宅。即使到今天，我们可以想象私有房主在亚洲金融危机或"9·11事件"之后要为固定的低利率房贷提供资金，他们可能更希望通货膨胀率上升，如果他们的收入同步增加的话。但是这是一个很大的假设，考虑到金融和房地产部门中许多高收入的工作在2008年中消失了，他们的收入不再随着通货膨胀而进行调整。如果在2000年相对良性的经济环境下收入都没有增长，那还有什么理由收入能在经济衰退的时代再增长呢？

简而言之，大量的浮动利率抵押贷款者中预算很紧张的债务人在短期会表现出对低通货膨胀率的偏好。当前的形势直接使那些在利率升高和房屋净值下降中最易受侵害的债务人转变了他们的偏好。但这种偏好的转变仅有5%～10%的投票者会以选举的方式表现出来。次级贷款和次优级贷款从地理上看集中在选举较为重要的州，例如加利福尼亚、弗吉尼亚、佛罗里达和得克萨斯，前三个州的都市住宅价格也相对较高。也有观点指出有目的的救助可能会减轻负债房主的负担，但如此大规模的救助非常容易引起通货膨胀。

7.3 资金恐慌及抵押信贷市场的重新收归国有

通货膨胀方程的另一方是全球的金融业，其造成了极大的政治影响并且在 2008 年秋天从根本上崩溃了。信贷市场的倒闭也使亚洲和欧洲的外国央行通过持有美元资产和私有银行持有美元资产而直接和间接地受到牵连。在 2007 年 6 月，中央银行持有约 7 500 亿美元的联邦机构债券。它们的潜在损失在市场中已部分地通过美元对欧元的贬值体现出来，尽管在以本国货币计算时并没有体现出来。但是美国经济的进一步放缓可能会导致更大的损失。特别是欧洲银行暴露出的一些问题都是来源于次级贷款，因为它们在房地产繁荣的高峰时期买入了债务抵押债券（就像它们在 1997 年亚洲金融危机之前那样）并且投资于杠杆率高的特殊投资工具，特殊投资工具是银行建立的资产负债表外实体用来规避巴塞尔协议 II 中对资产充足率的管制。全球范围内特殊投资工具的估计值在 2007 年从 3 000 亿美元到 120 000 亿美元不等，与此同时，主要来自美国的住宅抵押贷款在全球 130 000 亿美元的总债务抵押债券的 56%。

在 2007 年经济危机伊始，金融公司害怕次级房贷的违约风波可能会危及到次优级和初级贷款以及抵押品赎回权。虽然次级房贷在数量上仅占美国所有贷款的 6.5%，但其取消抵押品赎回权率却是初级贷款的 6 倍。这打破了美国房地产市场几年来的供求平衡，彻底摧毁了用来支持房贷债券的抵押物。在一般情况下，取消抵押品赎回权经常会导致银行损失 20% 的特定财产贷款；而在当前的环境下，损失 40%～50% 可能都变得很普遍。银行和投资者试图通过取消抵押品赎回权来拿回贷款可能会造成巨大的财政损失。此外，与次级贷款相关的取消抵押品赎回权的清算对房价产生了负面的影响，这种损失也可能延伸到资本不足的次优级和初级贷款。正如之前所说的，1/6 的美国房主的资产在 2008 年已经是负的了。在那些情况下，一生中的大事例如失业、健康问题和减少加班可能导致借款人财产的流失或预期收入下降，银行几乎没有追索权，但它们自身也没有什么损失。私有房主的非流动性资产意味着金融体系的资不抵债。

在 2007 年市场总体已经失衡，大概有 1 500 000 家房屋进入了丧失抵押品赎回权的行列，几乎是 2006 年的两倍并且拖欠率是正常水平的 3～4 倍。从历史数据来看，通货膨胀率在 4%（经济萧条期）～7%（2006 年经济高峰期）之间，仅有 5%～6% 的美国业主的自用住宅在一年内售出。一年内待售房屋是存量或 6 个月销售额的 3.5%。但是在 2008 年 4 月，待售房屋超过了业主自住房屋存量或 12 个月销售额的 6%，且在 2008 年第二季度每 3 个售出的房屋中就有 1 个是亏本的。更多的取消抵押品赎回权仅仅使存货膨胀。鉴于这些问题，截止到 2008 年中，主要金融公司在与次级房贷有关的有价证券中已经损失了约 5 000 亿美元，这使得许多主要的金融公司走向破产。表 7.1 给出了一些国家银行不景气的情况。这个表中不包括潜在的和次优级贷款实际损失的 11 000 亿美元以及房利美和房地美实际损失的约 100 亿美元。

这些金融公司如何使自己陷入这么大的贷款危机中呢？这种危机又如何波及了几乎每一个信贷市场呢？为什么美联储和欧洲中央银行注入了数亿美元和欧元流动资产到市场中呢？为了理解金融公司的困难以及为什么它们想要摆脱困境就需要巨额的流动资产，我们必须探究一下表面看起来很复杂的持有住房抵押债券和债务抵押债券的特殊投资工具。尽管特殊投资工具和债务抵押债券从概念上理解是很复杂的，但基本的问题很简单。事实上，它们可以归结为一种套利的形式，就像我们所看到的流入或流出美国的全球水平的投资。简单地说，套利就是银行利用特殊投资工具在短期（90～180 天）以低利率借入数亿美元，然后再利用特殊投资工具转过来将那些数亿美元的资金投资到看来是长期（30 年房贷）且利率高的有价证券中去。图 4.3 表明贴有零售商标签的住房抵押债券在 2004—2007 年间是特殊投资工具的原始投资对象。

表 7.1　　　2008 年 8 月，累积资产减值和次级贷款以及银行房屋

抵押债券的信用损失　　　　　　单位：10 亿美元

	资产减值和损失	筹资
美国银行	243.4	172.9
比利时、荷兰和瑞士银行	73.1	43
英国银行	64.9	59.3
德国银行	56.1	26.3
法国银行	23.3	25.3
亚洲和中东银行	21.7	19.7
其他欧洲银行	9.8	2.3
加拿大银行	9.6	2.8
总计	501.1	352.9

资料来源　　［奥］奥纳兰：《在资产减值中银行超过 500 亿美元的次贷损失》，彭博社，2008-08-12，http：//www. bloomberg. com/apps/news？pid=20601087&sid=a8sW0n1Cs1tY&。

　　从原则上说，这种期限错配的风险很大，实际上，这些房贷中有许多转变成了高风险的次级贷款并且次优级借款人也增加了那些风险。然而银行却相信它们能够规避这些风险。它们认为利用特殊投资工具买进的大部分抵押债券和以抵押债券为基础的债务抵押债券两年后能再升值。这会使银行利用特殊投资工具来偿还它们已借的短期贷款。银行不相信违约会全面出现。哪个环节出错了？从 2006 年开始，房价的崩溃使次优级借款人不可能按时如数地偿还贷款，并且通货膨胀加速了那些借款人的完全违约。这些违约导致债务抵押债券的市面价值暴跌，由此引起了金融危机。

　　想要了解哪个环节出了问题，我们需要了解房产抵押贷款担保证券和债务抵押债券是怎样运作的。让我们先从房产抵押贷款担保证券开始。在危机发生前，通过房产抵押贷款担保证券，房利美和房地美将一揽子抵押贷款和利率相近的、即将到期的以及有信用风险的物品一起打包到共同资金中，利率偿还、到期日和信用风险都是平摊的。投资者每购买 1% 这种房产抵押贷款担保证券就要按照比例从资金池中享有本金及利息。房利美和房地美像贷

款服务机构一样运作，将会"通过"这些资金付款给投资者。一旦这个资金池经历了1%的拖欠债务率，那么这个资金池中所有的购买者都会分摊这个损失。为了得到不同的利率、到期日或风险水平，投资者需要购买不同的房产抵押贷款担保证券。不像其他复杂的衍生工具那样，当房产抵押贷款传递给房产抵押贷款担保证券时，房产抵押贷款一直是未受损的，违约的房产抵押贷款仅仅影响自己的房产抵押贷款担保证券资金池。相反，房产抵押贷款的投资者会取消抵押品赎回权而不影响其他房产抵押贷款担保证券的资金池。

然而违约极少出现。房产抵押贷款要进入房产抵押贷款担保证券必须符合房利美和房地美的认购标准——因此在认购房产抵押贷款中"认购"是一个形容词。正如之前所说的，这些标准需要一个潜在的拥有良好信用评级的购房者，用文件证明他或她抵押后的总债务不超过家庭总收入的34%，这样才能付首付（通常要超过10%）并且借款总数不能超过417 000美元。此外，标准类抵押贷款不允许家庭房屋数超过四套。

这些认购标准意味着当典型的拖欠债务率（信用风险）传递给房屋抵押债券时，拖欠债务率会降低0.5%。这使得信用评级机构将房屋抵押债券的投资等级定为AAA级并且允许房利美和房地美以较低的价格给投资者的还款作担保，价格通常低于25个基准点（0.25%）。事实上，房屋抵押债券真正的风险不是自身的信用风险，而是债务人会使用他们的权利通过重新募集资金或增加本金支付来提前缴纳房贷，因此实际上其被称作债券。聪明的读者会发现房屋抵押债券从许多方面来看都是布雷顿森林体系下或福特主义时代福利国家的传统产物。它们将提供住宅贷款者的风险社会化了，暗中将回报均摊给投资者、受惠的债务人并且使借款人均质化到以购买独栋住宅为代表的中产阶级中。

与之相比，贴有零售商标签的房屋抵押债券和债务抵押债券更大程度上是一种后福特主义时代的产物。它们从资质不合格的家庭（在任何意义上来说）获得抵押贷款，允许投资者投机赚取差价并将风险转移到债务人身上。贴有零售商标签的房屋抵押债券不从既定的房贷资金池中给投资者按比例分配还款收益，相反地，以房贷为基础的资金池被分成若干份用来分给不同风险和回报等级的投资者。贴有零售商标签的房屋抵押债券和债务抵押债券因此成了包含不同房屋贷款的各种零星物品的合成产物。违约的房屋贷款因此能够影响许多不同的债务抵押债券，并且一组特定的债务抵押债券投资者不能在不影响其他债务抵押债券的情况下取消抵押品赎回权。将不同的房贷混合到一个品种繁多的债务抵押债券背后的动机是为限制单个违约的风险。然而，混合后有一个违约者就会影响许多债务抵押债券。关于不好的债务抵押债券有一种比喻的说法是"香肠里的沙门氏杆菌"。

从概念上说，大部分的房屋贷款都进入了非 GSE 担保的房屋抵押债券资金池是不符合规定的。如果那些房屋贷款已经合格，由于它们良好的担保条件和劳务成本，它们就会被提供给房利美和房地美。尽管不是所有的不合格房屋贷款都是次级的，但它们差不多都要承担比初级的合格的贷款更大的风险。次级贷款的违约风险大约是初级贷款的五到六倍。然而债务抵押债券通常由类似房地美和房利美房屋抵押债券等这种被信用评级机构评定为 AAA 级的私人房屋抵押债券组成。金融体系是如何利用债务抵押债券将高信用风险贷款转化成低信用风险贷款的呢？

金融机构在利率和支付本金方面把债务抵押债券分成了不同的法律优先级别，目的是使投资等级债券避开不合格的贷款。银行业者将一批不合格的房屋贷款切开分到不同的债务抵押债券中，然后从资金池中根据付款流分配给每种债务抵押债券一个特定的优先权。不管哪种房屋贷款需要支付利息或预付本金，那些贷款都首先以最高的法律优先权分配给债务抵押债券。这种付款流中要求给予现金的法律优先权恰恰使得这部分款项从表面上看起来是零风险的，以此来获得 AAA 级的信用等级，尽管其本质上是次级房屋贷款。一旦这种最高款项被支付，下一个最高款项就会收到付款，然后依此类推。因为每一个随后而来的款项必须等其上一级款项分完付款，所以每一项后来的款项/债务抵押债券的信用等级较低。

次级房屋贷款资金池中平均等级为 BBB 级的债务抵押债券会因此支付一些评估为 AAA 级的债务抵押债券，因为那些特别债务抵押债券是从第一次削减利率起由房屋贷款担保的。最低款项被称为"有毒废物",因为其首先吸收了违约贷款但最后才收到利息,虽然其偿还的利率水平很高。通过房屋抵押债券平均了投资者的回报,私人债务抵押债券通过分派不同的契约优先权区分了房屋贷款支付流。为了避免其他债券遭遇风险,金融公司错误地认为风险应该集中于一种特定的有害的债务抵押债券。

从次级房贷废料中已经加工出 AAA 级债务抵押债券,银行随后会将债务抵押债券的债务从它们的账簿中挪到特殊投资工具中。债务抵押债券自身并不见得一定有问题,然而,债务抵押债券和特殊投资工具的结合对整个金融机构是有害的,因为它结合了资产和大量财务杠杆的风险。要理解特殊投资工具最简单的办法是将它想象成一种为大投资者准备的类似银行挤兑的共有基金。银行和一些大投资者用他们自己的钱建立并提供资本给特殊投资工具,这组成了特殊投资工具的股本基数。接下来,特殊投资工具通过各种渠道筹集价值为其股本的 10 到 14 倍的借款来进行投机。在 2004 年的一次关键性监管决议中,美国证券交易委员会(简称 SEC)允许雷曼兄弟、贝尔斯登、美林证券、高盛和摩根史坦利等投资银行使用超出正常的 12∶1 的杠杆极限。

特殊投资工具自身的杠杆作用通过在商业资本市场上短期和中期借款来实现。特殊投资工具通过发行短期债券、资产支持商业票据来调节杠杆,其周期是 90~180 天。每次这些钱在 90~180 天期限到期后,特殊投资工具就必须补充款项或再借款。特殊投资工具运用这些短期借款购买评估为 AAA 级的债务抵押债券。这些给特殊投资工具短期借款的机构依靠债务抵押债券在特殊投资工具发生违约时给其提供抵押品。在 2004—2007 年间,全球的资产支持商业票据每年的发行量倍增到 12 000 亿美元。银行用特殊投资工具从事套利交易,通过短期现金借款投资于长期债务抵押债券。银行每三到六个月都要依靠债权人补充其短期贷款。

特殊投资工具是怎样赚钱的呢?和债务抵押债券一样,银行特殊投资工具基本上都有同样的信用等级,所以银行不能从表面的资信中获取利率差价。取而代之地,特殊投资工具从它们持有的长期债务抵押债券的不同到期日中获取差价，并将短期和中期商业票据发放给基金公司用来购买那些债务抵押债券。长期贷款通常比短期贷款的利率高，并且长期债务抵押债券的利率更高。特殊投资工具通过我们之前讨论过的大量杠杆工具在回报中放大了这种差距。

这种利用贷款投机是巨大风险和巨大收益的来源。利用 10～14 倍的贷款进行投机，特殊投资工具能够将它们自身很少的投资转化为很高的收益。但是风险也随之而来，因为特殊投资工具要赔偿看起来大量不匹配的到期票据，将短期借款投资到长期资产中去。读者读过第 2 章的话会立即注意到这与美国的外债不匹配票据很相似。但是特殊投资工具不像美国政府那样拥有印制钞票的特权。相反，它们每 3～6 个月必须回购资产支持商业票据以使债务展期。如果短期利率急剧上升，那么特殊投资工具就会发现它们在资产支持商业票据贷款中付出的利息要高于它们从债务抵押债券中获得的收益。更糟的是，如果特殊投资工具的债权人拒绝在资产支持商业票据中重新投入资金，那么特殊投资工具必须清算它们那些债务抵押债券的相关资产用以偿还给债权人。尽管银行提供给其特殊投资工具紧急备用信贷以防它们不能为其资产支持商业票据提供资金，但是没有人希望用到这些备用信贷。

银行和特殊投资工具对于这种到期日不匹配的满不在乎来源于它们相信长期名义债务抵押债券资产实际上是短期债务，尽管其依托了 30 年的名义贷款。这种房屋贷款支持房屋抵押债券的到期时间平均为 7～10 年，但是它们可能会花差不多 30 年的时间来分期彻底还清。与此相对比，大部分变为债务抵押债券的房屋贷款是 2/28 抵押贷款，也就是说，相对低的利率大约持续两年，其余的 28 年利率会每年或每半年调整一次。每个人都希望这些房屋贷款在第 2 年调整为一个更高的利率之前多还些贷款。次级和次优级购房者选择 2/28 抵押贷款，因为他们相信房价每年会上涨 5%～10%，这样他们很快就会获得所需的资金。银行相信债务抵押债券期限短会使他们在资产支持商业票据市场中避开利率上升的风险。如果利率上升，特殊投资工具相信它们能从母银行得到紧急备用信贷用以保护它们持有的债务抵押债券，然而它们无法避免追加资金快速收回债务抵押债券。没人希望这些抵押贷款被重置，那样将会把没有足够资本的购买者推向取消抵押品赎回权的境地。

特殊投资工具的投资者因此认为他们已建立了套利交易的基础，表面上发布了评估为 AAA 级的短期票据而实际上投资于非短期非 AAA 级信用的看似无风险的长期支付利息的工具。事实上，BAA 级的债务抵押债券违约率大约是同类企业债券违约率的十倍。银行建立了特殊投资工具也认为其进行了一项大买卖。因为特殊投资工具是资产负债表外的投资，银行不必用自己的管理资金或准备金支持特殊投资工具，除非特殊投资工具不得不使用其紧急备用贷款。持有以监管目的的强制性准备金减少了银行的收益，特殊投资工具使银行能避开这种对其盈利的监管。

7.4 信贷市场的关键时刻

危机的直接原因是银行和借款者同样需要房价以每年10%的升值来使他们的债务变成钱。但是次级房贷借款人的加入标志着房价上升的结束。信誉好的新购买者几乎没有了，这也是为什么银行开始给信誉较差的家庭提供贷款的原因。没有新的购买者意味着房价不会持续无限地上升，然而唯一合格的新购买者就是那些实际还没有还清贷款的人。

我们从银行的角度分解一下这个失败的赌注。特殊投资工具在债务抵押债券投机中有三处失误：对数学模型的过度信任；对那些模型背后的历史违约数据的依赖以及相信房价会一直上涨。首先，类似于新的场外交易、定制和复杂的衍生工具，债务抵押债券不能在一个公开的流动的市场中估价。取而代之的是，监管机构和信用等级评定机构允许特殊投资工具和投资银行以内部模型为基础给债务抵押债券估价。这在 2006 年 9 月公布的财务会计标准委员会第 157 号文件中被称为三级定价。一级定价是按市值计价的定价，此时证券能以最近的销售价格为同种证券公开估价。二级定价是用公开的类似但不精确的衍生物的现有可用数据运用模型来定价，相对非流动性的证券没有最近的历史交易因此无商品报价。与此相比，三级定价是以模型为基础来纯粹猜测价格的。模型认为独特的衍生品是有价值的，不需要任何交易或公开数据，那谁持相反意见呢？以模型定价取代市值定价允许特殊投资工具积累大量的非流动性债务抵押债券。但是一旦这些模型错了呢？一旦它们低估了非流动性债务抵押债券的强制性抛售而不是逐步地或分散地变现呢？一旦人们突然想知道这背后其他的未公开的债务抵押债券或要在一个特定的房屋贷款中取消抵押品赎回权呢？

其次，更为糟糕的是，这些模型背后的历史数据不能反映出次级房屋贷款者数量根本的变化。信用等级评定机构和投资银行在 20 世纪 90 年代利用次级贷款违约率数据来判断它们资产的现有风险。但是这些数据背后的次级贷款者数量和环境在 2000 年后都发生了变化。在 20 世纪 90 年代，次级房屋贷款在贷款市场形成了一小股有利可图的产品，其违约率低至个位数。次级房屋贷款为那些信用不良但正在提升信用的和那些有不同现金收入的人进入房地产市场提供了一种正当的途径，当然，银行要对那些缺少收入证明或信用等级不高的人收取较高的利息。银行要仔细筛选次级房贷借款者因为他们的信用风险较高，他们的违约可能会对银行的资产负债表造成打击。房价轻微的上升在 20 世纪 90 年代帮助那些次级房屋贷款人重新筹集资金以进入低利率房屋贷款市场中。所有这些在 20 世纪 90 年代都降低了次级房屋贷款的违约率。

但是 2003 年以后新的次级房贷借款者的大量涌入改变了次级房贷市场的人员结构并且其行为方式使得之前模型的准确性大大降低。首先，抵押经纪人并不是银行筛选的次级房贷借款人。经纪人通过贷款的发生来赚钱，而并不长期持有贷款，他们的补偿机制意味着当一个购买者能被诱导进入高利率的房屋贷款市场时他们才能赚更多的钱。经纪人不需要面对信用风险，因此经纪人有动力利用尽可能多的各种办法创造更多的房屋贷款。经纪人给那些信誉不好的"忍者"贷款，他们没有收入、没有工作也没有资产，但渴望像雅皮士那样拥有花岗岩的厨房台面。在 1994 年，次级房屋贷款最初只有 340 亿美元，并且大部分都是通过银行贷款的，在 2004—2006 年间，次级房屋贷款平均每年的初始值都超过了 6 000 亿美元，并且大部分都是通过经纪人和专业放款人贷出的。其中有近6 000亿美元投入到了资产支持商业票据市场。实际上并不合格的新的次级房贷借款人急剧加大了违约的可能性。

历史数据也没有捕捉到一些微妙的变化，即信用不良的购房者将次级房贷作为一种工具，他们用次级房贷去推测房屋的价格。对他们来说，借款人赌房价会持续上升来保证他们的次级抵押贷款有利可图。他们签订了比初级贷款更高利率的合同因为他们没有想过永远用这种利率偿还贷款。更相反，如果房价每年都持续上涨10%或更高，那么两年后我们之前的次级房贷借款人就会发现他们的房屋净值增长了20%并能获得一个较低利率水平的固定利率三十年贷款。因此他们在自身没有充裕资金的情况下仍然会为房子重新筹资。由于在2006年有78%的次级房屋抵押贷款都是2/28抵押贷款，所以他们也愿意重新筹资，但这意味着两年后利率就会调整。

这使得特殊投资工具债务抵押债券投机市场产生了第三个问题：一旦房价不能保持每年两位数的增长会怎么样呢？一旦没有新的信誉好的购买者进入市场来接手房屋业主的还未实现的抵押资产净值而让那些业主进行交易呢？那么已透支的贷款人就不会有20%的资产净值也不能以低利率来对约定的抵押贷款进行再融资。相反，他们可能会面对的高利率将迫使他们陷入违约的境地。而这正是2006年末和2007年发生的事情。在次级贷款遭遇利率突然上涨趋势的同时美联储正尽力抑制来自食物和原材料的通货膨胀压力。房价上涨放缓了，突然间，再融资也变得很困难，并且大多数最依赖房价上涨来使他们脱困的新进入的次级房贷借款人很快就开始违约。整个2004年证券化的次级房屋贷款中只有4%在9个月之后违约，然而2006年和2007年分别有10%和16%的次级房屋贷款在9个月后违约。这种房价升值的逆转同样也使之前的次级房贷借款人的行为由以模型来定价变为纯粹地猜测定价。特殊投资工具持有的并不是评估为AAA级的资产而是糟粕。但是它们仍然在资产支持商业票据中通过那些债务抵押债券得到了上亿美元的融资。

由于抵押贷款违约率的增加渗透到了债务抵押债券和特殊投资工具中，那些特殊投资工具发现它们越来越难将短期债务转为新发行的资产支持商业票据。违约率的上升连累了资产支持商业票据中抵押品的价值。特殊投资工具有三种方案偿还到期的资产支持商业票据：一是为偿还旧的资产支持商业票据债务而重新借钱；二是清算它们的债务抵押债券；三是使用紧急备用信贷。但是谁给它们提供了新的贷款呢？大多数银行已经向特殊投资工具投资了，所以它们都知道违约率正在上升，相应地，这些债务抵押债券也会贬值。在明知道价值可能会呈两位数下跌的情况下，谁还会再购买债务抵押债券呢？教师的养老金不是无限提供的。相反，特殊投资工具向它们的赞助银行索要紧急备用贷款。这使得那些银行陷入困难的境地，因为它没有足够的现金来满足特殊投资工具的需要。

但是银行不能进入公开市场借款，因为谁能借钱给它们呢？即使其他银行不是这样短缺资金，但那些银行很有理由猜测任何一种债务抵押债券提供的抵押品都可能会贬值。相反，银行如此担心交易方风险（即银行提供借款的对象违约的风险）以至于它们停止了向其他银行提供任何形式的抵押品借款，而不仅仅是债务抵押债券。银行害怕已贬值的债务抵押债券的不确定的风险也会影响到其他衍生品。这种担忧在信贷危机期间一直持续着，2007 年 8 月到 11 月及 2008 年的 3 月、6 月和 9 月。没有人会借钱给银行，也没有人能判断出哪家银行是有风险的，因为债务抵押债券几乎都是不公开的。因此，金融市场不仅开始抵制自动贷款的债务抵押债券也开始抵制美国市政公债和商业票据发行的拍卖利率证券。市场对债务抵押债券的抵制导致特殊投资工具的名义市值在 2007 年 6 月到 12 月间下降了 1 500 亿美元；资产支持商业票据的市值在同期下降了 4 000 亿美元。

银行因此不得不开始把它们的特殊投资工具与其账簿挂钩，这打破了特殊投资工具最初的目的。例如，花旗集团不得不将 400 亿美元的债务抵押债券从其陷入困境的特殊投资工具中放到它自己的资产负债表里。将特殊投资工具与账簿挂钩降低了投资债务抵押债券的利润，因为银行必须为它们另外提供监管资金。这种要求也对宏观经济产生了负面影响。将特殊投资工具公布并为它们另立资金会迫使银行减少其他形式的借款，因为在新巴塞尔协议准则下它们可能没有足够的资金支付未偿付借款。（银行必须持有足够的资本去弥补那些可能迫使银行破产的坏账。）持续性信贷危机的发生可归结于这个简单的数学问题，即银行在 2008 年 6 月损失了近 5 000 亿美元却只吸收了 3 500 亿美元的新资本。考虑到法定准备金的普遍水平，1 500 亿美元的赤字就意味着银行要收回 20 000 亿美元的贷款。收回贷款最简单的办法就是避免贷款给其他有潜在风险的银行。

表 7.2 显示了美国主要商业银行和投资银行持有的三级资产——债务抵押债券及其替代品在 2007 年年末已经影响了银行的资金充足率。与 1992 年拉丁美洲的债务危机一样，这些级别的资产不仅威胁了银行的生存，还影响了它们建立信用的能力，正如 2008 年 9 月雷曼兄弟倒闭所揭示的那样。致力于次级贷款和次优级贷款的金融公司，像全国金融公司、因迪美和弗里蒙特等都倒闭了。并且这些问题延伸到银行体系之外。首先，近乎崩溃的资产支持商业票据市场开始影响正常经营并以借款维持债务，同时在等待它们的商品售出。其次，主要的保险公司，比如美国国际集团，通过信用违约掉期的方式给许多已违约的次级房屋贷款作担保。违约的抵押债券使美国国际集团由于那些信用违约掉期而面临破产的威胁，但破产后的美国国际集团会迫使银行收回更多的贷款因为它们已使用美国国际集团的信用违约掉期来规避资金充足性管制。

表 7.2　　截止到 2007 年年底，美国主要银行三级资产的披露

	三级资产（单位：百万美元）	作为总资产的百分比（%）	作为股权资本的百分比（%）	作为有形资产的百分比（%）	注解
美国银行	21 640	1.37	16.0	39.6	
贝尔斯登	20 250	5.1	160.1	161.1	被 JP 摩根大通收购
花旗集团	134 840	5.72	106.3	212.9	
高盛公司	72 050	6.91	200.0	235.9	
JP 摩根大通	60 000	4.06	50.0	101.5	
雷曼兄弟	34 680	5.26	168.0	209.8	在 2008 年 9 月破产
美林证券公司	15 390	1.43	41.0	45.4	被美国银行收购
摩根史坦利	88 210	7.44	258.3	287.3	被美联银行收购

资料来源　[俄] 马克基林和娜塔莎：《美国金融部门资产的信贷危机》，http://www.globalinsight.com/Perspective/PerspectiveDetail11004.htm。

银行再一次犯了债务重整协议的错误，相信它们能通过资本不足的特殊投资工具赚大钱而不经历任何系统风险或改变它们以模型为基础的行为。但是单独一家银行投资是安全的并不代表所有的银行投资都是安全的。就像银行挤入债务抵押债券和资产支持商业票据市场一样，它们用尽了可靠的次级房贷借款人和可依赖的房屋贷款经纪人。这改变了债务抵押债券最初是一种理性投资的情况。银行在债务抵押债券支持的次级房屋贷款的套利交易中进行得如此不顺利以至于给全球金融体系中主要参与者的破产造成了威胁。一旦房价停止上涨，债务抵押债券的特殊投资工具杠杆投机背后的所有假设全都不成立了，并且资本市场会冻结，就像银行开始拒绝贷款给其他银行一样。银行不能解决它们自身的问题，所以它们求助于国家。

7.5 政府干预和房屋贷款市场的重新收归国有

尽管在我写这本书的同时危机正在发生，但我必须考虑到政府对这次危机会做出什么反应，因为这些已经改变了房地产市场金融体系产生差异增长的结构。在全球金融危机发生前，美联储和美国财政部是领导者。在危机发生前期它们最开始的回应对这次危机表示很乐观，将此次危机看作是清偿危机而不是能力危机。美联储最初认为银行从根本上看是有偿债能力的，大多数债务抵押债券资产从根本上看是可靠的，因此最大的危险是债务抵押债券销售慌可能会打击银行和金融体系。因而，最初的干预相对很少，即使它们看起来力度较大并且大多数形式是对银行和债券交易者特殊偿债能力的限定。中央银行相信资产流动性大会使银行的特殊投资工具在备用信贷中表现良好，以此来化解这次危机。然后市场能给债务抵押债券精确地报价，从而使银行之间能够重新进行交易并用其他人的钱投资于它们的特殊投资工具。然而这一切并没有发生。最终，主要的机构资不抵债迫使财政部门和中央银行将金融系统中的主要部分国有化。所有这些干预尽力想控制流动性过大或过小，流动性过大会加剧现在已经位于高点的通货膨胀，而流动性过小则意味着更多的银行将倒闭。相反，欧洲中央银行在 2008 年初期恰恰由于害怕通货膨胀提升了这个比率。

中央银行和财政部门共有五次干预，每一次都引发了一种所谓的泰德价差（见表7.3）。泰德价差衡量了三个月美元国库券和以伦敦同业拆借利率发放的欧洲美元贷款之间的缺口。泰德价差对资信情况好的银行和银行破产的可能性进行了评估。在危机前的十年间，泰德价差大约为42个基准点。每一次危机，泰德价差都会大大超过这一数值，在2007年8月接近250个基准点，在2007年11月份是220个基准点，在2008年3月超过了200个基准点，在2008年6月是150个基准点，在2008年9月和10月超过了400个基准点。这些价差像发达国家和发展中国家发行的国债的价差一样。

表7.3   中央银行和财政部门的干预（2007年8月—2008年10月）

机构	干预	机构	干预
2007年8月 美联储 加拿大银行 澳大利亚储备银行 新加坡金融管理局	620亿美元 16.4亿加元 49.5亿澳元 15亿新加坡元 （约合10亿美元）	欧洲中央银行 日本银行 瑞士国家银行	1 560亿欧元 10 000亿日元 20亿~30亿瑞士法郎
2007年12月 美联储 加拿大银行	300亿美元定期拍卖工具 30亿加元	美联储 欧洲中央银行和 瑞士国家银行	900亿美元 互惠外汇信贷
2008年3月 美联储	2 000亿美元定期证券借贷工具和一级交易商 信贷工具	欧洲中央银行 瑞士国家银行	额外100亿美元 进入互惠外汇信贷池 额外20亿美元 进入互惠外汇信贷池
2008年5月 美联络	定期拍卖工具增长至750亿美元	欧洲中央银行	每月有额外200亿美元 进入互惠外汇信贷池
2008年9月 美联储	定期证券借贷拍卖开始减弱	美联储	房利美，房地美以及 AIG的实质国有化
7大工业国加上 瑞士的中央银行	4 270亿美元互惠外汇信贷		
2008年10月 7大工业国加上 澳大利亚、瑞典、 瑞士中央银行	利率下调0.5%	丹麦、德国、冰岛 英国和美国	存款保险资本筹集，转移或延伸至新一级别的存款

机构	干预	机构	干预
OECD 财政部	贷款担保： 澳大利亚：850 亿欧元 法国：3 200 亿欧元 德国：400 亿欧元 意大利：20 亿欧元 荷兰：2 000 亿欧元 西班牙：1 000 亿欧元 美国：7 000 亿美元	OECD 财政部	银行资本结构的改变： 德国：800 亿欧元 法国：400 亿欧元 英国：640 亿美元 美国：2 500 亿美元

中央银行和财政部门的干预主要涉及三大领域，这与银行面临的三个重要问题一致：偿债能力、资本充足率和存款稳定性。银行不能从其他银行借款主要是由于其他银行担心交易方的风险并且因此最终在实体经济中不管长期和短期借款都不发放。房屋抵押贷款的违约给银行资金抵销造成威胁，引起交易方和债务抵押债券的违约就像银行股价下跌一样。存款人纷纷投资更安全的东西比如政府债券，迫使银行缩减了不仅长期还包括短期的放款。政府一开始只注入了紧急流动资产但很快就变成了例行程序。这种方法失败后，它们力求寻找减缓抵押贷款的方法但却因此损害了银行的资产负债表。这很快就使资本枯竭的金融系统完全国有化。最后，政府开始给存款人提供无限责任担保，每一步都想要针对这次危机的特定部分。每一次干预规模似乎都是空前的然而很快就会有更大的干预发生。每一次危机的延伸不仅关系到每种工具的美元数量也影响其申请进入金融体系的新领域。在本书的写作过程中，每一次危机看起来都大过上一次。

让我们从流动资产注入开始，它想要使银行有偿付能力和放款能力。在2007 年中期金融公司亟待解决的问题是它们没有能力给自己的债务抵押贷款或特殊投资工具估价并售卖，同时把资产和负债加到利润表中。尽管中央银行清楚这个问题会变成自行承担的，但它们仍认为这个问题会限制抵押贷款担保。第一种干预措施因此给银行提供了偿债能力所以它们能吸收那些债务抵押贷款。美联储和欧洲中央银行调整了它们之前的想法，它们在2007年 8 月加上全球注入的流动资金共有 2 000 亿美元，想要通过借款来抵抗普通抵押品的波动。

在 2007 年秋季发生的房屋贷款违约和取消抵押品赎回权率的急剧上升引起了人们对 2008—2009 年重新调整抵押贷款利率会导致更多的房屋贷款违约的重视。这连同房屋抵押贷款引起的银行账簿中有关债务抵押债券不透明等问题导致了其他合成资产比如汽车贷款、助学贷款和法人应收账款等都受到了质疑。换句话说，不仅是坏账越来越多，而且坏账无处不在。因此，整个资产支持商业票据市场在 2007 年秋末由于私人公司拒绝给其他公司放贷而再次萎缩。拍卖利率证券市场的崩溃以及类似的资产支持商业票据市场给市政公债提供资金引起了新一轮的政府干预。

这一次，中央银行改变了对抵押品品种的管理并且开始接受贴有零售商标签的住宅和商业房屋抵押债券来变现它们借给银行的政府债券。一般情况下，美联储只接受国库券和机构债券（房利美、房地美和吉利美发行的）作为抵押品。2007 年 12 月美联储在干预时所使用的工具是 300 亿美元的短期标售。最初，短期标售工具使银行有 28 天而不是隔夜的现金并且这 300 亿美元是大于典型的公开市场运作的。短期标售工具通过强迫银行向这些基金投标而对银行进行管制。这种类似于市场的机制控制了银行的现金，但在另一个层面上却减少了那些银行运行的可能性。截止到 2008 年 8 月，短期标售工具的 20 00 亿美元现金仅以 84 天为基准。

短期标售工具很快又向非储蓄银行推出了类似的工具。2008 年 3 月的第三个泰德价差，美联储建立了两个新的工具用来接受新形式的抵押品并允许公开市场业务以 28 天为基准。2008 年 3 月的短期证券借贷工具允许银行使用非代理的房屋抵押债券作为美国国库券和现金的抵押品。美联储还给经纪自营商建立了一种平行基金。泰德价差和贝尔斯登银行的倒闭使得美联储开始接受各种资产担保证券，包括 AAA 级但是不可信的债务抵押债券，在贴现窗口短期的证券借贷工具已扩大到 2 000 亿美元。因此，从 2007 年 8 月到 2008 年 6 月，由于银行和经纪人寻求变现能力来满足承付款项，美国国库券在联邦储备银行的资产负债表中的份额从 90% 下降到 50%。最后，在 2008 年 9 月美联储发表声明将开始支持储蓄银行通过资产支持商业票据的货币市场共同基金流动资产来购买商业票据，并通过商业票据融资机制给非金融公司的商业票据提供担保。截止到 2008 年 9 月，美联储通过 12 个不同的机构给美国和外国的金融体系提供了大约 16 000 亿美元的流动资金。

欧洲中央银行同样也在 2007 年 12 月底拍卖了基金并以 4.21% 的利率提供了超过 1 300 亿的欧元。这个利率比正常的欧洲央行公开市场业务的利率高但要比现行的银行同业拆借利率低得多。交易量是自欧洲央行开始运作以来最大的拍卖。从 2007 年夏天到 2008 年 8 月，欧洲央行公开市场业务的拍卖金额几乎是从 1999—2007 年夏天的两倍。在 2007 年 12 月，主要的中央银行也同意兑换货币并允许欧洲借款人通过中介持有美元负债，这样就不会扰乱信贷市场。这种机制几次都不断扩大。在 2008 年 10 月，主要的中央银行减掉了协调利率。

这些干预措施并没有解决问题，因为截止到 2008 年问题很明显是银行不相信它们合约方的安全性。没有人真正了解合约方账簿中的不良债务抵押债券、房屋抵押债券和信用违约掉期的数量和质量（事实上，雷曼兄弟破产后，资产拍卖损失巨大）。因此，银行阻止放贷给其他银行，这样做之后，实体经济就开始中止信贷。

这个问题只有修复银行的资本基础才能够解决。因此中央银行试图通过支撑房价来限制取消抵押品赎回权并防止恐慌性抛售具有取消抵押品赎回权的资产，因为一旦发生这种情况会进一步损害房屋贷款抵押债券和债务抵押债券的价值。研究表明房价下跌是引起取消抵押品赎回权的主要原因。干预措施有两种：（1）新法规和规划的目的是限制或防止可能引起近期购买者违约的抵押贷款利率重置；（2）公共的贷款机构为房屋抵押贷款的转售增加其资本供应以保持销售量来避免破产。美国联邦住宅贷款银行就像房利美和房地美公司曾经那样成为了美国房屋按揭贷款的主要发起人。另外，政府直接干预一些抵押贷款合同。一旦这些合同违约，它们就会被迫让倒闭的金融公司国有化。

一开始干预措施的目的是解决银行关于次级房屋贷款的集体行动问题。没有一家单独的银行能克制利率重置以此避免大量的取消抵押品赎回权的强烈冲击。每家银行都有追踪取消抵押品赎回权的动机来尽快将房地产市场缩小到一个萎缩的资金池中，房屋按揭的潜在购买者是递减的。但是国家会诱使所有的银行放弃它重置抵押贷款利率的权利以限制取消抵押贷款赎回权的洪流。2007 年发表的《希望联盟计划》声称关于银行间自愿发起的要依次冻结次级贷款利率的协议最终是无效的，这个协议在某种程度上希望保持现有的利率而不重置。这个计划因此主要保证了放款者的利益因为它试图在必需的取消抵押品赎回权之间建立一种防火墙，考虑到借款人实际上无力偿还而且当利率重置后那些借款人会面临破产。但房价的持续下跌会使得这个计划失效。

相反，在 2008 年 7 月美联储终于开始给银行施压，通过减少本金有约 12% 的房主会用负资产抵押来确认他们房屋贷款的损失。新的条例和法规批准联邦房屋中介给房屋贷款担保，这样银行会收到 15% 的销账。这一点是为了防止房屋清算的杂乱无章，希望长期增长会使优先贷款再次变好，这样做会使受损的房屋抵押债券和债务抵押债券有一个良好的基础。

在第二次房屋抵押贷款干预措施中，公开放款人在房屋贷款市场上插手取代缺席的私人放款人。在各种联邦住房贷款银行系统中，12 家银行通过联邦政府在萧条期特许成为房地产市场上的最终放款人，也放松了房屋贷款放款人进入的信用条件。在全国范围的金融体系中，主要的房屋贷款放款人，那年从亚特兰大联邦住宅贷款银行借了超过 510 亿美元的贷款。全部的联邦住房贷款银行系统在 2007 年第三季度给银行提供了近 7 500 亿美元的借款，2007 年联邦住房贷款银行系统提供的借款额与 2006 年相比上升了近 3 500 亿美元。这颠覆了房屋抵押金融在整个 20 世纪 90 年代的特征。

美联储也建议房利美和房地美公司出售它们持有的部分初期的房屋抵押债券以腾出空间在目前市场低价时购买次优级房屋抵押债券，并给次级房屋抵押贷款提供再筹资金，同时建议联邦房屋署也进行类似的操作。在 2007 年，房利美和房地美公司吸收了几十亿美元的次优级房屋抵押债券，到 2008 年年底房利美总账款的 11% 都是次优级房屋抵押债券。在另一方面，投资银行在没有损失的情况下摆脱了有问题的房屋抵押债券因此避免了破产。然而这种做法削弱了房利美和房地美公司的实力，并在 2008 年 8 月为它们建立了实际上重新收归国有的平台。这种国有化是开始直接转向支持银行资本的信号。

在国有化之前，当英格兰银行给房屋抵押贷款方诺森罗克银行提供 80 亿英镑的备用贷款时，银行国有化和政治性指导兼并在 2007 年 8 月已经开始退缩。在美国，美联储直接干预以限制银行倒闭的附带损失，但这种限制仅是表面性的和象征性的。在 2007 年 8 月，美国银行在美联储的命令下为美国国家金融服务公司纾困。美国国家金融公司在房屋抵押贷款市场中是一个重要的参与者，其资金来源于近 10% 的全美新的房屋抵押贷款，处理支付现有的美国近 20% 的房屋抵押贷款。它的倒闭会引起整个美国房地产金融体系的骚乱。中央银行也从主权财富基金申请了资金作为一种规避各种法律障碍的迂回战术。在 2 600 亿美元的新资本中，主权财富基金提供了约 700 亿美元，这些也是美国金融体系在 2007 年和 2008 年所需要的核心资金。（我们将在第 8 章介绍主权财富基金）就像流动资金的注入稳步扩张一样，每一次国有化和资本注入都成比例地增长。

投资银行贝尔斯登的倒闭给这个原因提供了最好的例子。贝尔斯登以房屋为基础的两支对冲基金在 2007 年 7 月暴跌，造成了 2 亿美元的损失。由于贝尔斯登损失巨大，它的合约方开始拒绝与贝尔斯登进行交易。即使它的借款通过抵押品进行了担保，但放款者害怕贝尔斯登一旦倒闭的话其抵押品在公开市场上会卖不出去。它的倒闭会迫使约 2 100 亿美元的房屋抵押债券和其他有价证券进入市场，而市场甚至都无法接受此数量的 1/10。这些有价证券的出售也会给许多三级定价的证券建立虚高的一级或二级价格，强迫银行勾销巨额损失并使其走向破产。因此，联邦储备银行不得不给摩根大通公司提供本质上无限制的 300 亿美元的信用额度来收购贝尔斯登。贝尔斯登的倒闭表明任何一个大机构的倒闭都会通过其资产负债表的失衡而使得金融体系其他部分受到打击。在 2008 年夏天，许多大公司都陷入了困境，包括雷曼兄弟，其有 400 亿美元的信用违约掉期。

截止到 2008 年 7 月和 8 月，房利美和房地美公司从私营部门吸收的有问题的次优级房屋贷款违约率开始上升，令人开始怀疑它们的偿付能力。在

7月份，房利美勾销了53.5亿美元的次优级房屋抵押贷款。这引起了泰德价差的出现以及房利美和房地美的集资成本开始扩大，等价的美国国库券几乎上升了70个基准点（0.7%）。国外投资者在房屋抵押债券代理中抛售了580亿美元，这抬高了房屋抵押贷款利率并阻止了房屋买卖的发生。在2008年9月，美联储和美国财政部将这两家公司放到了管理委员的职位，《联邦破产法》和80%的政府股权意味着这两家公司实际上是国有化的。房利美和房地美与贷款银行系统一起，已成为了房屋抵押贷款市场新资金的唯一来源，它们的倒闭已经使整个房地产市场停摆。相比之下，国有化引起30年固定房贷利率下降了近50个基准点（0.5%）并帮助支撑了房地产市场。

政府支持企业的国有化没有解决在房地产市场或金融市场中出现的更大的问题。总体说来，房屋销售的高峰期是从3月到8月。在2008年9月，市场上的房屋供应量维持在正常水平的二倍，房价从其峰值下降了约15%。违约房屋贷款削弱了雷曼兄弟的实力，致使其走向破产。它们也耗尽了美国国际集团的资本基础，美国国际集团在对房屋抵押债券的信用违约掉期（债券违约担保）中开出了1 500亿美元并支付了250亿美元的赔偿金。美国国际集团3 000亿美元的信用违约掉期使欧洲银行受益，却迫使美国财政部将美国国际集团国有化，美国国际集团无法控制的破产使欧洲银行被迫增加它们的监管资本或召集贷款，这严重损害了主要的欧洲银行的利益。美国国际集团允许欧洲银行通过开出3 790亿美元的信用违约掉期来规避资本监管的限制。当美联储以处罚利率提供了850亿美元的信用额度并在2008年10月额外提供了380亿美元时，美国财政部再一次插手干预80%的房屋所有者。

这些银行的失败及对银行未来会失败的恐惧刺激了政府通过担保存款人的账户来优先掌握银行的运营。发生在美国的第一个特别的例子是美国联邦存款保险公司在非储蓄机构给货币市场账户中所有的基金进行担保。货币市场基金是短期运作商业信用的主要来源，它们和美国国库券的贬值会伤及平民阶层的利益。在短期内，美国联邦存款保险公司临时给账户行提高了保险标准，从原来每户 100 000 美元提高到每户 250 000 美元，同时也给基金在货币市场提供了无限责任担保。丹麦、希腊和爱尔兰没有考虑标准而给所有的存款进行了担保，英国和瑞典的覆盖量大概分别为 87 000 美元和 70 000 美元，欧盟的银行监管部门保证最低覆盖量上升到 50 000 欧元。

截止到 2008 年秋天，这些干预措施完全没有生效。银行拒绝借款给其他银行，短期信用市场是冻结的，并且银行的资本在慢慢减少。美国财政部和美联储提议并制定了《紧急经济稳定法案》，这个法案中的 7 000 亿美元不良资产救助计划最初的导向是在干预措施早期再运行阶段尽量收购危险贷款。然而泰德价差在 2008 年 10 月打破了 400 个基准点，强迫政府直接向银行注入公共资本。冰岛起诉了第一起因为银行资金周转不灵在货币危机期间倒闭了的国有化资本。但是作为主要金融中心的英国强迫每个人手中都要持有主要银行的股份，包括在苏格兰皇家银行过半数控制的股权和在劳埃德银行及哈利法克斯银行组合的股份。德国、法国和西班牙接下来很快开始效仿，提供了相当于它们 GDP 的 2% ~3% 的一揽子交易。

这诱使美国财政部让"自愿"的 9 家主要美国商业和投资银行接受总计金额为 1 250 亿美元的少数政府股份，而另外的 1 250 亿美元用来进一步购买银行股份。美国财政部也给银行债务提供了 15 000 亿美元的担保并给企业账户提供了 5 000 亿美元的担保。这将美国紧急救助的总额额外提高了 22 500 亿美元，抵消了已收股息和银行股价的潜在复原能力。在此书写作的同时，这种干预是否会起作用还尚待观察，剩下的唯一步骤就是包含了多数股本金融系统的真正国有化。

这些国有化可能是解决危机的唯一途径，因为它们直接支持银行的资金基础，使它们能重新给公众放款并降低了合约方的风险。英国的干预大概与其每年的预算水平相等，美国的干预大概与其整个社会保障养老金相等。爱尔兰的担保是其 GDP 的二倍。至今为止，充分引起人们注意的是，经济合作与发展组织的政府为应对 2007 年和 2008 年的经济危机已逐步将房屋贷款和金融市场转向国有化。在美国市场的供给方面，贷款银行系统、房利美和房地美的重新收归国有使多数的住宅信贷停止提供新资金，在需求方面，联邦储备银行不再持有数亿美元的旧的房产抵押债券。在中期，政府获得了银行大部分的所有权。

经济危机的后果

在第2章，我揭示了外国资本在整个20世纪90年代不成比例地流向美国房地产，在第4章，我揭示了与抑制财富国家相比，美国和美国化财富国家中资本激励的差别化增长。召回的房屋贷款占美国2007年非财政部门未偿还债务的近1/2。通货紧缩和名义利率的下降在整个美国住宅信贷系统以加速恢复总需求等方式体现出来。这使经济合作与发展组织在美国的平均增长率能够上升，维持了美元的核心货币地位。经济繁荣不可能永远存在，然而截止到2005年，房地产繁荣已经耗尽其核心投入。由于中国工人的工资开始上涨，更为重要的是食品和燃料价格跃升到空前水平，通货紧缩转变为通货膨胀。便宜的房屋抵押融资耗尽了房地产市场新进入者的供给，这就需要充实现有的房地产市场，银行给借款者增加贷款，这些借款人在增加大量债务后能够及时付款的希望很渺茫。

房地产泡沫的破裂显示出整个国际金融体系已经下赌注将其自身押给了房地产市场的命运。银行的盈利能力依赖于表面看似简单但实际上是高杠杆套利交易的能力，它们用短期借款来购买自己的长期房屋抵押债券和债务抵押债券。银行的坏账拉开了一场缓慢的、以一连串越来越多的中央银行干预为特征的金融危机的序幕。泡沫的破裂引发了整个政治和经济逆转的连锁反应。

首先，从经济上看，次级房贷是2007—2008年金融危机的导火索，并造成了大范围的和普遍性的金融危机。至于我们的狭窄但重要的房地产市场，这意味着房屋抵押贷款信用开始走向难以预见的未来，贷款人缺少首付和足够的收入来使他们具有政府支持企业的抵押贷款资格。政府支持企业甚至贷款银行系统要成为美国抵押贷款的主要信用来源，这限制了美国金融体系资产的增长。其次，住宅信贷增长机器似乎有时要向相反的方向运转，吸入经济之外的总需求，例如无流动资金的家庭以降低他们的消费来满足房屋抵押贷款还款的需要、无偿债能力的家庭则丧失了抵押品的赎回权。与此同时，对抵押贷款的依赖，尽管是谨慎的，也会迫使流动性家庭进入房地产市场，他们为了付首付而节省他们的开支。危机因此清除了美国差别化增长的一个动力。接下来要看另一个新的可能是什么。

第二个逆转从破产中显露出来并混合了政治和经济的影响。债务人和债权人仍然在通货膨胀和利率上存在着矛盾。但是至少在短期运行中，危机逆转了他们的正常选择偏好，因为约束条件面对的是无流动资金的和无偿债能力的家庭和金融公司。现金约束的家庭通过收入阶层在现期持有重要的股本，使他们在中期能抑制税收和利率带来的冲击。这种需求降低了通货膨胀率。同时，拯救财政部门需要大量现金输入并给中央银行的资产负债表和财政资源施加了巨大的压力。美联储在 2007 年和 2008 年所求低利率的目的是避免削弱抵押贷款并增加银行借款和抵押贷款的费用。但是低利率意味着流动性更强和更高的通货膨胀率。因此，财政赤字的规模扩大用来支付银行资本结构的调整以及为其提供良好的贷款担保。美联储因此必须要平衡政治压力以缓解其面临的来自短期和长期的多方面压力，所以它舍弃了财政稳定性以保住美元的地位。

第三个逆转具有更多的政治性。从政治上看，此次危机标志了新自由主义对布雷顿森林体系和美国凯恩斯福利国家的体制结构的侵蚀。新自由主义的放松管制理论后来应用到房地产市场中。直到 20 世纪 90 年代，住宅信贷实际上进行了国有化并通过房利美和房地美抵押资产证券化对其进行了有效的垄断控制。在整个 20 世纪 90 年代，私人房产抵押证券化和房产抵押证券的建立暗地里破坏了政府支持企业垄断并加重了房屋所有人的贷款和房产抵押证券的可享利益者的风险。与房地产有关的风险脱离了社会环境，尤其是在 2002 年之后无人管理的房产抵押证券开始获得市场份额时更加明显（可参见图 4.3）。小布什执政期间（2000 年至 2008 年）支持私有部门通过放松管制标准而扩大其市场份额并建议房利美和房地美公司减少它们的市场比例。

这一进程冲击了美国的政治力量。以房地产为基础的差别化增长是美国经济权力的中心。伦纳德认为政府支持企业范围延伸到了低收入但"初级"信用风险较高的群体，并且后来更广地（但更有风险的）扩张到次级贷款，扩大了美国金融体系的存款基础并为可用于世界范围的有价证券的销售建立了更大的资金池。

这次危机既使个别金融体系重新国有化又使美国住宅信贷非国有化。这里的非国有化，并不意味着私有化。这次危机实际上摧毁了房产抵押证券的私营发行人，私营房地产抵押证券的发行在 2007 年第三季度取消了。少数参与者破产了，主要的参与者缺乏公信力和资金再进入这个市场。这仅留下了政府支持企业——房利美和房地美再加上贷款银行系统，作为大规模的原始抵押贷款购买者和可信赖的房产抵押证券发行者。在危机开始发生的2007 年夏天，这三个体系生成了美国房地产市场几乎所有的新信用。一方面，贷款银行系统在给房屋抵押贷款人提供资金方面表现得尤为重要，而另一方面，房利美和房地美公司吸收并打包抵押贷款。由于法律限制，政府支持企业的作用只会越来越大，虽然是临时的，其增加的上限是 700 000 美元的合格贷款，因为它们是仅存的房产抵押证券的发行人。抵押贷款的创立及证券化收归政府支持企业的这种转变构成了美国住宅信贷的重新国有化。

同时，由于国内市场吸收了房产抵押证券下降的份额，就这个意义而言，国内市场产生了非国有化。在 2007 年年末和 2008 年年初，外国央行及其相关的基金是房产抵押证券代理的主要购买者（就和美国财政部的基准一样）。美国住宅信贷变得更加依赖于国外投资，但要伴随期限结构的延伸。这扰乱了"短期借，长期放"的套利但巩固了美国 20 世纪 90 年代的增长。基金自身的增长也是如此。

8

展望未来——套利、差异增长和经济实力

"'主权财富基金'正在进行一些它们自己认为可能还不错，但并不是最优的投资……政治目标比回报率更重要……当你拥有一个公司10%的股份的时候，你就根本不需要通过在董事会中委派两个董事来获得影响力（超过目标公司）。"

——Felix Rohatyn，2008年1月22日

在20世纪90年代，即使是基于人口调整的基础，美国的发展也要比那些抑制财富的国家更快，尽管亚洲发展迅速，美国也要保持其在全球GDP中所占的比例。美国的差别化增长依赖于两个重要的投入：持续的通货紧缩和通过金融套利回收的贸易逆差。在第7章，我们讨论了疲软的通货紧缩及

其如何影响按揭贷款违约和金融危机。在这一章中，我们将研究美国全球金融套利的潜在疲软，以及经济增长的第二个主要驱动力。套利还影响着困境中的美国金融公司的资本重组。随着以住房为主导的差别化增长的两个主要驱动力的消失，美国的全球经济实力还能持续吗？在20世纪90年代，美国经济的急剧增长会给美国和全世界留下什么呢？

在20世纪90年代，美国的跨国企业和零售公司将劳动密集型产品的生产迁移到国外，而通货紧缩最初的压力就是来自于这次成功且盈利的迁移。这次迁移引起了非耐用消费品价格的剧降，并导致了利率的下滑，从而为底层住房市场带来了新的购买者。但是这次迁移同样使无技能或低技能男性工人的工资持续降低，从而减少了新购房者的支出。最终，新购房者只能用次级和次优级按揭贷款（详见第7章）来购买住房，这也是发生金融危机的条件之一。

美国全球性金融套利如何操作，增长的第二关键推动者如何耗尽了自己的资源？回忆一下可知套利既是差别化的原因也是其结果。美国国库券以及房利美和房地美的房产抵押债券的国外采购压低了美国的抵押利率。美国住宅信贷系统将下降的利率转化为增长的总需求。尽管这种需求刺激了美国经济，但也使资本大量流出用来购买进口车辆和非耐用消费品并带动了抑制财富国和中国的经济增长。截止到21世纪初，中国工业化的成功和美国越野车的激增开始从石油输出者手中抽出数亿美元，然后这些经济体被动地回收它们的贸易顺差并将其投入到固定收益证券公司债券与政府债券中，使得利率更低了。但正当紧缩购房的动力终于增大到足以耗尽其原材料时，再循环动力终于检验了美国债权人接受持有回报率在平均水平之下的债券的意愿。在第6章，我讨论了美国有价证券无法逃避批量发售所必须作出的政治努力，但这个论证忽视了一旦美国债权人所持有的财产多样化，进行被动投资和更积极的高回报率的投资或运用他们的市场势力通过放弃选择证券市场时会怎样。

在2007年和2008年的金融危机中这些情况同时发生了。首先，国外持有美元有价证券集中度的上升增加了分散投资者的市场势力，尤其是中国。

截止到2008年，中国可能持有超过1/8的美国全部有价证券资产。在2008年夏季中国政府拒绝吸收更多的房产抵押担保证券是引起房利美和房地美重新国有化的直接原因。截止到2008年7月，国外官方投资者每个月吸纳近200亿美元代理债券。但是在7月和8月，中国实际上抛出了46亿美元的代理债券，其他国外投资者售出了101亿美元。害怕国外投资者会对房利美和房地美2008年9月的再融资袖手旁观，导致美国财政部利用了其在两个代理中的委员职位。尽管如此，国外债权人无从处理这些美元。他们放弃了代理公司，只购买了710亿美元的国库券。

其次，在2005年左右，新的主权财富基金的出现给美国金融套利债权人发出了限制的信号，就像给不合格房屋抵押贷款发出限制房屋价格增值的信号一样。尽管中央银行依然是短期回收美元的最大参与者，但由于美元从核心货币变成了洽谈货币，主权财富基金很明显有侵蚀美国经济力量的表现（参见图8.1）。

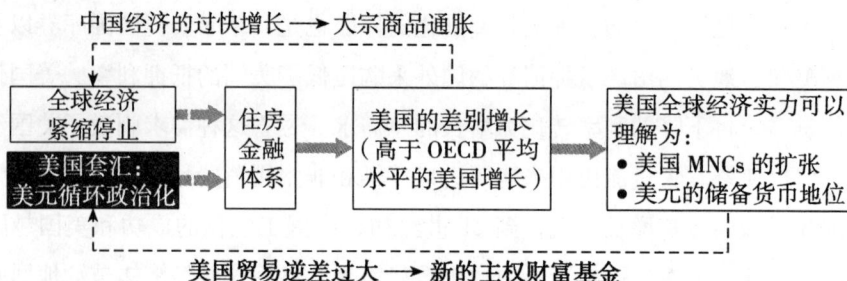

图8.1 分析重点

这真的有关系吗？一方面，主权财富基金投资可能仅仅放大了美国债权人长期无能力将自己从以美国为中心的世界经济中解脱出来的可能。美国更大的赌注是主权财富基金和它们的母公司对于美国经济的过度依赖。另一方面，由于低产量的国库券和机构债券转变为股票或直接操控美国公司会破坏美国的全球性金融套利，主权财富基金鼓励美国长期的新投资向储蓄分流。此外，金融公司主权财富基金的增加会造成一系列不利影响。像第1章中所论述的，市场的力量来源于对价值链中关键节点的控制。资本雄厚的实体之所以资金充足就是因为他们控制了这些关键节点。市场使收入流资本化，通过对这些实体的控制来防止其被那些强大的实体收购。因此房屋增长周期逆转最麻烦的后果可能不是美元汇率的下降或美国依赖国外中央银行投资的贸易逆差，尽管这些也很重要，但从前强大公司的资本货币贬值才是最大的麻烦，特别是金融公司。货币贬值揭示了这些公司通过主权财富基金收购其他国外实体公司。

因此主权财富基金不仅是对套汇的威胁也是对美国公司控制全球商品链的威胁。主权财富基金在核心自营金融公司和商业银行中持有少数股份，涉及了经济体中的每一个角落，并且它们几乎已经从每家公司取得了专有资料。这些金融公司因此给其提供了空前的通向美国经济运行的要点。因此主权财富基金的投资是固有的，不像那些日本公司是后天获得的，比如洛克菲勒中心和圆石滩高尔夫球场或好莱坞影城。很明显主权财富基金是重要的，但有关新颖且大规模的主权财富基金的分析我们将在最后提出。对主权财富基金的观察和对美国整个 20 世纪 90 年代的差别化增长前景的总结必然是可推测的。

主权财富基金：三个问题

三个问题明显就足以讨论这个论题。

第一，主权财富基金从机制上和财务上都是美国贸易逆差的副本。

第二，即使我们不能准确地预测主权财富基金从被动的、良性的到积极的、恶性的表现，但主要金融公司的实际控股权也表明了美国存在着令人吃惊的外国经济政策的介入。美国政策在整个 20 世纪 90 年代的目的是扩大开放不发达国家金融市场，允许美国金融和非金融公司不仅可以进入那些市场而且有机会控制价值链。房地产破产和主权财富基金的出现反而暴露了整个美国财政部门正是为这种美国政策寻找其公司代表的俘虏。

第三，在第二次逆转中，主权财富基金解救受损的金融机构的能力代表了政府和资本的新形式的联合即是韦伯命名的"政治资本主义"。不管它们的正式结构如何，至少一半的主权财富基金通过资本化现在实质上是家族和小集团的私营公司控制了主要的非经合组织的石油输出国。最有增长潜力的基金是中国投资公司的主权财富基金（简称 CIC）。如果中国管理外汇的国家管理部门（国家外汇管理局）仅转让了 20% 的现期持有的 CIC，CIC 将缩小其他的主权财富基金除了阿布达比酋长国的阿布达比投资局（简称 ADIA）的大量投资。在所有的国家外汇管理局所持股份中，CIC 是现有主权财富基金的二倍。从劳动的角度来看，主权财富基金的增长也许预示着一场空前的灾难，其抵消了住宅信贷重新收归国有的作用。主权财富基金呈现出权力的双集中：个人化支配大量资本与用退休金或共同基金支配是完全不同的。

主权财富基金和美国贸易逆差

主权财富基金从机制上和财务上都是美国贸易逆差的副本。能肯定的是，它们不可能在没有超过外汇积累时上升。大多数的主权财富基金把它们的建立归功于安全形势下额外的一种出口收入，而脱离了地方经济。尽管自从 2004 年开始美国不成比例地将基金放到成功出口商手中，然后用他们的出口收入使他们的主权财富基金资本化，但美国在整个 20 世纪 90 年代连续的贸易逆差仍然超过了 63 000 亿美元。中央银行将出超再循环到美国国库和机构债券中，最后更复杂的主权财富基金利用出超循环到被动的或支配型股票和不动产的持有股中，以保持出口商的货币对美元较为稳定。这使他们能够继续以出口带动经济增长，尽管美国贸易赤字不断增加。如果出超国没有将外汇盈余循环投入到金融资产的购买中，要么他们的货币升值降低了他们的出口量，要么他们就是将钱花在了更多的进口上。

直到最近，大多数出口商将他们的额外收入放到了中央银行。今天的这种罕见情况并不是主权财富基金自身的原因，主权财富基金自从 20 世纪 50 年代就存在了，也不是因为亚洲的和其他中央银行的外汇积累，但这个决策融合了这两个因素。这也是主权财富基金之所以是美国赤字副本的原因。它们代表了外国债权人在美国金融套利成本上升时的一种政治上的回应。

主权财富基金出现在狭义和技术层面上，来源于国家出口收入超过其进口收入。收入的很大一部分最初起源于原材料出口的许可权，尤其是石油。

第一支主权财富基金是作为一个收入的存放和积累而产生的。科威特在1953年建立了第一支主权财富基金，并在1976年远距离在美国阿拉斯加和加拿大的亚伯达省陆续建立。大字商品和石油出口商有一小部分人需要用主权财富基金以缓冲价格波动，使他们的经济多样化，并存入本质上是不可再生的资本资产。一直到2008年的经济危机为止，大多数的主权财富基金满足于在公司大范围内拥有少数股权或在债券和不动产中的被动投资。

亚洲的盈余经济体占有美国累计贸易逆差的一半以上并没有面对这些问题。这些非商品出口商的额外外汇收入在经济周期中相对更加稳定，这些外汇收入源于私人手中，并能用于扩大进口。在许多情况下，它们人均收入低但可能会从额外消费中获利。

然而为什么要创立主权财富基金呢？主权财富基金是解决亚洲出口商无政治能力与美国进口需求脱钩的次优选择。上层会选择允许更多的私人消费，解除过度储蓄的政治基础，本·伯南克认为过度储蓄是导致美国贸易逆差的原因。巴西、俄罗斯、印度和中国（简称BRICs）和海湾各州的贸易顺差总额在2006年和2007年每年都超过了6 000亿美元，这引起了典型主权财富基金的大规模增加。特别是就海湾各州的主权财富基金而言，保密性使得精确计算是不可能的，但是估算2007年中期值域的范围是15 000亿美元到30 000亿美元。这使得当时的主权财富基金与全球对冲基金一样多。在2012年全球资产约1 200 000亿美元相比的基础上，预测的主权财富基金所持股份总计规模将在70 000亿美元到120 000亿美元之间。（然而要假设石油价格的上限是每桶100美元）主权财富基金因此会在某个地区结束持有10%的有价证券。表8.1列出了最大的主权财富基金的名单及它们对国际经合组织金融公司的干预。

美国赤字规模的变化也刺激了主权财富基金积累的改变。即使美国财政从1991年到现在或多或少都是赤字，但这些赤字还算是容易控制的。截止到2004年，12年的赤字积累只有33 000亿美元。由于政策失误——布什政府（2000—2008年）热衷于减税和高度军事冒险主义，在2004—2008年间又累积了40 000亿美元的贸易逆差。这些政策失误使住宅信贷机器的正常工作状态开始恶化，使其生产出大量的房地产泡沫，这必然会导致大量的美国贸易逆差。持有被动美元资产的费用增加，特别是因为美元从 2004 年到 2008 年或多或少的持续性贬值。与其存放折旧资产债券，债权人中的政治精英决定不如将他们的证券投资组合转到更高收益的股权和控股权益的美国公司。与允许资金在他们自己的经济体内自由流动相比这是次优的选择。有能力管理资金流的实体建立了巨大的政治杠杆，还有私营利润的机会。

美国财政决议权中的 "乌龙球"

为什么这是重要的？为什么美国政策目标逆转是影响本身利益的错误行为？许多评论员，像经济学家，不害怕新的主权财富基金，他们认为全球的养老基金、共同基金和保险公司每个账户在 2007 年约有 200 000 亿美元的股份。这使得其中每一个账户都像主权财富基金一样是 4 年或 5 年的计划。但这漏掉了一点，养老金、共同基金和保险公司都是管理严格的，不得不提供某种程度的透明度，并且一般而言有明确的与资产负债相匹配的信托责任。事实上，不像主权财富基金，养老基金和保险公司有大量合法的强制性负债抵消它们的资产。这使得它们应负会计责任并易受发达国家数百万选民的潜在攻击。

相形之下，主权财富基金更是政治的双重产物。像之前所说的，主权财富基金应把它们的存在归功于政治上的积极决策来固定美元汇率，正如贸易顺差和准备金积累到了过去的一个合理的保险水平，像我们之前看到的用来对抗 1997 年亚洲金融风暴那样。毕竟，即使亚洲和其他国家希望抑制实际工资和个人消费来保持其在世界市场的竞争地位，它们同时也会将新的出口收入用于提升基础设施和其他形式的集体消费以支持生产力提高，像新加坡那样但规模更大。固然主权财富基金在寻找比那些美国国库券机构债券能提供更高的收益的投资，但其仍将资金再循环到赤字国家。而且，它们在政治上没有抵消债务的能力，没有透明度，总体来讲，它们被权威国家的政府和政党中的少数人所控制。最后一个特征更加恶化了透明度的不足，毕竟其被低风险的私募资本和对冲基金共享。2008 年主权财富基金的规模和近期并购见表 8.1。

表 8.1　　**主权财富基金：规模和近期的并购（2008 年）**

主权财富基金	估计资产 （单位：10 亿美元）	注解和近期并购
阿布扎比投资局（ADIA） 挪威政府养老金	650～1 000 341	60% 股本，20% 固定收入，10% 固定资产；花旗集团 4.9% 股份（75 亿美元）40 种债券：60 种股票分割；5% 在一家公司持有最大控股权；拥有劳斯莱斯 1% 的股份
政府投资公司（新加坡） 科威特投资局（KIA）	330 215～250	瑞士银行 96 亿美元股份，11% 的股票；花旗集团 69 亿美元股权 戴姆勒公司 6.9% 股份；英国石油公司 1.7% 股份；中国工商银行 524 亿欧元股份
		在 2008 年 1 月花旗银行 125 亿美元紧急求助中有 30 亿股份；美林证券公司 66 亿美元的资本重组中有 20 亿美元股份（与韩国投资公司和日本瑞穗实业银行）
中国国家开发银行 中国投资公司	n/a 200	巴克莱银行 30 亿美元股份；严格意义来讲并不是主权财富基金 成立于 2007 年；摩根史坦利 50 亿美元股份；百仕通集团 30 亿美元股份；JC 金融
淡马锡（新加坡）	160	公司 30～40 亿美元股份；只有三分之一的海外投资 美林证券公司 44 亿美元股份；巴克莱银行 20 亿美元股份；渣打银行（3.7%，14 亿美元）股份；印度 ICICI 银行股份；中国建设银行（5.1%，25 亿美元）股份；中国银行（5%，16 亿美元）股份
稳定基金（俄罗斯）	141	涉嫌转移到以欧元计价的投资；在 2008 年 2 月 320 亿美元转移到未来基金
未来基金（澳大利亚）	70	基本上是一个离岸公共养老基金
卡塔尔投资局	50～70	拉卡戴尔公司（法国）8.7% 的股份；伦敦证券交易所 20% 的股份和斯德哥尔期权交易所 10% 的股份；60% 股权，20% 基金，20% 非传统资产
阿拉斯加永久基金	38	每年向阿拉斯加市民分发红利
文莱投资局	30	在金融企业寻找投资
国库控股（马来西亚）	25.7	主要控股马来西亚政府准公共物品公司；也在南亚投资
韩国投资公司	20	美林证券公司 66 亿美元的资本重组中有 20 亿美元股份（与科威特投资局和日本瑞穗实业银行）
投资公司（巴林）	10	品种繁多的美国商业资产，包括酒店、写字间、公寓和商场
一般储备基金（马斯喀特）	10	

续表

主权财富基金	估计资产 （单位：10 亿美元）	注解和近期并购
迪拜投资	8	渣打银行（英国）2.7% 股份；GLG 对冲基金；专门从事企业并购的温伯格公司
迪拜国际资本公司	6	奥氏资本投资公司（9.9%，13 亿美元）股份，印度 ICICI、戴姆勒、欧洲宇航防务集团；迪拜国家航空是空中客车飞机的主要购买者
阿布拉杰资本公司（迪拜）	4	大多投资于巴基斯坦
雅卡集团（巴林）	3.8	以 21.5 亿英镑掌管爱尔兰 Vuidian 能源公司
穆巴达拉发展公司	未知	凯雷集团 7.5% 股份

资料来源 ［美］詹姆斯·莫森和茜妮：《追踪资产使海湾成为一个经济强国》2007-08-02，金融新闻。

在第 1 章，我提出了所有的政策都与权力有关。市场政策也没有什么不同，因为政策最终都与权力有关，对经济活动的分析迫使我们关注增长的差别率而不仅仅是绝对增长。市场是权力的体系，因为有关产权的宪法和法规确定了企业的收益能力并因为在既定的价值链（或商品链）中公司地位的不同而允许他们能在价值链中施以不同程度的控制能力。控制商品链或价值链传达了决定价值链中的利益分配。在潜在竞争者快速增长和对收购自我免疫的情况下，公司因此要相互竞争以争取最有利的价格。就像乔纳森所论述的，并购基金的易损性解释了为什么公司总是在他们的经济中寻求高于平均水平的利润率而不是简单地寻求收益能力。收益能力自身不能保证持续的控制，对价值链的控制保证了更高的收益水平因此能持续控制。

一般说来，在 20 世纪 90 年代，金融公司尤其是美国的金融公司，宣称控制了越来越多的全球价值链的节点。随着这种控制带来越来越多的美国国内利润，在某种情况下，这种控制也带来了全球的利润。在美国，截止到 21 世纪前十年财政部门共占税前国内总利润的 37%，是 20 世纪 80 年代的二倍。2007 年到 2008 年的经济危机（参见第 7 章）为一些主权财富基金开启了一扇机会之窗，将它们直接注入到美国财政部门的核心，尽管这可能也标志着过度庞大的财政部门利益。

富有同情心的美国保守主义通过生产公平的美国投资资本的外资拥有权颠倒了平常的国际财政紧急救助的模式。讽刺的是，发展中国家主权财富基金在 2007 年最后一个季度提供给美国金融公司大量的资金——248 亿美元——比国际货币基金组织曾经在单个季度提供给最不发达国家的经济救助的二倍还多。国际贸易基金组织紧急借款峰值是在 2001 年第三季度借出 137 亿美元和亚洲金融危机期间在 1997 年第四季度借出 134 亿美元。主权财富基金和中央银行轻易地就完成了这项异常多的借款，在 2007 年末借款资产超过了 20 000 亿美元和 40 000 亿美元。

所有这些意味着主权财富基金投资策略能证明马克斯·韦伯所说的"政治资本主义"，特别是"持续的商业活动通过不寻常的政治权威产生了利益。"韦伯认为，政治资本主义与理性资本主义形成了对比，以业务为导向的例行贸易和产品通过交换寻求利益——同时也在创造价格垄断过程中竭尽全力。迄今为止，主权财富基金已寻找到联系紧密的股本并具有强大政治背景的公司像百仕通集团、凯雷集团、摩根史坦利投资公司和花旗集团。通过利用势力强大的前任总统、参议员和财政部长组成的队伍，这些公司拿到了提供主权财富基金股本给美国政治体系的特许存取权。

针对这个问题，我们可能会有异议，像 Gregory Nowell 那样，由于向经济合作与发展组织政府寻求支持它们动荡的金融机构而不必求助于更复杂的和耗时的议会和公开批准来解决，因此主权财富基金被大量引入。因此，这些紧急救助在 1982 年、1994 年和 1998 年都遵循了这种模式，美联储和美国财政部精心安排紧急救助并部署它们自己的基金用来解救它们自己的银行和外国政府，以避免债务金字塔倒塌。根据这个观点，主权财富基金有可能被投资银行和经纪人所做出的真正关键性的决定所忽视，反而，这些交易可能发生在离正式的和国际化董事会有一定距离的驯服的影子网络中。此外，对 2008 年经济危机的政治回应肯定会引起一场彻底的财政部门的再规制，这限制了该部门中期的利润率。

8.1 美国在市场自由化中的"乌龙球"

主权财富基金也代表了某种程度上的美国对外经济政策的"乌龙球"。坦率地讲，美国对外经济政策以为美国公司打开外国商品特别是金融市场为中心。美国政府在许多国家敦促其实现金融自由化和私营化。但是主权财富基金提出了金融的重新国有化，与此同时，离岸国家闯入了美国金融体系，正如我们之前所提到的。因此它们代表了整个 20 世纪 90 年代的美国政治偏好的颠覆。

美国自 20 世纪 70 年代以来的对外经济政策有两个支配性的推动力。第一是为美国特有出口品打开外国市场；第二是确保美国金融公司进入外国金融体系。第一种推动力开始于尼克松执政期间，为将美国政府转变为一个基于科学的经济体并革新关贸总协定（简称 GATT），包含以前被排除的商品和活动而做出的努力。尼克松努力扩大关贸总协定的范围以扩大对农产品、服务（尤其是公共服务）和对知识产权的保护。这种推动力产生了 WTO 乌拉圭回合，其是在克林顿政府时被批准的。

克林顿政府开始了其大新兴市场（简称 BEM）战略来抓住新 WTO 所创造的机会。大新兴市场战略恰当地确定了最大的十个不发达国家（中国、印度、印度尼西亚、巴西等）作为下一个十年最有可能的全球增长源地。克林顿政府努力让这些国家对美国服务部门出口商开放它们的国内市场，比如金融、通信和航空运输——我们在第 2 章确定的那几种公共部门生产资料和构成美国产品出口近 1/3 的生产资料。美国是一个公共部门生产资料有竞争力的生产者，这些基础设施不完善的经济体需要融入到世界经济中去。大新兴市场战略通过服务贸易总协定和 WTO 恰好符合了美国公共部门采购自由化和服务部门贸易自由化的要求，因为这些公共计划是当地的公司最常引导的行业。过去，这些引导使一些欧洲国家和日本形成它们自身有竞争力的公共部门资本品。

金融的第二种推动力很快成为了克林顿政府政策的主坐标轴，不管大新兴市场是如何定位的，美国金融公司在国外金融体系的股权或在外国市场自由操控的能力确保了美国三个永久的经济优势。第一，它会削弱或限制当地政府用它们的金融体系来把工业发展作为目标因此排斥美国公共部门资本品出口。第二，任何发展中的、不发达国家的成功都可能比美国有更高的增长率因为它能开发容易得到的技术。美国金融公司已进入外国金融市场因此能够"分一杯羹"，保证不发达国家繁荣有助于美国的繁荣并减少那些不发达国家的差别化增长。第三，美国和外国金融利益的混合物可能会阻止那些不发达国家的民族主义倾向。

其他国家勉强地或十分乐意地加入 WTO。更大的贸易一体化可能允许它们更容易以出口带动经济增长。但它们反抗美国金融一体化的压力，因为它们明白风险是很高的，基于我们已经讨论过的原因。即使当政府缺少发展主义思想时，美国金融部门的渗透也会减少政治直接利用金融即贪污的机会。外部详细审查放款和申请富裕国家的标准会检查经济体中狷獗的谋私交易，在这种情况下银行常常是工业公司的附属。

在这种情况下，美国用一系列的金融危机撬开外国金融部门的大门。美国在 1994 年对墨西哥比索危机和亚洲 1997 年到 1998 年金融危机紧急援助的代价是要求其对美国公司开放当地的金融部门。直到 2000 年，墨西哥 30 家最大的金融公司有 19 家是外资的，并且银行资本的外国股份更大，占到 79%。1997 年到 1998 年的亚洲金融危机也给美国和多国公司提供了进入原本是封闭市场的机会。韩国银行的外国股份截止到 2005 年超过了 20%。同时，外国银行和投资者购买了 50% 的韩国商业银行已发行股份，使它们在很多银行部门都能有效控制。同样的事情也在中国台湾和印度尼西亚发生。即使这些外国入侵者不是美国金融公司，他们也削弱了不发达国家政府用他们作为工业政策工具的能力。相反，他们增强了美国能出口商品和服务到新开放公共部门的可能性，通过运用私人金融购买那些商品和服务。

但是在 2007 年到 2008 年，这个车轮反转了。美国商业银行和投资银行次级房贷的困难将它们之前精心的安排暴露到同种收购中。美国银行求助于主权财富基金以获得额外的资本支持它们的资产负债表（详见表 8.1）。那些公司比如花旗集团、美林证券和贝尔斯登等突然发现它们有中国、新加坡或海湾地区的合伙人。中国净购买的美国资产相当于 2007 年美国 GDP 的 3%，是日本在 20 世纪 80 年代和 90 年代流入峰值的三倍，所有这些都来自于国家控制的公司。这场金融危机因此反转了美国找寻不发达国家并将不发达国家政府插入到自己政治经济的非国有化中的现象。

8.2 主权财富基金的赛跑？

发展中国家主权财富基金和发达国家核心金融体系的混合表明了三个平常的、不愠不火的方案，每一个都与第一次世界大战前马克思主义盛行的分析线相一致。第一个方案是良性的，至少从资本的观点看来是好的——主权财富基金资本在西方银行可能建立某种近似超帝国主义的卡尔·考茨基在 1914 年描述的小规模的欧洲金融一体化。通过在发达国家银行持有股份，不发达国家已使它们的投资成功收回了。

更为普遍的是，中国渴望培养与美国的关系，就像获得关于它们自己银行处理不良贷款问题的专门知识一样，激发它们在 2000 年以后允许美国银行在中国银行持有少数股份。美国银行持有中国建设银行 9% 的股份，花旗集团持有广东发展银行 19.9% 的股份，高盛投资公司、安联集团和美国运通联合持有中国工商银行 10% 的股份，汇丰银行持有交通银行 19.9% 的股份，苏格兰皇家银行持有苏州信托 19.9% 的股份。中国政府当前限制外国持股的上限为 19.9%。

从这一点来看，主权财富基金投资到发达国家公司的钱越多，它们投资的稳定性和全球经济扩张的可靠性越强。因为实质上主权财富基金的所有者将直接接近政治领导者，他们所建立的混合利益可能会削弱各州的财政赤字。这预示着即使劳动力成本相对于资本成本下降了，但它可能通过转移给不发达国家生产知识而促进全球发展的有序分配。有序分配在这里意味着在不同的资本所有者之间进行。这个方案明显符合 Dooley、Folkert-Landau 和 Garber 对布雷顿森林体系 II 的分析。

第二种方案就不那么良性了，它与 Rudolf Hilferding 对战前时期的估价相符合。Hilferding 认为银行和工业资本的融合建立了为在贸易战争和偶尔的帝国主义热战中争夺市场占有率的巨大组合。正如我们所看到的，资本主义是一场为公司寻找垄断或寡头垄断从而控制价值链的争夺战。相对高的、超过平均水平的利润率和利润值要比仅仅是平均利润好得多。主权财富基金，像 Hilferding 的银行，会在特定的公司持有大量股份。这使得它们自己从被解救的那些公司中脱困。

在与政治关系巨大的主权财富基金的组合中，投资银行和工业公司争夺利润池中的份额很容易发展成令人不快的形势，如完全运用贸易壁垒、合同操纵和工业间谍等行为。主权财富基金通过官方政党或王室接近政府资源和政策变成一个吸引人的选择。这种争夺会使平常的市场波动加剧恶化。

此外，通过掌握大量领导性金融公司的少数股份，主权财富基金不仅能运用发达国家政客的势力还能尽可能买进和转让各种工业品的批发权。嵌入在金融公司的专门技术大部分由隐性知识组成，这就使其最不易受到重新安置的影响。一个购买者可能不得不移动到大量离岸人员所在地。但是高技术公司就会有所不同，因为它们融合了隐性知识和专利上撰写的知识。专利是控制高科技价值链的一种重要的资源。主权财富基金在重要的政治性金融公司中持有股份会将主权财富基金与政治对抗嫁接到一起。

第三个方案更加令人不安，它符合了国际帝国主义战争期间的列宁主义。像政治性控制实体，如果绝对收益变为负数，主权财富基金可能很容易通过纯政治资本主义进行积累，就像它们在 20 世纪 30 年代经济大萧条中所做的那样。在 20 世纪 30 年代，贸易壁垒上升到排他的水平，因为主要强国开始互相排斥帝国的贸易集团。关于这点的最恶性的例子是日本在 20 世纪 30 年代侵占了中国的少部分领土但未能成功控制整个东西伯利亚。关于这点的最良性的例子是英国给其他国家提供了贸易优先权和大范围的实物交易。因此，阿根廷获得了英国给其的肉类出口预定配额以保证兑现英国的债务作为交换条件，丹麦用黄油交换英国的煤。主权财富基金可能会通过它们操控的金融公司给政客们施加压力以寻找机会开创类似的贸易集团。

问题不是主权财富基金自己能够产生这个结果，而是它们强加到这个结果上的压力是由于它们通过金融公司的集中影响，典型的是有一条直达通道通往多数国家的中央银行和金融部门。权威国家的主权财富基金给这些国家两个杠杆来对抗主要的民主的发达国家。第一，它们在主要货币之间转换大量投资的能力允许它们通过一个发达国家操控其他国家。这不必非得通过抑制货币价值的形式，事实上一种货币升值的威胁和因此损害出口可能正是强迫的。利用发达国家打击另一个国家的能力会减少政治压力使得主权财富基金拥有者在政治和经济上都自由化。第二，主权财富基金给权威国家的政客们一种在他们自己国家购买支持的工具。主权财富基金接近发达国家的金融公司能够用当地政府的好名声来操控资源和市场以进入国内公司。支持的强大基础降低了自由化的内部压力。

显然预测哪种方案会发生太早了点，尽管三个方案的中间一个似乎总是"正合适"。当然此书的建模过程表明了中间方案是最有可能的。此外，中央银行仍是美国资产的最大持有者，而不是主权财富基金，这表明了布雷顿森林体系Ⅱ延续下来的强大压力通过其他方法增强了中间方案。尽管如此，主权财富基金无疑使这种美国套利维持了美国20世纪90年代快站不住脚的发展模式。通过将不发达国家低产量资产剩余转变为更长期的高产量投资，他们取消了套利识别模式（可参见第2章和第3章）。利用第1章中论述的关闭的循环，我们现在能得出关于美国全球经济实力和美国继续差别化增长可能性的结论。

8.3　美国的全球资本主义，过去和未来：再一次回到期货中吗？

这本书是关于美国全球经济实力的。我通过论述美国整个20世纪90年代的一个中心悖论开始。在20世纪90年代，美国积累了史上空前的净外债总额，并且即使用了19世纪美国的标准，这也是与GDP相关的相当高水平的净外债。很难想象一个经济超级大国会有如此高水平的外债。事实上，将债务作为美国全球经济实力的最佳证明的评论家自从 20 世纪 80 年代已经开始持续减少。从某种程度上说，这些评论家看到现在的次级贷款金融危机是无法避免的美国衰落的证明。

权力是一种内在的十分难懂的概念并且实质上并不能被我们普通的测量和量化方法所见。这些困难引起分析家研究什么是他们能测量的，这通常意味着看到存量而不是流量。或者分析师通过理解权力来向其他政党的行为施加压力。我们已注意到的通向传统观点的两条途径：美国债权人必须能将美元负债转化为政治和经济债务；一旦美国有如此沉重的负债，美元的国际角色必须要放弃。

本书对美国 20 世纪 90 年代净外债的演化和当前的金融危机提出了一种不同的解释。我用流入到美国的全球资本并通过将美国房地产金融市场体系作为一个云室来揭露美国经济实力的其他不可见模型的影响和表现。这种力量自美国差别化增长时出现，由于缺乏对美国经济和支配全球生产的约束而得到发展。美国和美元在世界经济中的中心地位允许美国避免了约束并从事于全球金融套利，以低利率从其他国家借款并用于世界高回报率的长期投资。过大的但短期的资本流动伴随着通货紧缩压低了美国 20 世纪 90 年代的名义利率（参见图 1.1）。

美国名义利率实际上比其他地方的下降幅度低。但是美国房地产金融市场创造了更多的总需求，这使每一元钱都受到利率下降的冲击。这建立了美国经济的差别化增长并且在较小程度上来看，经济与房地产金融市场是相似的。房地产金融市场作为差别化增长的中心意味着在 20 世纪 90 年代最重要的行为发生在企业活动者之后，这种行为是凯恩斯主义宏观经济进程中的正常形式。目前经合组织的房地产金融结构转变为利率下降和不同水平的新需求在美国化财富和抑制财富国家的通货紧缩，更多的需求意味着更快的增长，而较少的需求意味着低增长。因为力量是与差别化增长有关的，这个进程使美国相对于其最重要的富有国家竞争对手更有优势。

美国力量显示了其自身消费和在国内和国外投资的能力。美国房地产市场的金融结构使美国贷款者与那些以低流动抵押贷款和房地产市场为特征的经济体中的消费者相比借款更多并消费得更多。美国房地产金融市场因此帮助美国经济形成了更多的总需求，使其在调整后的 GDP 和雇佣率方面都走在抑制财富国家的前列。超过平均水平的美国增长从抑制财富国家抽出了资本，增强了他们对外部需求的依赖因而导致美国更快的增长。日本和德国，接下来的两个最大的发达国家，实际上在反向运行这个循环。房价下降，就业市场薄弱并且实物投资摇摇欲坠。增长缓滞使得德国和日本房主对他们的就业以及政府补偿退休金和医疗的能力产生了质疑。这放慢了他们经济的发展速度，增加了过度储蓄，这也是本·伯南克用来解释美国经常账户赤字的原因。

美国海外借款反映了房地产市场巨大的虚拟资本的膨胀，就像房地产实体存量的巨大膨胀一样。从 1991 年到 2006 年美国房屋净值（房屋抵押贷款净值）的名义价值上升了近 70 000 亿美元。增长和资本流支撑了美元在世界市场上的地位和中央银行持有资产的储备。这个循环在中期运行中是自立的，允许美国经济规避约束并联合了国内消费增长和国内国外的投资。美国以抑制财富和持有全球 GDP 恒量的份额为代价扩大了其在富有国家 GDP 中所占份额，尽管发展中的亚洲增长迅速。此外，美国公司扩大了他们对海外输出的直接控制，比外国人扩大他们对美国输出的控制要快得多，并且美国所有的全球股票翻了一倍多。

和所有的繁荣一样，美国在 20 世纪 90 年代的繁荣在它耗尽其低成本的投入时结束了，在这种情况下产生了通货紧缩和美国套利。这么做意味着美国差别化增长的整体结束还是仅仅是美国差别化增长的一段小插曲呢？为了忠实于这本书的前提，我提出了两个注意事项。一个是起源于历史并与资本主义整体演进有关；另一个是看到推动宏观经济增长的特殊的制度形式，与我们 20 世纪 90 年代的布雷顿森林体系时期相比。两个观点都表明美国全球经济实力终止的报告是不成熟的，尽管我绝不希望这表明一切安然无事。很明显，正像 20 世纪 80 年代的科技政策关系到 20 世纪 90 年代的繁荣那样，以及财政政策关系到 20 世纪 90 年代初期的通货紧缩和套利那样，有意识地努力整顿好美国的财政将关系到美国差别化增长的复兴。增长无疑将会是动态的住房供给推动的，然而这就像是要保持美国的中心地位一样，因为美国已成为新的全球增长的主要来源（尽管不是独家来源），这和英国在19世纪的做法如出一辙。

在第5章，我考虑并驳回了关于19世纪的英国与20世纪后期的美国的类比，阐述了20世纪90年代的繁荣不仅是关于消费的，而且不意味着美国制造业的崩溃。当代的美国制造业与维多利亚时代的英国制造业并不处于同一种终端。升级和科技推动力是美国制造业的特征，不是一种帝国和夕阳产业的退化。但是与19世纪英国的一个不同的类比是值得思考的。这个类比与英国经济如何推动19世纪全球资本主义有关。

在19世纪晚期，英国和世界其他国家的生产力发展程度是不同步的，但增长和萧条的周期是紧密联系的。要求所有增长点的分配信贷都精确是不可能的，但是英国贸易逆差肯定和美国现在与全球需求相关的贸易逆差是同一种类型。美国和世界其他各国受困于与成长周期有关的同种异步性中。美国增长使世界的更多地区通过美国大量的贸易逆差合并到全球生产中。然后出口商在美国经济中赎回他们的累计信贷，刺激了美国直接或间接地增长。

1800年以后，英国对农产品进口的需求诱发了世界贸易、移民和资本流动量的大量增加。英国需求诱发或强迫世界范围的农业资本主义的建立。但这个进程并没有继续进行。英国经济的繁荣刺激了农业以及西半球和亚洲的其他原料的出口增加。这些出口压低了英国农产品价格，导致了大量雇佣工由农业向工业转移或离岸种植更多的农产品再出口回英国。全球农产品生产的兴盛也将资本从英国抽出来，提高了利率并放慢了英国经济发展的脚步。英国发展的放缓减少了对农产品出口的需求并降低了农产品价格。更低的价格使边缘国家经济增长缓慢因此减少了他们对资本和资本品进口的需求，移民也是如此。依次地，工资下降、资本需求少，因此利率降低、原材料价格下降等这些因素刺激了英国的重新扩张。伴随着利率和商品名义价格的传导机制，英国的繁荣和萧条触发了殖民地的衰落和兴起。

震荡不是瞬间的，因为建立新的农业生产力既需要在铁路和海港进行大规模的基础设施建设投资，又需要在家庭农场或种植园进行小规模的耐用品投资。外围的投资者等待着投入生产前相对价格能可靠的转变，但一旦他们已经开始生产，即使价格下降生产也不能关闭，而由于不对等的边缘投资经常导致投资过剩，价格的确下降了，市场上产品过剩导致了价格下降。然后就在边缘地带，由于通货紧缩使出口商的债务服务困难而产生了金融危机。生产者接下来在地理上向远方移动以寻找更便宜的土地或更新他们的产品以恢复或维持利润。

这种震荡自第二次世界大战以来，以美国和发展中的亚洲（还有较少的拉丁美洲）为主要特征。在 19 世纪，金本位制维持了英镑的不变价值，实际价格波动和债务紧缩是不变的威胁，利率改变了增长动力传输。相比较而言，不能兑换的纸币和浮动利率是现在震荡的特征，有点改变了动态。当今的震荡涉及到相对美元价值的改变，这也传送了增长的动力。坚挺的美元拉动了大量不发达国家生产低级的工业产品的销售量，引发并确保了耐用品生产能力在这些边缘地区的投资。在 1987 年，美国吸收了全球制造品出口的 22%，在 1975 年仅有 11%，从 2000 年开始，不考虑亚洲的工业化，美国仍吸收全球制造品出口量的 17.5%。此外，美国在 20 世纪 80 年代也吸收了超过 50% 的不发达国家制造品出口，并在 21 世纪头十年吸收了 24%。尽管日本是美国规模的 1/2，但其在 1987 年仅吸收了 4% 的世界制造品出口，在 1975 年是 2%。日本占有的世界进口份额在 21 世纪头十年下降了，尽管其在亚洲商品链中处于中心地位，但日本仅吸收了不发达国家出口品的 5.3%。

正像在 19 世纪，不协调的匆忙投资不可避免地并迅速地导致了生产过剩，价格下降并且金融危机在边缘地区发生。美国的反应是保持美元坚挺，使不发达国家债务人和他们的美国债权人摆脱困境。坚挺的美元使美国进口需求增强以及使不发达国家复苏。但是增加的进口贸易额清理了美国低等的制造品，将美国工人换到服务行业。随之而来的美国购买能力的破坏放缓了美国经济发展的步伐，导致美元开始贬值并再一次使得对政府和外国资本而言在美国投资变得有吸引力。

在 19 世纪，震荡和金融危机的进程围绕着英国经济转移到农业生产甚

至更外层展开。比方说，小麦生产在 19 世纪的进程从冰岛移动到美国东北
地区、美国中西部最终到了加拿大西部和澳大利亚。同样地，劳动密集型产
品如服装和玩具在过去 50 年的生产由日本转移到韩国、中国台湾、印度尼
西亚和墨西哥，最后到中国。震荡和金融危机已转移到了劳动密集型产业，
美国经济已转向更多的资本密集型产业和服务产业（也和相当数量的特定
区域、劳动力密集服务生产一样）。这个震荡也将国际经济合作组织的富裕
国，美国化的富裕国卷入到比抑制财富国家相对级数更高的地步。美元的下
降诱导公司内部从国际经合组织富裕国争购生产资本，因为公司要建立子公
司保护他们美国市场的份额。通过强迫那些国内或地区性生产链就能自我满
足的公司将那些生产链国际化，将这些国家联合起来使他们更加坚定的融入
全球经济。

就像 19 世纪英国的经济震荡扩大到全球经济一样，美国驱动的震荡也
在 20 世纪后期和 21 世纪早期扩大到全球经济。当前的危机——不包括 20
世纪 30 年代那个类型的经济危机和贸易崩溃——因此代表了一个经济扩张
周期的结束。这个周期已经将经济带到包含约 20 亿人口的全球资本循环中。
和主要是被动的全球投资者的英国经济不同，美国投资者被放置到获取重要
财富增长的部分中。从 1994 年到 2006 年，美国政府拥有的摩根史丹利国际
公司份额从市场资本总额的 10% 上升到 24%。美国纯新兴市场的市场份额
构成的这个指标维持在较低的水平，大约在 5%，当然，这意味着这些是真
正被动的股权，而不是控制股权。但是美国零售商和制造公司控制了不发达
国家输出的大量份额。

每一次震荡都使美国净外债增加，但这个债务并不单纯是美国劣势的来
源。外国债权人本来关于他们向美国政府的索赔有四个可选项。有两个是难
以置信的，另两个不是。第一个难以置信的选项是外国债权人以较大亏损出
售美元资产，临时性抑制美元和美元利率的上升。但是正如我们在第 6 章中
所讨论的，所有的外国债权人不能同时存在。出售美元以向美国索赔会使债
权人将美元继续留在手中。亚洲债权人能出售美元资产到欧洲来兑换欧元资
产吗？欧洲政府不太可能会兑换美元，事实上，在 2008 年 9 月，德国政府

用立法规定限制主权财富基金所有权股份。倒转也是真实的——大部分的亚洲政府不会允许欧洲用美元资产全部购买它们的制造部门。第二个让人难以置信的选项是美国债权人将被动的美元投资兑换成积极的主权财富基金期权。但这会倾向于抬高相关美国资产的价格，会通过财富效应来刺激美国经济。同时，债权人会以低价出售他们所持的股份并用高价购买其他股份，当然并不是经济性的而是政治性的，会使人十分为难。

另外两个貌似可信的选项已经在之前20世纪80年代的发展周期中失去作用。第一，债权人能继续持有美国资产。这是20世纪80年代日本的选择，影响了一些灾难性购买不动产，例如圆石滩高尔夫俱乐部，多数的账户是这个选择的后果。一些发展中国家从这个选择中获益，尤其是中国；然而，它的确允许美国政府继续在国内消费和投资，在国外投资的限制条件要比其竞争对手更少。这个选项因此扩展了差别化成长模式，支持美国政府与欧洲和日本相联系，这是极有可能的结局。第二个貌似可信的选项是用美元直接投资于美国和购买美国的商品。在第5章，我详述了限制工业化恰好表明美国仍然有为出口生产的能力这一观点。和之前的选项一样，这也倾向于增强美国差别化增长，尽管是通过机械而不是房地产。

这些可供选择的选项，当然，在其他富裕国家更多是国产化的增长。然而这看起来不可能比在美国有更快的增长。首先，被抑制的欧洲和日本不可能在2007年到2008年期间与美国脱离。随着美国经济的冷却，欧元区的增长从2007年第三季度的年增长率3.2%跌到2008年第二季度的0.8%，被德国的缓慢增长所牵引。在日本，1/5的出口是直接到美国的，增长也在2008年第二季度变为负数。这意味着这些经济体不会经历这种差别化增长，这可能会使美国失去世界经济中心的资格。就像在第6章中所提及的，日本和欧元区在政治上都不愿意接受贸易逆差，这必然伴随着将它们的货币变为全球储备货币。

美国巨大的净外债因此是一个继续支持美国和美元中心地位的结构特征。新兴市场的强劲增长必然会在南南合作中转化为更多的贸易。但是与此同时，中央银行持有的大量美元通过过去和正在进行的出口拉动经济增长只会表现出越来越大的问题。在 2008 年年初，正当美国经济放缓的时候，新兴市场和石油输出国每年积累了 1 500 亿美元。连续的美元积累和冻结使出口剩余国家面对通货膨胀和货币升值的选择，通货膨胀降低了他们在全球出口市场的竞争力并有社会动荡的风险，货币升值降低了他们在全球出口市场的竞争力并有资本损失的风险。最后，他们的中央银行不得不释放一些美元并增加从美国的进口来刺激美国经济增长。钱会花在各个地方，即使人人"推卸责任"，最终它也会结束购买美国出口品。把原始的布雷顿森林体系作为第二次世界大战后第一个经济增长周期的标志，把我们经历的整个 20 世纪 90 年代作为第二个周期。即使第二次世界大战后全球增长的第三个周期是从全球需求美国产品开始出现的，美国政府仍会继续比其富裕国家竞争者发展更快。

这引导我们从逻辑上思考在宏观经济中基于供给和需求相匹配的特定制度。在第一个增长周期中，最初的布雷顿森林体系劳资双方代表进行的谈判确定了供给和需求的关联增长。协约中明确提出生产率提高和报酬增加之间的关联。在第 4 章，我驳回了这几种社团主义在 20 世纪 90 年代就差别化增长或劳动产出进行的漫长的谈判。但毋庸置疑的是它们关系到宏观经济的稳定性和布雷顿森林体系早期的产出。公共部门的扩张和其他形式的庇护职业同样也为总需求搭建了一块木块，稳定了有巨大乘数效应的私人投资。资本控制和紧缩的金融管制确保当地公司能用那些投资介入到廉价的金融中。最终，当生产超过当地需求时庞大的美国经济作为最后的购买者。尽管房地产在这个时期是一种重要的需求来源，但它被放到因果链的最后一环。稳定上升的工资使人们能够贷款买房子，这也转而使总需求稳定上升。在整个 20 世纪 90 年代，美国没有面对外部约束并且美国跨国公司能在全球任意扩张。

这解决了布雷顿森林体系在 20 世纪 70 年代供给和需求失常的情况，并在美国施加了一些约束条件。把工资与生产率、供给与需求相连接的制度在 20 世纪 80 年代和 90 年代都遭受了攻击。在美国，商业通过转移生产到离岸和破坏工会而打破了工资和生产率的连接。在欧洲，接触世界贸易和财政官员的公司受到债务上升的困扰而取消了公共部门和私人部门间工资的自动连接。尽管欧洲公司不能明确打破工资和生产率之间的连接，他们也在通过与当地政府谈判遏制工资增长来寻求更大的全球市场股份，这恶化了发展中国家的工业化。同时，外国压力帮助推动了美国国内石油市场放松管制以及后来进行平衡预算所作出的努力。

然而是什么导致了 20 世纪 90 年代的重新增长呢？当然在 20 世纪 70 年代和 80 年代发生的一场创新实现了 20 世纪 90 年代的成就：互联网、供应链管理和移动通讯。这些支撑了欧洲、日本和美国在整个 20 世纪 90 年代的共同发展。金融自由化使房主（作为工薪阶层）能够拥有非流动性资产。首先最重要的是房屋抵押资产。美国风格房屋金融体系的结构特点是通过让人们接近并消费他们上升的房屋净值，将通货紧缩转化为新的总需求。总需求来源于房价的上升，帮助增强了 20 世纪 90 年代的全球经济，并且在形成美国、美国化富国和抑制财富国家之间在增长率方面的差别中占有很大因素。尽管中央银行和政客煽动了名义利率的下降，但这种新的总需求大量出现在企业活动者之后。

美国全球化经济力量在 20 世纪 90 年代的恢复通过自动导航装置大量产生。这个机器，和其他机器一样，是完全正常的运转或一旦人们知道它是怎样运作的就会驱动脱轨。有意识的政策加快了住房供给增长的速度，消耗了其两个主要的驱动器：通货紧缩和套利。但即使没有乔治·W. 布什的减少所得税和格林斯潘的过度削减联邦基金利率，房地产机器最终也会耗尽体力。因为房地产机器在很大程度上有利于那些已经有房屋产权的人，它恶化了收入与财富扩大的不一致已经导致了布雷顿森林体系Ⅰ的瓦解。最后，房地产机器用完了底层的购买者，同样的原因它也用完了通货紧缩。

中国出口的成功最终扭转了通货紧缩并投入到增长机器和新购买者的供给中。一方面，中国持续的增长导致限制全球原材料供应的要求越来越多，尤其是食品和燃料。这提升了原材料价格。另一方面，持续的便宜的进口削弱了美国劳动力市场底部的工资，使底部的人很难购买房子。不仅他们的收入被压缩了，而且其中更多的收入从房地产转到食品和燃料上。通货膨胀上升的压力最终激发了美国联邦储备银行在 2005 年后提高了利率。这削减了房地产市场的需求并使重新募集资本和获得资产增值更加困难。截止到2007年，美联储撤回那些加价，由于美国经济在衰退的边缘摇摇欲坠并且陷入了经济危机中。

与此同时，美国的全球金融套利，作为差别化增长的第二个推动力，依赖安全资产的稳定供给并能在全球资本市场中售出。这些新资产大体可分为两种形式：新的美国国库券和新的房屋抵押债券。即使这些房屋贷款抵押债券最终和债务抵押债券一起打包，市场也必须为那些债务抵押债券生产原料。依次的，房屋抵押债券的供给需要有资信可靠的新进入者稳步进入房地产市场，就像价格的上升一样。但是这种资信可靠的新借款人的稳步供给和房价上升是直接矛盾的。如果价格的上升快于收入增长，就鲜有人能买得起房子了。房地产市场上的资信可靠的借款人汇集池会干枯，因为仓促进入物主身份耗尽了池子并推动了房价上升到无法支付的水平。贴有零售商标签的房屋抵押债券生产者通过借款给次级购房者架起了二者之间的桥梁。

次级贷款，不仅针对穷人，更普遍的是针对所有收入水平的人，他们在债务问题上态度很轻率。他们的房屋抵押贷款只有在一个房价持续上涨的经济环境才有意义，才能使他们的房屋抵押贷款以更低的利率再融资到非标准类抵押贷款中。但是，当然了，房价持续不断的上升意味着会有更多的人会由于房价高而退出房地产市场，推动房价上涨的需求也转移了。新的潜在购房者的耗尽限制了新的房屋抵押贷款的供给。正如我们在第7章中讨论的，一旦那些信用不良的购买者开始拖欠他们的房屋贷款，整个债务抵押债券和特殊投资工具的结构会倒塌。这刺激了外国资产购买者最先将他们的购买转移到长期的和更高产量的美国资产上。这在2008年预算限制的基础上面临着美国国内消费、国内投资和离岸投资的三重影响。

这种约束会强迫家庭和政府作出预算选择，重新讨论怎样将全球供给和需求带回平衡的问题。但是要注意到那些选择并不是绝对的，这一点很重要。美国政府不是必须使境外账户完全平衡。就像一个纯粹的数学习题，当今美国中央体系貌似合理的能够维持一段时间，如果美国名义GDP的增长超过其外债的名义利率的增长。奥伯斯·法尔德和罗格夫已计算出美国当今经常项目赤字为 GDP 的 3%——比今天的赤字低，但不是那么不可思议——会需要亚洲和欧洲货币名义升值约 30%。美国 GDP 每年名义增长 2%——略高于今天的增长但是在历史性参数下——会保持债务与 GDP 的比率十分稳定。

外部约束因此没有支配新的美国宏观经济增长体制模型。事实上，正像美国债权人面对政治困难改变他们对美国市场的依赖一样，美国政府自身面临着改革的政治障碍。美国的精英们在 20 世纪 90 年代自己进行套利。这种国内套利是全球套利以使美国经济受益的原因。美国精英使用美国全球套利来使他们借款的成本社会化。回想起低成本的资本流动到美国使得资本流出有高回报率，但相同的政党没有缩小这些流动。相反，以美国财政为基础的债权——美国国库券——允许私人营利性债权在国内和国外建立。美国外债的上升反映了纳税人的直接和间接的要求，因为国库券利率来自一般收入。政府支持企业和代理房屋抵押债券的利率来自抵押贷款付款，并且现在随着房利美和房地美的重新收归国有，其来自于纳税人。同时，私营公司和他们的名义所有者通过操控美国跨国公司获得离岸和在岸的利润。

在美国精英之间的费用和利润分配结果难以精确计算。一方面，这些人的前 10% 就持有财富而言无疑是私人债权利润最大的受益者。这 10% 的人拥有了每家约 250 万美元净值的资产（平均值）或近 100 万美元（中间值），这其中约一半是房产财富。即便使用中间值，这些家庭每家的资产持有量是其余 90% 的人持有量的二倍，并且他们持有 75% 到 80% 之间的房产财富。然而，在同一时期，恰恰是前 10% 的人缴纳了最多的收入税和其他税款。当前，收入前 10% 的人约占联邦所得税收入的 68%，收入前 5% 的人约占所得税收入的 57%。这些联邦的税收资助了外国持有联邦债务的利息，同时，当最后不得不补偿其信托基金所持有的美国国库券来满足其对美国退休者的法定义务时，这些税收最终是用来资助社会保障体系的。因此当前的限制社会保障利益或使账户私有化的矛盾是降低税收主张的一种手段。

我怀疑收入在前 10% 的人会默认布什的三次降低税收政策，这对他们极为有利。抵押贷款的逆转不仅需要抵押贷款的利率低也需要底部90%的额外收入，以使负债过多的抵押贷款人能够在房地产市场支付他们的贷款。精英们是否能在他们自身的长期利益、重新激励美国增长和恢复其余国民抵押贷款能力之间起到连接作用是一个开放性的问题。正像 Leonard Seabrooke 所提出的，这恰恰使信贷和收入大大膨胀到收入分配的40%并通过扩张抵押贷款有价证券池而增强了美国全球金融势力。

在另一方面，由抵押贷款驱动的2008年经济危机通过颠覆25年的放松管制重新排列了美国政治的棋盘。抵押贷款金融——相当于超过1/3的美国证券市场——重新回到政府手中，所以它是金融机构中的核心。其余的金融部门被削弱并通过美联储的注射管与国家相连。尽管布雷顿森林时代在资本管制和金融管制的水平下回报几乎是不可能的，但以政治为基础的金融再规制依然存在。事实上，美国金融系统越来越像德国系统，其四个大的环球银行的市场份额超过了10%；部分或全部的公司走向国有化包括政府支持企业；众多的地方储蓄银行和信用合作社（例如，储蓄银行）。非常不可思议的是政治权威会给这些新银行巨人完全的自由。

未来因此依赖于积极的行动和企业活动者背后采取的行动之间的相对平衡的程度。许多美国全球化经济实力是结构上的并无活力，但我们对房地产金融作用的回顾分析表明其推动了差别化增长。房地产市场导致的差别化增长的重新运行是完全不可能的，从未来通货紧缩的所得十分有限。但是20世纪90年代的情况允许美国公司扩大他们对全球商品链的控制而强加给外国投资者各种各样的低产出的资产。这至少使一些美国消费者自身投入到新的房地产中，这将在一段时间内伴随着我们。下一个美国引导增长的循环将可能涉及到美国的实体经济，非常像20世纪90年代早期那样。发展的最清晰的路径涉及到一些更广泛的美国公民的收入分配，确保广泛分配的积极的步骤会是一条漫长之路以保证美国政府仍然是全球经济的中心。

美国经济实力来自其他私人的和公众的部门自愿购买和持有美国资产。这种意愿在差别化增长中流动并且支持美国也帮助其建立增长的条件。美国的实力将美国经济从正常约束中解放出来，而美元的反转状态反映并加强了约束不足。差别化增长使美国公司和投资者扩大了他们控制全球经济的能力。美国经济实力因此与其建立诱导支持美国行为的能力相比，强迫其他活动者的能力较弱。这个定义可能对那些将实力仅看为控制支配和主要与治国有关的人来说太平淡了，但是对实力的定义在支配和治国方面使其不可能看到实力在整个 20 世纪 90 年代是如何通过市场在企业活动者背后进行操作的。